云南省哲学社会科学创新团队成果文库

中国云南
与东南亚、南亚高等教育
国际化研究

A Study of the Higher Education
Internationalization in Southeast Asia,
South Asia and Yunnan,China

唐　滢　冯用军　丁红卫　云建辉 等 / 著

社会科学文献出版社
SOCIAL SCIENCES ACADEMIC PRESS(CHINA)

《云南省哲学社会科学创新团队成果文库》
编辑说明

　　《云南省哲学社会科学创新团队成果文库》是云南省哲学社会科学创新团队建设中的一个重要项目。编辑出版《云南省哲学社会科学创新团队成果文库》是落实中央、省委关于加强中国特色新型智库建设意见，充分发挥哲学社会科学优秀成果的示范引领作用，为推进哲学社会科学学科体系、学术观点和科研方法创新，为繁荣发展哲学社会科学服务。

　　云南省哲学社会科学创新团队 2011 年开始立项建设，在整合研究力量和出人才、出成果方面成效显著，产生了一批有学术分量的基础理论研究和应用研究成果，2016 年云南省社会科学界联合会决定组织编辑出版《云南省哲学社会科学创新团队成果文库》。

　　《云南省哲学社会科学创新团队成果文库》从 2016 年开始编辑出版，拟用 5 年时间集中推出 100 本我省哲学社会科学创新团队研究成果。云南省社科联高度重视此项工作，专门成立了评审委员会，遵循科学、公平、公正、公开的原则，对申报的项目进行了资格审查、初评、终评的遴选工作，按照"坚持正确导向，充分体现马克思主义的立场、观点、方法；具有原创性、开拓性、前沿性，对推动经济社会发展和学科建设意义重大；符合学术规范，学风严谨、文风朴实"的标准，遴选出一批创新团队的优秀成果，根据"统一标识、统一封面、统一版式、统一标准"的总体要求，组织出版，以达到整理、总结、展示、交流，推动学术研究，促进云南社会科学学术建设与繁荣发展的目的。

编委会

2017 年 6 月

云南省社会科学界联合会

"云南高等教育面向东南亚开放研究"创新团队

"高等教育对外开放研究"智库

首席专家

唐　滢　云南农业大学 教授、博士、硕导、首席专家、云农方主任

核心成员

冯用军　唐山师范学院 副教授、博士（后）、硕导、执行主任

林金辉　厦门大学 教授、博士、博导、首席专家、厦大方主任

李慧勤　云南省教育科学研究院 教授、博士、博导

刘　稚　云南大学 研究员、博导

丁红卫　云南农业大学 副教授、硕导

朱耀顺　云南农业大学 副教授、博士

云建辉　云南农业大学 讲师、秘书

欧　颖　云南农业大学 副教授、博士、硕导

方泽强　云南师范大学 副教授、博士、硕导

李静熙　云南农业大学 讲师

赵　雪　唐山师范学院 讲师

曹甜甜　云南农业大学 讲师

于学媛　云南农业大学 讲师

赵亚玲　云南农业大学 讲师

内容提要

　　高等教育国际化、中外合作办学和高等教育对外开放是政府、学界和社会非常关注的重要议题。众所周知，中国高等教育历史悠久，但近现代意义上的高等教育则属于后发外生型，所以，很长一段时间以来，我国的高等教育国际化、高等教育中外合作办学等基本上属于"引进来"（西学东渐）。只是近年来，随着中国国力的上升和国家对外开放战略的深入，我国高等教育才开始逐步"走出去"（东学西渐），这一艰难曲折的历程需要从理论和实践双重层面加以总结。云南省是亚洲的地理中心，面对的是南亚、东南亚、西亚、大洋洲、南欧、非洲6大区，近25亿人口和110个国家；云南省也是"一带一路"倡议中改革开放的前沿，其高等教育对外开放几乎面临着各种类型、各种情况。研究云南省高等教育对外开放行动，其实是解剖中国高等教育对外开放的鲜活案例，只有汲取教训、总结经验，才能更好地推进中国高等教育全方位、多层次、全要素地对外开放。所以，本书不仅可以为学术界扩大高等教育对外开放深度研究提供范式，也可以为政府有关部门科学决策提供参考。

　　高等教育对外开放是国家对外开放的重要组成部分，也是国家对外开放国策的重要支撑。文教搭台、经贸唱戏，高等教育对外开放已成为国家外交战略的重要途径。对于高等教育国际化，国内外研究还比较丰富，但关于高等教育对外开放，国内外关注的学者还不是特别多，相关研究成果正在增加。本书聚焦高等教育对外开放的重大问题，在理性辨析和科学界定高等教育对外开放、高等教育国际化及其相关核心术语的前提下，运用多学科、跨学科研究方法，系统解剖了中国云南省及其近邻国家如东南亚、南亚国家的高等教育对外开放，进而述及中国民族地区高等教育对外开放、中国高等教育对外开放等核心议题，提出的诸多创新观点得到了政府及相关高校、专家的认可。

本书是国内外第一本既关注国家也关注省域高等教育对外开放的专著，也是第一本深入研究中国多民族地区及其近邻国家高等教育对外开放的著作，更是第一部全面研究云南省与东南亚、南亚高等教育对外开放的作品。在云南省加快建成"中国面向西南开放重要桥头堡"和"一带一路"倡议西南支柱的时代背景下，该书是推进中国与东盟、南盟等实现全方位、多层次、全领域交流合作的重要参考，也是"教育中国梦"的重要智力成果。本书理论扎实、结构完整、逻辑清晰、内容新颖、观点鲜明、表述严谨、可读性强，可作为教育学、管理学、政治学、民族学、高等教育学、中外合作办学教育学等学科专业的参考用书。

目 录

序 *

历史上东亚是一个独立的文明体系，作为东方文明体系的中坚代表，中国古代文化包括古代高等教育制度曾强有力地影响过周边国家。文化教育落后的国家在教育发展过程中模仿别国的榜样是一种普遍的必然的现象，人类文明的传播总是从先进国家传入落后国家，就像物理学上浓度高的液体必然向浓度低的液体渗透一样，文化教育的传播遵循的也是同一个方向和原理。

在中国历史上，虽然有过闭关锁国、故步自封的时候，但也有面向世界开放的时候。汉唐盛世曾经是气度恢宏的时代，唐代更是一个宏阔、绚丽多彩的朝代，文化教育具有开放性。唐代高等学校中招收了许多留学生，尤其是日本和朝鲜半岛（新罗等国）的留学生，并与外国进行频繁的文化教育交流。从公元 7 世纪至 17 世纪的 1000 多年间，中国的物质文明和制度文明曾广泛地影响过朝鲜（韩国）、日本、琉球、越南等国家，东亚国家文化教育的"国际化"实际上便是中国化，以至形成了古代汉字文化圈或东亚科举文化圈。可以说，当时东亚科举文化圈或儒学文化圈中，高等教育是有一定程度的国际化的。17 世纪以后，西方强势文化日渐东来，在文明落差颇大的情况下，西学东渐成为一种合理的历史流动。中国

---

　　* 作序者刘海峰，长江学者特聘教授，厦门大学教育研究院院长、博士、博士生导师，国务院政府特殊津贴专家、国家教育咨询委员会委员(第一、第二届)、国家教育考试指导委员会委员(第一届)、国务院学位委员会教育学学科评议组成员(第五、第六届)、中华炎黄文化研究会科举文化专业委员会主席团主席、中国高教学会学术委员会副主任、中国教育学会教育史分会副理事长、现代科举学创始人，研究方向为高等教育考试、科举学、教育理论与历史。

自从清朝末年被动打开国门之后，高等教育经历了脱胎换骨的转型，从东方型的学府书院转轨为西方的大学体制。20 世纪中国高等教育在各个特定历史时期的"国际化"，往往是以某一先进国家的高等教育制度为蓝本加以模仿的。

现代关于高等教育国际化，学界有多种定义，例如指跨国界、跨文化和/或全球化的视野与高等教育的目标、主要功能（教学、科研和社会服务）和传送相结合的过程。我曾在《中国高等教育的国际化与本土化》一文中，对高等教育国际化做过具体的解释，即高等教育国际化是指高等教育扩大对外开放，加强国际学术交流，增加留学生的派遣与接收，开展合作研究与联合办学的趋势。科学没有国界，知识的创新与跨国（境）传播是各国高等教育的共同任务。随着国际互联网的发展和信息交流的便捷，跨国和跨地区的网络教育和大规模在线开放课程（MOOCs）平台正逐渐成形，这使得高等教育国际化进程日益加快。随着经济全球化进程的加快，中国高等教育也日益朝国际化方向发展，对外开放程度也日益提高，这是云南省与东南亚、南亚国家高等教育国际化的重要"中国元素"。

云南省是一个地理位置十分特殊的省份，具有悠久的历史和灿烂的文化。相对于中原地区，彩云之南实在是一个遥远而奇特的地方。南诏国、大理国的兴亡，众多的少数民族，独特的气候环境，奇异的河流水文……都使云南省与众不同。在古代社会，"水势使人合，山势使人隔"。横断山脉的崇山峻岭，往往会阻隔人类的交流。过去虽然与接壤的缅甸、老挝和越南等国有一些交流，但总体不算频繁。到了改革开放以后，情况发生了很大的变化，尤其是进入 21 世纪以来，云南省的对外开放程度迅速扩大，高等教育国际化的步子和战略都相当大。唐滢、冯用军等著《中国云南与东南亚、南亚高等教育国际化研究》一书，在论述中国高等教育对外开放理论与实践的基础上，全面地展示了云南省高等教育面向东南亚、南亚对外开放的政策、做法和发展态势，对云南省高校中外合作办学发展，云南省与东南亚、南亚留学生教育合作进行了专题探讨，并对东南亚、南亚国家的高等教育国际化进行了系统的研究。作者提出，云南省是国家"一带一路"（the Belt and Road）倡议中"南向"改革开放的前沿，其高等教育对外开放几乎面临着各种类型、各种情况，研究云南省高等教育对外开放行动，其实是解剖中国高等教育对外开放的鲜活案例，只有汲取教训、总结经验，才能更好地推进中国高等教育全方位、多层次、全要素的对外开放。因此，在国家"一带一路"建设实践中，解剖东南亚、南亚国家的高等教育国际化案例，对于扎实推动云南省高等教育全面对外开放的伟大进程就显得尤其重要而紧迫。我翻阅该书之后，觉得书中很多提法和观点颇有价值。

这是国内外第一本深入研究中国多民族地区（云南省）及其近邻国家（东南亚、南亚各国）高等教育国际化的著作，是本人博士弟子主持完成的成果，也是云南省高校中众多厦门大学教育研究院毕业生的合作成果。有道是："师虎者独，师狼者群，师牛者勤，师狐者诈，师山者仁，师水者智，师竹者直，师藤者绕。"希望厦门大学教育研究院的院友能够慎独、乐群、勤勉，或仁智，或率直，或圆融，在各自的工作岗位上做出更好的业绩。

刘海峰

2017 年 3 月 11 日

引 言

21 世纪是中国的世纪,是实现中国和平崛起和中华民族伟大复兴的世纪,也是实现"中国梦"建设"人类命运共同体"的世纪。高等教育对外开放是中国"一带一路"倡议的重要组成部分和重要推动力,也是高举中国特色社会主义伟大旗帜,全面贯彻落实习近平总书记系列重要讲话精神和治国理政新理念新思想新战略,按照"五位一体"总体布局和"四个全面"战略布局,践行创新、协调、绿色、开放、共享发展理念,主动适应经济发展新常态和全球经济发展新趋势,坚定不移地沿着中国特色社会主义教育道路前进,加快推进教育现代化的重要举措。① 高等教育对外开放是高等教育国际化的重要前提,是构建教育对外开放新格局的重要手段,也是贯彻落实《关于做好新时期教育对外开放工作的若干意见》的具体体现,更是扎实加速《推进共建"一带一路"教育行动》的特殊办法。同时,高等教育对外开放也是实现有关节点省份教育"一带一路"国际合作备忘录全覆盖、"一带一路"国家国别和区域研究全覆盖的重大战略。

1997 年 12 月 24 日,江泽民同志在接见全国外资工作会议代表时,首次把"走出去"(东学西渐)作为一个重要战略提出来,并把它置于国家发展战略的重要位置。他说:"'引进来'和'走出去',是我们对外开放基本国策两个紧密联系、相互促进的方面,缺一不可。这个指导思想一定要明确。"②此后,江泽民同志在许多不同的场合一再强调要抓紧研究实施"走出去"的战略。在"三个代表"重要思想和科学发展观的指导下,我

---

① 中华人民共和国教育部:《关于印发〈教育部 2017 年工作要点〉的通知》(教政法〔2017〕4 号),2017 年 1 月 22 日。

② 陈扬勇:《江泽民"走出去"战略的形成及其重要意义》[EB/OL].http://finance.people.com.cn/GB/8215/126457/8313172.html,2016 年 4 月 5 日。

国经济领域、外交领域、文化领域和教育领域等相继开始了大规模的"走出去"战略实践，尤其是 2001 年中国加入世界贸易组织（The World Trade Organization，WTO）后，《服务贸易总协定》（General Agreement on Trade in Services，GATS）中的"教育服务承诺"促使长期习惯于"引进来"的中国教育开始走出国门、走向东南亚、走向世界。从国外高等教育"走出去"与"引进来"的发展状况来看，大凡经济和科技发达的国家，都十分重视同世界其他国家开展教育、科技、文化和信息等领域的全方位深度交流与合作，有的还成立了教育国际组织，如美国国际教育协会（IIE）、日本国际教育协会（AIEEJ）、澳大利亚校长协会（AVCC）、加拿大高校协会（AUCC）等，这些组织主持的研究与实践在推动本国以及他国的高等教育国际化方面做出了贡献。1980 年，美国卡内基高等教育政策研究理事会出版了《扩展高等教育的国际维度》一书。该书的序言中写道：我们需要一种超越赠地学院观念的新的高等教育观念，即高等教育要国际化。20 世纪 90 年代以来，在世界范围内逐步形成了一股前所未有的世界性的高等教育国际化的潮流。研究人员从不同的角度展开了研究，并取得了一系列研究成果。英国的 Peter Scott 阐述了全球化与国际化的区别；美国的 Guy Neave 研究过高教国际化的机遇与挑战问题；加拿大的 Gilles Breton 阐述了高等教育从国际化到全球化的发展等。此外，一些国家和地区还连续举办了以"高等教育国际化"为主题的国际研讨会，对高等教育国际化核心议题展开研讨。这些研讨会反映了高等教育国际化已经进入从经验性的实践上升到理论的探讨，再到制定具体的策略，从而推动全球高等教育界加速高等教育国际化实践发展的新阶段——高等教育全面对外开放阶段。

国内对高等教育国际化问题的研究也取得了很多成果。具体地说，对于高等教育国际化，国内外研究还比较丰富，但关于高等教育对外开放，国内外关注的学者还不是特别多，相关研究成果正在增加。高等教育桥头堡是国家桥头堡战略的重要支点，解剖云南省高等教育对外开放实践和东南亚、南亚国家高等教育国际化进展，以点带面、由小及大，不仅有助于完善高等教育学、管理学和外交学、地缘政治学等学科的基本理论、研究方法和框架体系，而且能有效推动云南省加快建成"中国面向西南开放重要桥头堡"和"一带一路"倡议东南亚、南亚支点，是推进中国与东盟、南盟实现全方位、多层次、全领域交流合作的重要参考，也是实现"中国梦"的重要智力成果，早已融入中国教育改革开放的历史进程之中。众所周知，中国自 1978 年起逐渐恢复与发达国家的教育交流和合作。1983 年 9 月，邓小平关于"教育要面向现代化，面向世界，面向未来"的指示，为我国高等教育改革和发展指明了方向。1992 年邓小平同志南方谈话以来，我国政府在高等教育"走出去"与"引进来"方面制定了许多相关的政策法规，加快了中国高等教育国际化发展的步伐。从研究高等教育"走出去"与"引进来"的专著来看，目前具有代表性的是陈学飞主编的《高等教育国际化：跨世纪的大趋势》。从收集到的硕博学位论文、学术论文来看，国内的研究主要是从教育国际化和国家发展的关系角度所做的一种战略研究，探讨教育国际化与经济发展、政治发展、社会发展、文化发展以及可持续发展之间的关系，以及高等教育国际化的战略和措施等，代表性的论文如王一兵的《高等教育国际化——背景、趋势与战略选择》[①]；还有探讨发展中国家在教育国际化问题上存在的特殊问题，如邴正的《教育国际化与后发展国家的文化》[②]；也有从大学本身发展的角度出发，来探讨高等教育国际化的何题，如韩延明《大学教育现代化》一书，从教育现代化的角度论述了高等教育国际化的问题，把高等教育国际化作为大学现代化的一个重要的方面和实现的途径。王留栓的《对新世纪复旦大学办学方向的思考》等则是从大学发展的战略出发来研究高等教育国际化[③]；刘海峰的《高等教育的国际化与本土化》在界定高等教育国际化科学内涵的基础上，重点探讨了高等教育国际化与本土化的辩证关系，即"走出去"与"引进来"的互动机制。[④] 2008 年，唐滢等人合著的《云南省高等教育国际化战略研究》对云南省高等教育实施"走出去"战略的现状、问题及对策进行了研究。[⑤] 2010 年，李慧勤等人发表了《云南省与东南亚高等教育交流与合作研究》，认为"运用波特的菱形理论指导云南省发展高等教育

① 王一兵：《高等教育国际化——背景、趋势与战略选择》，《教育发展研究》1999 年第 2 期。
② 邴正：《教育国际化与后发展国家的文化》，《教学与研究》1997 年第 9 期。
③ 王留栓：《对新世纪复旦大学办学方向的思考》，《复旦教育论坛》2000 年第 2 期。
④ 刘海峰：《高等教育的国际化与本土化》，《中国高等教育》2001 年第 2 期。
⑤ 成文章、唐滢、田静：《云南省高等教育国际化战略研究》，科学出版社，2008，第 198 页。

国际交流与合作，有助于明晰云南省发展高等教育国际交流与合作的优势"①，并提出了加快云南面向东南亚高等教育国际化的基本对策。总体而言，1997～2017 年的 20 年间，关于区域高等教育国际化的研究有杨锐、李怀宇、唐滢、冯用军、李慧勤等人的研究成果，这些研究对区域高等教育国际化进行了比较深入的探讨，特别是唐滢、李慧勤、冯用军、伊继东、张建新等人关于云南省面向东南亚、南亚高等教育国际化的相关研究，将云南省高等教育国际化从实践到理论上向前推进了一大步。

随着中国－东盟自由贸易区的建设、西部大开发战略的实施和国家"一带一路"倡议的推进，云南省从内陆边疆省份逐渐成为我国面向南亚、东南亚改革开放的前沿窗口。国家"十五"计划以来，云南省发挥独特地缘、血缘、文缘、学缘、经缘等优势和特色，在教育国际交流与合作方面取得了明显成效。高等教育"走出去"与"引进来"整体发展态势良好，全省高校双边和多边合作与交流不断扩大，全省高等教育区域辐射力显著增强、国际竞争力明显提高。云南省多数高校积极对"走出去"战略进行了探索，取得了一些有益的经验，尤其是面向大湄公河次区域（Great Mekong Subregion Cooperation，简称 GMS，包括中国云南、越南、泰国、缅甸、老挝、柬埔寨 6 个国家和地区）高等教育"走出去"战略的实施，已经取得了一些明显的成果。随着云南省委、省政府《关于加快推进云南省高校实施"走出去"战略，提高国际化水平的若干意见》等文件的出台，省委、省政府对云南省高等教育的改革与发展提出了更高的要求，也指明了方向。但如何把这一高等教育战略目标落到实处、分阶段实施，使云南省高等教育真正"走出去"，使云南省成为东南亚、南亚、西亚一流的国际化教育资源供给体，还有许多问题亟待认真探讨。

文献分析发现，目前云南省高等教育国际化的研究主要是从中国加入WTO 及面临中国－东盟自由贸易区的启动和建设两个大背景展开的，研究内容主要集中在：中国加入 WTO 后，云南省高等教育对外开放的有利条件与存在的问题及其应对之策；中国－东盟自贸区的启动对云南省高等教

---

① 李慧勤、李宏茜、王云：《云南省与东南亚高等教育交流与合作研究》，《教育研究》2010年第 2 期。

育的影响及带来的机遇与对策；云南省与东南亚、南亚教育合作及云南省高等教育国际化战略研究等。但目前尚未有对云南省和东南亚、南亚高等教育国际化发展进行专门、系统研究的文献和项目。在研究趋势上，高等教育国际化研究正从对整个国家高等教育国际化道路的研究走向区域或校际的高教国际化研究；从高等教育国际化的理论研究走向理论与应用的结合研究；从高等教育国际化的宏观问题研究走向微观问题研究；从高等教育国际化的共性问题研究走向个性问题研究，因此，适时开展云南省与东南亚、南亚高等教育国际化的专项研究，很好地契合了党中央、国务院对云南省新战略定位的时代要求和云南省高等教育发展的内在需求与外在需要，从而加快中国"南向"战略的进程。

同时，随着经济全球化和区域一体化进程的加快，跨国（境）政治、经济、文化、教育等领域的国际交流与合作日益广泛和深入。在这种趋势下，高等教育国际化（尤其是高层次人才培养和科研领域的国际交流与合作）变得更加重要、更加不可或缺。在高等教育国际化理念框架下，需要把"引进来"和"走出去"有机地结合起来，在高层次人才培养过程中推动多种形式的国际化。通过推动云南省高校面向东南亚、南亚实施"走出去"战略，不仅希望取得"更充分地发挥云南省高等教育的诸多优势"的效果，而且还应追求"通过教学科研的合作提高云南省高等教育的质量、水平和办学效益"等效果。更重要的是，通过云南省高校"走出去"战略的逐步实施，不断实现云南省高等教育发展与社会经济发展水平全面提升之间的良性互动，不断追求在全面提升国家和云南省的综合实力、不断改善人民群众的生活质量和满足人民群众的高等教育需求、积极建设安定、繁荣、和谐、开放的区域性国际环境的过程中，更好地体现出高等教育国际化对于云南省建成中国－东盟自贸区"桥头堡"[①]、云南省建成中国面向西南开放"桥头堡"和"南向"战略支点进程中所能够发挥的巨大人力资源支持和科技创新支撑作用。

在国家"一带一路"倡议布局中，先行先试将云南省建成中国面向东南亚、南亚开发开放"桥头堡"，是将云南省建成中国面向西南开放"桥

---

① 刘六生、冯用军：《高等教育研究中的数学方法》，科学出版社，2009，第 17 页。

头堡""三步走"战略的第一步,扎实推动云南省高校面向东南亚、南亚"走出去"战略实施的进程就显得尤其重要而紧迫。2007 年以来,胡锦涛同志先后视察吉林省、新疆维吾尔自治区、云南省,提出要把吉林省建成中国面向东北亚开放的桥头堡、把新疆维吾尔自治区建成中国面向西北开放的桥头堡、把云南省建设成为中国面向西南开放的桥头堡,这一系列的"桥头堡"战略布局,标志着我国沿边开发开放进入"桥头堡时代"(Bridgehead Era)。"桥头堡"时代为作为多民族大省和高等教育大省的云南省带来了前所未有的时代机遇,省委、省政府全面贯彻落实胡锦涛同志重要讲话精神和党中央国务院关于"桥头堡战略"的重大部署,编制出台了云南省面向西南开放"桥头堡战略"综合建设方案和综合试验区配套改革方案,通过"走出去"战略的升级和优先面向东南亚、南亚培育国际化人才的"双轮驱动",力争把云南打造成为面向西南(东亚、东南亚、西亚、印度洋沿岸、非洲南部和大洋洲)改革开放的桥头堡、政治互信互助的桥头堡、经济共赢互利的桥头堡、文化合作交流的桥头堡、教育共享共建的桥头堡、人才互动互补的桥头堡。2015 年 1 月 19 日至 21 日,习近平总书记来到云南省视察和调研,对云南省各方面工作提出要求,希望云南省主动服务和融入国家发展战略,闯出一条跨越式发展的路子来,努力成为民族团结进步示范区、生态文明建设排头兵,面向南亚、东南亚辐射中心,谱写好"中国梦"的云南篇章。① 2017 年 1 月 23 日至 25 日,国务院总理李克强在云南省慰问考察时强调,要坚决贯彻落实习近平同志在云南省视察时发表的重要讲话,团结奋斗共创美好生活。

在新的时代背景下,云南省高等教育更应抓住千载难逢的"一带一路"建设机遇,云南省高校更要勇于承担党中央国务院的历史重托,力争在"十三五"期间,首先将云南省建设成为中国面向东南亚、南亚开发开放"桥头堡"中的"试验田"、"服务窗"和"样板区",进而为实现"第二步走"战略——云南省建成中国面向东南亚、南亚与西亚开发开放"桥头堡"——奠定坚实的基础,一方面顶天立地、另一方面脚踏实地,实事

---

① 新华社:《习近平在云南考察工作时强调坚决打好扶贫开发攻坚战加快民族地区经济社会发展》,《云南日报》2015 年 1 月 22 日。

求是，一步一个脚印，最终实现第三步"桥头堡"战略目标——云南省建成中国面向西南开放的"桥头堡"。中国已成为世界第二经济大国，肩负着推进全球化与区域化的双重时代使命和建设美好亚洲、和谐世界的大国责任，中国面向西南开放"桥头堡"战略、中国－东（南）盟多边合作、第二轮"西部大开发"和"泛珠合作"等历史机遇，促使云南省高校面向东南亚、南亚的国际合作与交流正逐渐从政治经济文化层面跃升到教育层面，而云南省面向东南亚、南亚高等教育国际化已逐渐成为双方进一步深化合作与交流的突破口。从历史的维度和政策的视角阐述云南省高等教育系统与东南亚、南亚各国进行高等教育国际化合作的发展路径和"走出去"战略行动，可以从理论和实践上推动云南省高校面向东南亚、南亚实施"走出去"战略的深入，提升云南省与东南亚、南亚国家和地区全方位合作的层次和水平，同时为社会经济和教育文化多重欠发达地区利用"一带一路"倡议开展高等教育国际化和高校实施"走出去"战略提供参考和借鉴。

文化是国际合作与交流的纽带，而教育则是跨国（境）合作与交流的桥梁，政治互信、经贸搭台、文教唱戏，中国与东南亚、南亚合作与交流历史悠久，尤其是与泰国、越南、印度、马来西亚、巴基斯坦等国交流源远流长，云南省高校面向东南亚、南亚实施"走出去"战略可谓天时、地利、人和"三才俱备"。"引进来""走出去"是高等教育国际化内核中既相互独立又有机统一的整体，高等教育国际交流与合作的过程实质就是"引进来"与"走出去"的双向互动。在经过较长时间高等教育"引进来"和"走出去"战略的摸索和实践后，云南省高校更应该总结成功的经验、吸取失败的教训，勇敢地面向东南亚、南亚实施"走出去"战略，立足点是留学生和优质资源（资金等）"引进来"，重点是专业课程资源和特色科技开发项目"走出去"，从单边语言培训、短期交流到中外合作办学，通过高等教育人流、资金流、物流、信息流等的"引进来""走出去"，最终实现东南亚、南亚国家和地区各合作方"和平共处"背景下的"多赢""共赢"。为了更早、更有效地达成这一战略目标，在科学发展观和国家"一带一路"倡议指导下，运用区域高等教育国际化的基本理论和从定性到定量的综合集成法（M－S法，由钱学森院士创建），在深入领会和把握云南省高等教育国际化法规政策的基础上，通过文献分析、历史反演、SWOT分析、问卷调查、个案访谈和数据挖掘等研究手段，充分掌握云南省与东南亚、南亚国家高等教育国际化的现状、瓶颈问题及其成因，为云南省高校面向太平洋、印度洋实施"走出去"战略的"一国一战略""一州一对策""一校一项目"奠定理论基础和实践指向，为中国高等教育全方位对外开放"闯出一条血路"。

中国与东南亚、南亚各国高等教育对外开放研究，聚焦云南省实践，可谓是近年来国内外高等教育国际化研究在内容、方向、方法和视角等方面的创新探索。首先，梳理、总结和丰富了高等教育对外开放理论，围绕高等教育全面对外开放问题，对高等教育对外开放基本理论进行了深度阐释并丰富其内涵，提出高等教育对外开放的指导原则、政策建议等，大大丰富了教育、经济欠发达地区高等教育国际化、区域化发展理论，为建构高等教育对外开放研究、高等教育国际合作与交流学等奠定了基础；其次，开展高等教育对外开放在云南省本土的实践研究，围绕着高等教育国际化和本土化主题，立足中国特色、云南元素，提出了"一校一策"的发展路径和策略；最后，提出了一系列有关云南省高等教育全面对外开放的政策建议。基于政策的视角，立足政府的站位，在分析云南省经济社会发展、"一带一路"倡议、周边国际关系和东南亚、南亚各国高等教育国际化发展水平的基础上，提出了发展云南省高等教育国际化的若干政策建议。比如，建立云南省高等教育国际化集团，云南省与东南亚、南亚国家大学联盟等建议及一些标志项目。这些建议具有前瞻性，契合了国家将云南省建设成为"一带一路"向西南开放支点的战略部署，把握住了世界高等教育发展的必然趋势，凸显出云南省区位地域优势，同时又具可操作性，提出了具体的发展目标，能够为政府部门全面规划高等教育对外开放的顶层设计提供详细的支撑内容。此外，通过分析东南亚、南亚部分国家的高等教育国际化发展历程，指出了云南省高等教育未来可供选择的全面对外开放发展道路，以及中国高等教育实施"21世纪海上丝绸之路"计划的可选方略。

第一章

中国高等教育对外开放理论与实践

高等教育政策是指引高等教育发展的蓝图，是国家政策的重要组成部分，特别是高等教育国际化政策，既为高等教育国际化指明了方向，也为高等教育国际化保驾护航。政策（policies）是国家政权机关、政党组织和其他社会政治集团为了实现自己所代表的阶级、阶层的利益与意志，以权威形式标准化地规定在一定的历史时期内，应该达到的奋斗目标、遵循的行动原则、完成的明确任务、实行的工作方式、采取的一般步骤和具体措施。政策的实质是阶级利益的观念化、主体化、实践化反映。而公共政策（public policies）是公共权力机关经由政治过程所选择和制定的为解决公共问题、达成公共目标、以实现公共利益的方案，其作用是规范和指导有关机构、团体或个人的行动，其表达形式包括法律法规、行政规定或命令、国家领导人口头或书面的指示、政府规划等。政策分析（policy analysis）是对政策的调研、制定、分析、筛选、实施和评价全过程进行研究的方法，又称政策科学，其核心问题是对备选或已出台政策的背景、效果、优劣等进行模拟分析和综合评价，进而为政策的修订或废止、新政策等的出台提供决策信息。① 战略分析（strategy analysis）是战略管理的重要环节，即通过资料的收集和整理分析组织的内外环境，包括组织诊断和环境分析两个部分，常用 PEST（Politics，政治；Economy，经济；Society，社会；Technology，技术）、SWOT（Strengths，优势；Weaknesses，劣势；Oppor-

① 唐滢、丁红卫、冯用军：《云南高校面向大湄公河次区域"走出去"战略及实践》，云南人民出版社，2013，第48页。

tunities，机会；Threats，威胁）和 ACI（Analysis，分析；Choice，选择；Implementation，行动）等战略分析工具。高等教育国际化是我国的一项重要改革开放战略，为推动高等教育国际化的可持续、科学和有效发展，我国历来重视高等教育国际化的政策和战略研究，并根据国家发展的不同阶段实时调整、优化高等教育国际化政策和战略，最终提升中国高等教育的核心竞争力和全球影响力。

第一节　中国对外开放政策与战略分析

对外开放是我国的基本国策和国家战略，在我国的和平崛起和中华民族的伟大复兴进程中起着重要作用，是实现"中国梦"的重大举措。

1949 年新中国成立以后，经过社会主义改造的国民经济得到较快恢复且经济建设取得了较大成就，但随着国内外形势的发展，高度集中的计划经济体制和闭关自守的对外交流政策已经越来越不能适应我国经济发展社会进步的需要。尽管在 20 世纪 50 年代，我国与苏联、东欧等社会主义阵营国家有着良好的政治、经济、外交、军事和教育等关系，特别是我国的教育学思想和理论深受苏联凯洛夫主义影响，同西方也有一定的贸易往来与技术引进，但从总体上说，我国处于"改革开放的前夜"的状态，使我国的发展水平同世界发展水平的差距拉大了。特别是 20 世纪 60 年代，我国在经济建设、外交、教育等诸多方面存在许多重大失误，如在经济建设上强调"以阶级斗争为纲"，在外交上把所有的西方发达国家都列入"帝、修、反"之列并与他们进行"不调和"的斗争，在教育上把心理学、社会学、教育学等贴上"伪科学"的标签、将教师打成"臭老九"，"关牛棚"、学生下乡接受贫下中农再教育及参加"文化大革命"等，因而我们自我孤立、内部斗争；而恰恰是在这个时期，世界经济蓬勃发展，科学技术日新月异，教育进步异常神速，我国在很多方面都丧失了追赶世界发达国家的大好机会。1978 年党的十一届三中全会胜利召开后，我国对外开放政策和战略开始确立，中国逐步走向了世界，特别是教育领域"面向现代化、面向世界、面向未来"稳步推进。

一　中国对外开放政策的确立

中国改革开放和现代化建设的总设计师邓小平同志曾一针见血地指出："从一九五七年下半年开始，我们就犯了'左'的错误。总的来说，就是对外封闭，对内以阶级斗争为纲，忽视发展生产力，制定的政策超越了社会主义的初级阶段。"① 在这里，邓小平同志将我们当时犯的"左"的主要错误归结为"对外封闭"和"对内以阶级斗争为纲"，并把"对外封闭"放在了"对内以阶级斗争为纲"的前面，在《邓小平文选》（第3卷）中有两章讲到了"对外开放"的战略问题，即"十三　利用外国智力和扩大对外开放"和"十五　为景山学校题词"，为教育改革开放的春天的到来定下了"基调"。

高度集中的计划经济体制需要改革，对外封闭的政策需要改变，否则中国的发展就会受到很大的限制，"发展才是硬道理""落后就要挨打"。那时，党中央、国务院已经充分认识到社会主义国家的对外开放首先是经济建设的需要，是引进先进的经验、先进的科技、人才和资金的需要。否则，经济发展相对落后的社会主义国家就很难迅速发展起来，更谈不上赶超发达国家。把对外开放作为与改革发展相并列的一条基本国策，也是建设中国特色社会主义的重要途径和保障。关于这一点，邓小平同志曾明确指出："对外开放具有重要意义，任何一个国家要发展，孤立起来，闭关自守是不可能的，不加强国际交往，不引进发达国家的先进经验、先进科学技术和资金，是不可能的。"② 1980年6月，邓小平同志在一次接见外宾时，第一次以"对外开放"作为我国对外经济政策公之于世。他说："我国在国际上实行开放的政策，加强国际往来，特别注意吸收发达国家的经验、技术包括吸收国外资金来帮助我们发展。"1981年11月召开的全国五届人大四次会议上的政府工作报告，又进一步明确指出："实行对外开放政策，加强国际经济技术交流，是我们坚定不移的方针。"1982年12月，

① 《邓小平文选》第3卷，人民出版社，1993，第269页。
② 《邓小平文选》第3卷，人民出版社，1993，第117页。

对外开放政策被正式写入我国宪法。

其实，早在粉碎"四人帮"以后的 1976 年 10 月，我国就已经认识到对外开放的重要意义，那时已经有很多国家级和地方级的代表团先后出国考察。1978 年 5 月，国务院派出了新中国第一个由时任国务院副总理谷牧带队的赴西欧考察的经济代表团，他们在法国、德国、比利时、丹麦和瑞士进行了一个多月的考察。6 月下旬，中央政治局专门开会听取考察团的汇报。7 月，国务院召开关于经济建设的务虚会，充分讨论了对外经济合作的问题，并在几个重要问题上达成了共识：第一，第二次世界大战后，资本主义经济发达国家的社会经济都发生了重大变化，科学技术突飞猛进、经济发展日新月异，资本主义国家有一些可以借鉴的成功做法；第二，中国特色的社会主义建设虽然取得了很大成绩，但与资本主义相比还比较落后，与发达国家的发展差距不是缩小了，而是拉大了；第三，发达资本主义国家出于政治和经济的考虑也想与中国进行经济合作，中国的投资市场和产品销售市场还很有空间；第四，在发展对外经济关系中，许多国际上流行的做法，包括合作生产、补偿贸易、吸收国外投资等，都可以研究借鉴。9 月，邓小平同志在一次会议上指出，经过几年的努力，有了今天这样的、比过去好得多的条件，使我们能够吸收国际上先进的技术和管理经验，吸收他们的资金。12 月，在中央工作会议上经过认真讨论后，党的十一届三中全会做出了在自力更生的基础上积极发展同世界各国的经济合作，努力采用世界先进技术和先进装备的重大决策。由此确定了我国对外开放的基本国策，拉开了我国经济发展的新序幕，开启了中华民族伟大复兴的新征程。

二　中国对外开放的历程

我国对外开放经历了经济特区、经济技术开发区、开发浦东、内地开放和全面对外开放五个发展阶段。

（一）经济特区

1979 年 4 月，中央召开工作会议，专门讨论经济建设问题。时任广东省委领导人习仲勋在汇报工作时提出，希望中央下放一定的权力，允许广东省有一定的自主权，在毗邻港澳的深圳、珠海、汕头举办出口加工业。邓小平同志听后十分赞同，并向中央提议批准广东省的这一要求。在讨论如何扩大对外贸易的过程中，到会的许多负责同志认为，可以在广东省的深圳、珠海、汕头以及福建省的厦门试办出口特区，发展出口商品生产，这个建议被写入了会议有关文件。

经过各方面的充分讨论和准备，7 月，中共中央、国务院批转了广东和福建两省分别提出的关于对外经济活动实行特殊政策和灵活措施的两个报告，同时批准在深圳、珠海、汕头以及福建省的厦门试办出口特区。根据半年多筹办特区的工作实践，中央进一步明确，在特区发展中不但要办出口加工业，也要办商业和旅游业，不但要拓展出口贸易，还要在全国经济生活中发挥多方面的作用：如技术的窗口、管理的窗口、知识的窗口和对外政策的窗口以及"开放的基地"。并在 1980 年 3 月将"出口特区"改为内涵更为丰富的"经济特区"。由于深圳、珠海、汕头以及厦门四个特区在很短时间里取得了很大成就，国家决定扩大经济特区的规模和范围，1988 年 4 月 13 日，第七届全国人民代表大会第一次会议审议通过了国务院提出的议案，决定海南省成为我国的第五个经济特区，也是中国最大的经济特区。

（二）经济技术开发区

经济特区在短时间内取得突破性进展和巨大成就极大地鼓舞了全国各族人民，也进一步坚定了我国扩大对外开放的信心。1984 年 2 月，邓小平同志视察特区后指出："除现在的特区外，可以考虑再开放几个港口城市……这些地方不叫特区，但可以实行特区的某些政策。"1984 年 4 月，根据邓小平同志的建议，党中央、国务院研究决定将对外开放的范围由特区扩大至沿海其他一些城市。这次开放的城市共有 14 个，它们分别是：大连、秦皇岛、天津、烟台、青岛、连云港、南通、上海、宁波、温州、福州、广州、湛江和北海。当年 9 月，国务院首先批准了东北重镇大连市兴办经济技术开发区。从这时起到 1985 年 1 月，在逐渐审批沿海开放城市的实施方案中陆续批准了秦皇岛、烟台、青岛、宁波、湛江、天津、连云港、南通、福州、广州等 10 个城市举办经济技术开发区，给予它们和沿海经济特区类似的优惠政策。1986 年 8 月，国务院批准设立上海闵行经济技术开发区和虹桥经济技术开发区，1988 年又批准了上海市举办以发展高新技术为主的漕河泾经济技术开发。这样我国的经济技术开发区已经达 14 个。到 1991 年底，14 个经济技术开发区累积开发土地面积达 30 万平方公里，批准外商投资项目 1501 个，协议吸收外资 27.2 亿美元，投产运营的企业达 821 家，经济技术开发区显示出了发展的勃勃生机。

1992 年邓小平同志南方谈话，科学地总结了党的十一届三中全会以来的基本经验，鲜明地回答了困扰和束缚人们思想的姓"资"、姓"社"等许多重大问题。同年召开的党的十四大对建设有中国特色社会主义理论进行了科学的概括。理论上的创新推动了人们思想的解放，我国的对外开放又迈出了很大步伐。1992 年，国务院先后批准举办温州开发区、昆山开发区、威海开发区、福清融侨开发区；1993 年国务院批准了东山开发区、武汉开发区、长春开发区、哈尔滨开发区、沈阳开发区、杭州开发区、芜湖开发区、重庆开发区、萧山开发区、惠州大亚湾开发区、广州南沙开发区；1994 年 8 月国务院批准北京、乌鲁木齐两个开发区。至此国务院已经批准的经济技术开发区总共达 32 个。

经济技术开发区在很短的时间里取得了举世公认的伟大成就，极大地鼓舞和坚定了我国对外开放的信心和决心。当然，由于各种原因，各地在自办开发区方面也出现了一些偏差和失误，付出了一定代价，许多地方不顾自己的条件和可能，群起效仿经济技术开发区，刮起了全国性的"开发区热"。特别是 1992 年，许多地方不顾客观条件，盲目兴办了各种名目的开发区，以致在 1993 年初使各种自行设立的开发区总数达 2000 多个，规划面积达 1.48 万平方公里。在这些开发区里，许多是只开不发，不仅造成了大量土地资源的浪费，而且还干扰了正常的经济秩序。对此，国务院于 1993 年下发了《关于严格审批和认真清理各类开发区的通知》，并在 1994 年《国务院批转关于固定资产投资检查工作情况汇报的通知》中要求对开发区进行规范化管理。经过清理和整顿，到 1995 年底，各省、自治区、直辖市人民政府批准设立的各类经济技术开发区共有 638 个。其中经济开发区 533 个，高新技术产业开发区 48 个，旅游开发区 57 个，规划面积 5100

平方公里，起步面积 844 平方公里。从分布情况看，沿海 12 个省、自治区、直辖市（含北京）的省级开发区约占总数的 55%；从发展情况看，据不完全统计，全国各省级开发区共批准内资项目 43 万个，投资总额 2200 亿元；外商直接投资项目 9000 多个，合同外资 330 多亿美元，实际利用外资 80 多亿美元。

国务院批准设立大连经济技术开发区近 17 年来，在国家一系列方针政策指导下以及经济技术开发区建设者的艰苦创业下，我国经济技术开发区坚持以工业为主、吸收外资为主、拓展出口为主的"三为主"方针，致力于发展高新技术产业，已经取得了很大的成就，它们基本上成为所在城市经济发展的新的增长点、技术与管理的创新点。所以，同经济特区一样，经济技术开发区也是我国由传统计划经济体制走向市场经济体制、从闭关自守走向对外开放的"试验田"和"排头兵"，并且从不断深化的改革开放中获得动力，在国内外大市场的竞争中发展壮大。

（三）开发浦东

在经济特区和经济技术开发区建设如火如荼进行之际，具有得天独厚位置的上海的开放也被提到议事日程。实际上开发浦东和开放上海的设想已经酝酿已久。1980 年前后，上海和北京的许多有识之士就提出了开发浦东的各种设想。之后，上海市委和市政府的几届领导曾经反复研究浦东开发的大政方针，并组织专家进行详细考察和论证。1984 年，上海市人民政府在向国务院上报的《关于上海经济发展战略的汇报提纲》中首次正式提出了开发浦东的问题。国务院在 1985 年 2 月 8 日的批复中明确指出要创造条件开发浦东，筹划新市区的建设。1986 年 10 月，国务院在《上海市城市总体规划方案》的批复中提出："当前特别要注意有计划地建设和改造浦东新区，使浦东成为现代化的新区。"为了落实国务院的两次重要批示，上海市人民政府于 1987 年 7 月成立了开发浦东咨询小组。1990 年 2 月 26 日，中共上海市委和上海市人民政府正式向党中央、国务院提出了《关于开发开放浦东的请示》。同年 3 月邓小平同志同几位中央负责同志谈话时指出，中国的关键就是看能不能争取较快的增长速度，实现我们的发展战略，并提出了"抓上海"的战略构想："上海是我们的王牌，把上海市搞起来是一条捷径"，之后的 3 月底到 4 月初，时任国务院副总理的姚依林同志受党中央、国务院的委托带领有关部门的负责同志到上海市，对开发浦东进行专项调查研究。4 月 15 日至 18 日，当时的国务院总理李鹏到上海市视察工作，并于 18 日正式宣布开发开放浦东。1990 年 6 月，中共中央、国务院下发《关于开发和开放浦东问题的批复》，在批复中指出："开发和开放浦东是深化改革、进一步实行对外开放的重大部署……是一件关系全局的大事，一定要切实办好。"1992 年 10 月，时任中共中央总书记的江泽民同志在党的第十四次全国代表大会上提出，要以上海浦东开发开放为龙头，进一步开放长江沿岸城市，尽快把上海建成国际经济、金融、贸易中心之一，以此带动长江三角洲和整个长江流域的新飞跃。这些都充分体现了党中央、国务院对开发和开放浦东的殷切希望。浦东的开发和开放极大地促进了浦东和上海市经济的发展，目前上海已经成为国际上较为知名的国际金融中心，并由此带动了上海市和整个长江流域的发展，为国家推动"长江经济带"发展战略奠定了坚实基础。

（四）内地开放

随着改革开放的不断深入以及对外开放所取得的巨大成就，党中央、国务院决定进一步扩大对外开放范围：第一，从 1990 年起先后在上海浦东新区的外高桥和天津港等地设立 15 个保税区；第二，开放长江的芜湖、九江等 6 个城市和设立长江三峡经济开放区；第三，开放珲春等 13 个陆地边境城市；第四，开放内陆所有的省会、自治区首府城市，给予这些地方和经济技术开发区一样的优惠政策。至此，我国对外开放形成"经济特区—沿海港口城市—经济技术开发区—沿海经济开放区—内地开放区"这样一个多层次、有重点、点面结合的对外开放格局，使我国的对外开放进入了一个新的更高的阶段。

（五）全面对外开放

经过艰难谈判，我国于 2001 年末加入世界贸易组织，标志着我国对外开放进入全新阶段，即以"入世"为契机进一步扩大对外开放。我国由以前有限范围和有限领域内的开放，转变为全方位宽领域多层次的开放；由以试点为特征的政策主导下的开放，转变为法律框架下可预见的开放；由单方面为主的自我开放，转变为与世贸组织成员之间的相互开放。这一时期我国对外开放的主要特点：一是由地域的全方位开放走向产业的全方位开放；二是生产和资本国际化程度进一步提高；三是中国金融市场不再与国际金融市场割裂，金融市场与世界市场的一体化程度大幅度提高；四是我国的规章制度进一步规范化并与国际接轨，政府的宏观调控方式发生重大变化。特别是到了 2016 年，我国加入 WTO 的 15 年过渡性"保护期"已经结束，中国全方位融入世界，中国成为全球化"地球村"的重要成员，教育领域的国际化和全球化挑战更加严峻。

中国加入世贸组织做出了教育服务承诺。WTO 将服务贸易分为 12 大类，教育服务（Educational Services）是其中一类。根据《服务贸易总协定》的有关规定，除由各成员政府彻底资助的教育活动以外，凡收取学费、带有商业性的教育活动，均属教育服务贸易（Education Service Trade，简称 ESD）范畴。中国对 WTO 教育方面所做的承诺，除 12 个贸易部分都要遵守的共同承诺和《服务贸易总协定》规定的基本原则和我们承诺的义务外，教育部门的具体承诺为：（1）从承诺的范围上不包括国家规定的义务教育（《中华人民共和国义务教育法》中的九年制义务教育，指目前中国的小学教育和初中教育）和特殊教育服务（如军事、警察、政治和党校教育等）；（2）对跨境支付方式下的市场准入和国民待遇均未做承诺，因此，对外国机构通过互联网或跨境发行教育软件等手段向中国公民提供教育服务，中国可以完全自主地决定开放尺度，不受 WTO 协议的约束；并对境外消费方式下的市场准入和国民待遇没有限制，即不采取任何措施限制中国及其他 WTO 成员的公民出境（入境）留学或者接受其他教育服务；（3）在教育服务的商业存在方面，不允许外国机构单独在华设立学校及其他教育机构，在市场准入上允许中外合作办学，并允许外方获得多数拥有权，但不承诺国民待遇；（4）在自然人流动方面，要求外国个人教育服务提供者入境提供教育服务，必须受中国学校和其他教育机构邀请或雇用，对其资格要求是：必须具有学士及以上学位，具有相应的专业职称或证书，具有 2 年专业工作经验。除以上承诺外，还有以下一些与教育服务有关的内容：在市场准入和国民待遇承诺方面，中国保留了对外资企业从事相关业务的审批权，在教育服务方面，政府依据中国专门法规，对承诺的中外合作办学进行审批与管理，同时，对其他教育服务进行管理。教育服务无过渡期和地域限制，应当视为从 2001 年 12 月 10 日起生效。但是，由于中国保留了审批权，实际上须等待有关法律法规正式颁布以后才能执行。对初等、中等和高等教育服务实行政府定价。改革开放以来特别是中国加入 WTO 以来，我国的教育事业一直处于国家优先发展的战略地位，"科教兴国""人才强国"战略的提出，更是将科技、教育和人才事业视为国家重中之重的发展领域。20 世纪 90 年代以来，国家教育部门在坚持教育要面向现代化、面向世界、面向未来的教育方针下进行了一系列重大改革和创新，取得了显著成效，目前已成为世界教育大国和教育国际化大国，特别是高等教育规模已跃居世界第一。

三　中国对外开放的主要特点

实行对外开放，包括教育对外开放，是我国在党的十一届三中全会后坚持实事求是的思想路线，依据马克思主义关于国际经济关系发展的基本原理，总结国际、国内的历史经验做出的重大战略决策。回顾我国对外开放近 40 年来，特别是党的十八大以来，我国对外开放主要有以下几个特点：一是我国对外开放是渐进式开放，最初从经济领域逐步扩展到教育领域；二是我国的对外开放是独立自主、平等互利的开放，既有教育"引进来"，也有教育"走出去"；三是我国对外开放是以经济开放为基础的全方位对外开放，教育的对外开放也是以"经济建设为中心"；四是我国的对外开放是向世界上所有的国家和地区开放，既有与发达国家的教育合作与交流，也有与欠发达国家的教育合作与交流。

第二节　中外合作高等教育质量保障体系

中外合作高等教育是高等教育国际化的重要形式，完善的质量保障体系可以为中外合作高等教育保驾护航。在阐述中外合作高等教育质量监控通行做法基础上，分析国（境）外质量保障体系和国内质量保障体系的主要机构和项目，有助于指明中外合作高等教育质量保障体系的未来发展方向。质量是一切事物发展的生命线，高等教育也不例外，尤其是对于中外合作高等教育而言，质量和信誉就显得特别重要。为了保障中外合作高等教育机构和项目的质量，国际通行的基本做法是建立相应的评鉴机构和质量保障体系，依据相应的评估指标体系定期或不定期对中外合作高等教育机构和项目进行评估，并发布相应的评估报告。具体地说，中外合作高等教育机构和项目的质量保障和监控主要通过第三方来联合或独立进行：一是教育资源输出国（地）的质量保障监控系统；二是教育资源输入国（地）的质量保障监控系统；三是国际教育类质量保障监控网络。通过这些质量保障监控系统或网络的有效运作，为中外合作高等教育机构和项目提供全方位质量保障服务。

一 中外合作高等教育机构和项目的国 （境） 外质量保障体系

跨国（境）高等教育的流动是随着经济全球化和 WTO 普遍化出现的高等教育发展新动向，中国适应并抓住这一高等教育发展新趋势，积极推动中外合作高等教育的发展。目前，跨国（境）高等教育的质量问题受到严重挑战，中国已成为"文凭工厂""学位车间"和"野鸡大学"的重灾区，低质量的办学项目和低层次的办学机构充斥着跨国（境）高等教育体系。"一粒老鼠屎坏了一锅汤"，"文凭证书工厂"初期给优质高等教育机构和劣质高等教育机构带来的有限的经济效益正在被日益负面和恶劣的中外合作高等教育声誉所蚕食，一些拥有良好教育质量的高等教育机构也深受其害，全球高等教育系统已经到了需要联手治理高等教育国际化市场"劣币驱逐良币"的时候了。不仅联合国教科文组织率先行动起来，与有关组织合作建立跨国（境）高等教育质量保障监控体系，而且一些高等教育资源输出强国（地区）和高等教育资源输入大国（地区）也纷纷建立自己的质量保障监控系统，以尽量缩小劣质"文凭证书工厂""野鸡大学"等损害本国（地区）高等教育系统声誉的范围，以确保优质高等教育资源的持续输入或输出。

分析已有的跨国（境）高等教育质量保障监控政策和体系，主要以联合国教科文组织、英国、美国、澳大利亚、新加坡、中国香港地区等的质量保障监控政策和体系为代表。分析这些组织和国家（地区）的高等教育质量保障监控政策和体系，可为我国中外合作高等教育质量保障监控政策和体系的构建、运行、优化提供必要借鉴。

（一）UNESCO - OECD《跨境高等教育办学质量保障指南》

2003 年 12 月，联合国教科文组织（UNESCO）联合经济合作组织（OECD）发布了《跨境高等教育办学质量保障指南》（Guideline for Quality Provision in Cross - border Higher Education）。《指南》对政府包括教职员在内的高等教育机构或办学者、学生团体、质量保障和资质认证组织、学术认证组织和专业团体等方面提出了保障跨国（境）教育质量的行动纲领。其目的是保护学生和其他关联利益者免受办学质量低下或滥发文凭证书的违规办学者之害[①]，特别是免受"野鸡大学"和"注水文凭"之害，同时鼓励能够满足社会、经济和人文需求的高质量跨国（境）教育的良性发展。

（二）UNESCO - APQN《跨境教育规范质量保障工具包》

2006 年，鉴于《跨境高等教育办学质量保障指南》的一些缺陷，联合国教科文组织和亚太质量保障网络（Asia Pacific Quality Network，简称APQN）联合研制了《跨境教育规范质量保障工具包》（Tool Kit：Regulating Quality Assurance in Cross - border Education）。它主要是为教育资源输出、输入方制定跨国（境）教育管理规范时提供借鉴，这些借鉴主要是一些比较成功的例证、重大争议和理念、不同模式的管理规范、规范建立的步骤和可能出现的关键性问题等，以指导和帮助新兴的跨国（境）高等教育相关方制定监控体系、形成质量保障机制。

（三）INQAAHE《2006 良性实践指南》

2006 年 10 月，高等教育质量保障机构国际网络（The International

---

① 林金辉：《中外合作办学教育学》，厦门大学出版社，2011，第 2 页。

Network for Quality Assurance Agencies in Higher Education，简称 INQAAHE）向其来自 70 多个国家和地区的 160 多个正式会员发布了《2006 良性实践指南》（INQAAHE Guidelines of Good Practice 2006），号召全体成员努力保障和提高高等教育质量，规范跨国（境）高等教育服务，以确保全球学生能够享受优质教育资源。《实践指南》总计 11 条，包罗广泛，比如涉及评估组织的宗旨、评估组织与高校的关系、评估决策过程、机构外的专家组、公众知情权、文档管理规范、经费筹措、申诉系统、对评估组织的评估、与其他评估组织的合作①、跨国（地区）的高等教育流动，等等。

（四）APQN《亚太区高等教育质量保障原则》

2008 年 3 月，亚太质量保障网络发布了《亚太区高等教育质量保障原则》（Higher Education Quality Assurance Principles for the Asia Pacific Region），又称《千叶原则》（Chiba Principles）。其宗旨是为高等教育组织和质量保障监控组织提供原则导向，为亚太国家或地区的质量保障监控方法、资质认证组织（国际、国内）、课程和教育项目、教育组织、课程和质量保障监控的相关框架提供必要的补充。②《千叶原则》为亚洲 - 太平洋各有关国家或地区推进跨国（境）高等教育流动质量管理提供了具有广泛共识、相对一致的监控标准和原则，对提升亚太地区高等教育质量保障监控的全面合作起到了重要的促进作用。③

（五）英、美、澳和中国香港的跨国（境）高等教育质量保障监控体系

英国作为老牌的高等教育强国，历来重视通过大学自治和教授治校等手段维护高等教育的质量与声誉，政府对跨国（境）高等教育质量保障监

---

① INQAAHE：*INQAAHE Guidelines of Good Practice* 2006，http：//www. inqaahe. org/admin/files/assets/subsites/1/documenten/125958811_ the - ggp - and - the - external - evaluation - experience - cnap - chile. pdf，2016 年 4 月 10 日。

② 蒋葵、俞培果：《高等教育质量保障的国际合作与亚太区域的"千叶原则"》，《外国教育研究》2010 年第 3 期。

③ 徐小洲、张剑：《亚太地区跨国（境）教育的发展态势与政策因应——中国、澳大利亚、马来西亚的案例比较》，《高等工程教育研究》2005 年第 2 期。

控的干预较少，因而相应的法规和政策也很少。众所周知，英国政府治理高等教育较少采用行政化的手段，主要通过质量保障委员会和大学拨款委员会等中介性组织与高等院校发生联系，允许《泰晤士高等教育增刊》（the Times Higher Education Supplement，简称 THEs）对英国乃至全球的高等教育机构进行排序评价。1999 年，英国质量保障委员会（the Quality Assurance Agency for Higher Education，简称 QAA）制定了带有行业自律性质的《高等教育学术质量和标准保障的实践准则：协同规定》（Code of Practice for the Assurance of Academic Quality and Standards in Higher Education：Collaborative Provisions）。《实践准则》总计 15 条，特别强调境外合作办学的教学水平、学术水准和教育质量，比如规定了学生的基本入学资格、课程设置标准、学制等必须与英国本校的相应规定保持一致，其海外合作办学机构的考试和评鉴方法等必须由位于英国本土的母校控制，比如宁波诺丁汉大学、苏州西交利物浦大学等。

美国是第二次世界大战后新兴的高等教育强国，其跨国（境）高等教育质量保障监控主要通过认证来实现。早在 1817 年，纽约州就建立了大学评议会。1949 年，全美高等学校资格鉴定理事会（NCA）成立，该机构全面协调高等学校的鉴定工作，其流程为：院校自我评估、有关审查委员访问、最后资格认定。1964 年成立了高等教育地区鉴定委员会联合会（FRACHE），1975 年 1 月 NCA 同 FRACHE 统一合并为中学后教育鉴定委员会（the Council on Postsecondary Accreditation，简称 COPA）。1993 年，克林顿政府出台了一系列教育措施，由于改革需要，又建立了全国高等教育院校鉴定政策委员会（NPB）。目前，得到美国教育部（U. S. MOE）认可的除 6 个地区鉴定机构外，还有近 60 个学科 70 余个专业鉴定机构。COPA 于 1991 年发布了《非美国公民的海外国际教育项目的良性实践原则》（Principles of Good Practice in Overseas International Education Programs for Non‑U. S. Nationals），旨在为美国的海外教育项目或海外分校提供评鉴参照。2001 年，美国高等教育认证委员会（CHEA）又制定了《非美国机构和项目认证的美国认证工作国际化准则》（Principles for United States Accretions Working Internationally：Accreditations of Non‑US Institution and Programs），力图进一步强化美国认证组织与接受认证的美国海外分校或合作

项目所在国的质量保障监控组织之间的合作，推进跨国（境）高等教育的
交流与合作，从源头上维护美国高等教育系统的国际美誉①，这也是美国
高等教育资源输出强国地位得以稳固的重要基石。上海纽约大学、清华 –
伯克利深圳学院等的创建很好地体现了美国对于跨国（境）高等教育的
态度。

　　澳大利亚作为 21 世纪崛起的高等教育资源供给大国和高等教育国际化
强国，很早就把教育服务贸易作为国家的支柱产业加以发展，并颁布了一
系列法规政策加以保护。澳大利亚是仅有的几个对跨国（境）高等教育进
行立法的国家，其相关法规政策如《海外学生教育服务》（Education Serv-
ices for Overseas Students，简称 ESOS）、《跨境质量战略》（Transnational
Quality Strategy）。1990 年，澳大利亚大学校长委员会制定了《澳大利亚高
等教育机构为海外学生提供教育的道德实践准则》（Code of Ethical Practice
in the Provision of Education to Overseas Students by Australian Higher Educa-
tion Institutions）；1995 年又专门针对日趋繁荣的跨国（境）高等教育制定
了《澳大利亚高等教育机构提供离岸教育和教育服务的道德实践准则》
（Code of Ethical Practice in the Provision of Offshore Education and Educational
Services by Australian Higher Education Institutions）。1998 年，两个《实践
准则》合二为一为《澳大利亚大学为国际学生提供教育的准则和指南》
（Provision of Education to International Students：Code and Guidelines for Aus-
tralian Universities）。根据跨国（境）高等教育流动的新态势，大学校长委
员会修订了之前的相关准则，重新制定《澳大利亚大学实践准则和指南》
（Code of Practice and Guidelines for Australian Universities），详细规定了澳大
利亚高校开展跨国（境）教育服务贸易的实施细则，通过法律保障澳大利
亚高等教育机构内的学生及其相关群体的利益，在不断提高跨国（境）高
等教育质量的基础上，吸引更多学生来澳大利亚高校或高校海外分校或机
构学习。

　　中国香港作为 WTO 的发起成员之一，于 1997 年回归祖国后仍保留
WTO 独立席位。香港作为国际自由贸易大港，WTO 所限定的四种类型的

---

① 王剑波：《跨国高等教育与中外合作办学》，山东教育出版社，2005，第 5 页。

教育服务贸易也非常活跃。为规范跨国（境）高等教育的有序流动，香港政府于1996年7月出台了《非本地高等和专业教育法规》［Non - local Higher and Professional Education（Regulation）Ordinance］，随后香港立法会还对其中的部分条文做过多次修订。从修订后的《法规》来看，其条款主要是通过注册制约束非香港本地课程项目的授课质量和信誉，也就是通过非本地高等及专业教育课程注册处发放注册证或豁免证的方式，既可以监管非本地高等及专业教育课程提供者的资质，又可以维护就读该课程的香港学员的消费者权益和香港教育的国际声誉。

此外，新加坡、马来西亚等跨国（境）高等教育资源流动频繁的国家也纷纷制定了一系列保障教育服务质量、学员权益和国家教育声誉的保障监控政策。

二 中外合作高等教育机构和项目的内部质量保障监控体系

我国政府部门出台的中外合作高等教育的相关法规、政策、通知等是其质量保障监控体系的重要组成部分，也是建立中外合作高等教育质量保障监控组织的重要依据。由于我国已于2001年加入WTO并签字同意了教育服务贸易的部分条款，也就是我国同意的教育服务贸易包括具体承诺减让表第二条最惠国待遇豁免清单规定中除去义务教育、军事教育、警察教育、政治教育和党校教育等之外的其他教育领域。由于在国际教育服务贸易上允许"商业存在"，使得外国的教育组织能够以比较灵活的方式进入我国教育市场，一方面"狼来了"强化了中国高等教育系统的竞争力提升的紧迫感和责任感，另一方面促进了我国高等教育管理体制、办学体制、投融资体制和监管评估体制等改革的多样化。

依据国际惯例对中外合作高等教育机构和项目的质量进行保障和监控，是我国各级政府部门履行教育主权的重要体现。除了在我国的《宪法》《教育法》《高等教育法》《职业教育法》《民办教育促进法》等法律中对中外合作高等教育进行了限定，在《中外合作办学条例》《中外合作办学条例实施办法》《民办教育促进法实施条例》等部门法规中也规定了中外合作高等教育的政府监控权的合法性。通过多年的运行完善，我国已经建立起了"申报－审批－监管－评价"的立体质量保障监控体系和中外合作办学监管工作信息平台、中外合作办学颁发证书认证工作平台等质量监控平台，几乎已包括中外合作高等教育的主要方面，可以较好地保障监控中外合作高等教育机构和项目的运行质量。

另外，除了发挥行政部门和信息技术在中外合作高等教育质量保障监控方面的主导作用外，我国已有一些社会团体组织参与中外合作高等教育质量保障监控方面的辅助工作，比如已加入 APQN 和 INQAAHE 的上海教育评估院、艾瑞深研究院、北京教育评估院、江苏教育评估中心、云南省高等教育评估中心、京津冀高等教育发展研究中心等。虽然这些评估机构还不具备像 APQN 那样的国际知名度和评鉴实力，但这些机构对于中外合作高等教育机构和项目而言还是能起到一定的第三方评鉴作用。随着中外合作高等教育机构和项目的不断增长，也可以推动这些评鉴机构的中介化、社会化和国际化，以提供更为中立、客观、有效的中外合作高等教育机构和项目评鉴报告。[①]

总体而言，我国在中外合作高等教育机构和项目的治理结构、教学管理、人事管理、财务管理、招生管理、毕业管理等方面建构了一整套的内部质量保障监控子系统，但是中外合作高等教育质量保障监控的应然要求与实然状况之间仍然存在较大差距，比如法律体系不够完备、监管体系不够健全、违规处罚不够力度、政府主导不够明显、学生权益保障不力、评估指标不够细化、法规执行打折等。这些问题的存在，既为中外合作高等教育的可持续发展埋下了一定的隐患，也为中外合作高等教育的后续研究提供了必要的合理性。

第三节 中外合作高等教育的监管体制机制

中外合作高等教育是中国高等教育的"第三条道路"，是推动中国高等教育从大众化向普及化过渡阶段的"三驾马车"之一。中外合作办学是

---

① 董险峰、赵雪：《中外合作高等教育质量保障体系探究》，《云南农业大学学报》（社会科学版）2016 年第 2 期。

中外合作高等教育的重要形式，也是中国高等教育的重要组成部分。在国家政策鼓励下，中外合作高等教育取得了快速发展，成为改革开放后我国高等教育领域"洋为中用"的新探索，但投入产出不成正比、良莠不齐的办学质量等问题亟须关注。为促进中外合作高等教育绿色发展，必须优化研究和建构中外合作高等教育的监管体制机制。

　　文化是国际合作与交流的纽带，而教育则是跨国（境）合作与交流的桥梁①，中外合作高等教育是支撑"一带一路"倡议的人才源、科技源和智慧源之一。中外合作高等教育是历史和时代的双重产物，是在中国改革开放的历史进程中升华的新事物，既受我国大的政策环境的影响，也受国际大环境的影响，特别是受经济全球化、区域一体化的影响日深，市场经济体制和多边贸易规则早已渗透了中外合作高等教育的方方面面，而随着国家"一带一路"倡议的实施和深化，将掀起新一轮中外合作高等教育的潮流。在世界贸易组织的《服务贸易总协定》中，其四种服务"提供方式"（跨境支付、境外消费、商业存在和自然人流动）为中外合作高等教育奠定了国际化的法理依据，这也是众多中外合作高等教育机构和项目以"营利性"为导向的重要原因。在"逐利"的驱动下，名为"校际交流"实为"中外合作办学"的众多中外合作高等教育机构，如"雨后春笋"般在中国大地上"生根发芽""开花结果"，其中既有高水平的中外合作办学，也有泥沙俱下的低水平中外合作办学。因为"校际交流"不需要经过教育部审批，而中外合作办学则有一套严格的审查程序，所以很多国内高校和境外高校（早期不乏一些"野鸡大学"，中期主要是一些次级院校，近期也不乏世界一流大学）打着"校际交流"的幌子干着"合作办学"的买卖，甚至是一些经过教育部审批的中外合作办学也是乱象丛生、问题重重，如花钱买文凭、证书，只要支付一笔费用，不用出国修习任何课程就能获得外国某校的证书文凭；国内的办学组织只是名义上的合作单位，具体的办学事宜全部让"代理人"负责运作，中外合作办学的中方单位不到办学一线，这就为一些私营组织利用中外合作办学牟取暴利留下了"灰

---

① 唐滢、丁红卫、冯用军：《云南高校面向大湄公河次区域"走出去"战略及实践》，云南人民出版社，2013，第8页。

色空间",这也是不同中外合作办学机构收学费千差万别、部分项目学费高得离谱的重要原因;还有部分中外合作办学项目鱼龙混杂,部分项目未能获得教育主管部门(中国教育部)的官方许可,结果是其证书文凭多来自"野鸡大学"遍地的欧美和澳大利亚,不被官方认可常爆发丑闻,如轰动一时的"学历门"的主角西太平洋大学(Pacific Western University);部分中外合作办学项目违背了公益属性,完全变身为营利性产业,不问条件交钱就可以上,教育质量令人担忧。美国、澳大利亚等国为促进教育公平,虽然注册大学犹如注册公司一样方便,但政府并不负责认证大学和学位的行政职能,其负面结果是为国内某些"不怀好意"的高校和组织所利用来大肆招揽"崇洋媚外"之人,"假中外合作办学项目"或"低水平中外合作办学项目"充斥于高等教育领域,加之国内有关组织人事部门在选人、用人、提拔人时对学历学位审查不严或"有意放水","野鸡大学""野鸡文凭"大行其道,严重影响到中外合作办学的正常教学秩序和声誉,影响到中国的高教品牌和国家形象,如不重拳治理,必然贻害无穷。上述种种乱象之所以能存在于中外合作高等教育领域,影响因素是多种多样的,但首要原因是政府监管不给力和质保机制不健全,因此,必须运用中外合作教育学(中外合作高等教育学)的基本理论加强中外合作高等教育的监管体制机制研究。

中外合作高等教育开创了我国高等教育与国外优质高等教育资源相结合的先河,为中国教育走向世界创造了一种全新的模式。目前,中外合作高等教育主要有两种形式:一是中外合作办学机构,如宁波诺丁汉大学、清华伯克利深圳学院、广东以色列理工学院等,已有近15所;二是中外合作办学项目,全国经批准设立的中外合作办学项目已达2000个。改革开放后,中外合作办学已成为中国高等教育的重要组成部分,也是推动高等教育大众化向普及化过渡的重要力量,在校生规模约为55万人,毕业生超过150万人。从2005年第一所中外合作办学高校诞生至今,中外合作高等教育对推动我国办学体制改革、拓宽人才培养途径、刺激高校间良性竞争、促进教育对外开放等方面发挥了积极作用,与公办、民办高校一起,并称为中国现代高等教育"三驾马车"。但不可避免的是,中外合作高等教育也出现了一些亟待解决的问题,其中最大的问题是良莠不齐的办学质量。

不可否认，中外合作高等教育不乏精品和高质量项目，但也有一些院校、培训公司或个人为了逐利，和国外一些三流甚至不正规的院校开展合作办学，其毕业文凭含金量非常低，严重影响了中外合作办学的整体教学质量和声誉，社会舆论诟病颇多。2014 年，教育部一次性停办了 252 个本科以下层次中外合作办学的项目和机构，并对之后新申办的法人独立、财务核算和人事管理独立、校园校舍独立、教育教学独立的本科及以上层次中外合作办学机构，设立"高标准、严要求"，如对申请设立的独立法人中外合作大学的外方高校要求必须是"世界名校"①，同时要求未来中外合作办学应更加注重丰富办学内涵、提升办学质量，加强顶层设计和统筹规划，强化依法监督和管理。

现代法治社会要求社会公民的一切言行都应接受法律准绳的约束，有法可依还必须有法必依、执法必严、违法必究，否则，再完善的法律规定也只能是纸上谈兵、废纸一堆，必须依法依规强化对中外合作高等教育项目和机构的管治、监理、督查。中外合作高等教育既要努力做到依法办事，也要依靠完善的法规保障实现可持续发展。具体地说，政府在引导中外合作高等教育机构和项目方在引进优质教育资源的时候，不仅应建立完善的监管体制对其进行全流程监控，而且要把好进口关、过程关和出口关，建立中外合作高等教育全流程质量监控系统，真正发挥引进优质高等教育资源的育人职能。严格的监管是中外合作高等教育得以可持续发展的根本保障，对于中外合作高等教育的监管，我国政府很早就出台了相关法规政策。不仅在国家的《宪法》《高等教育法》《民办教育促进法》等法律中规定了监控中外合作高等教育的合法性、可能性，而且在《中华人民共和国中外合作办学条例》（2003 年 3 月 1 日，简称《条例》）、《中华人民共和国中外合作办学条例实施办法》（2004 年 3 月 1 日，简称《实施办法》）、《教育部关于进一步规范中外合作办学秩序的通知》（2007 年 4 月 6 日）、《教育部关于境外机构和个人来华合作办学问题的通知》（1993 年 6 月 30 日）、《民政部关于对中外合作办学机构登记有关问题的通知》（2003

---

① 欧兴荣：《中外合作办学已成高等教育"三驾马车"之一》，http：//edu.people.com.cn/n/2014/1120/c367001 - 26062420.html（2016 年 10 月 2 日）。

年 12 月 12 日）等法规政策中强化了对中外合作高等教育实施监控的必要性、可行性，比如"积极慎重、以我为主、加强管理、依法办学"的原则。但从中外合作高等教育的发展实践来看，相关法规和政策的制定、颁布和条款等方面存在一定的滞后性、缺陷性，监管主体及其分工不太明确，监管环节缺失或走过场的情况时有发生，执行法规打折和政策失真现象较为严重，等等，是时候行动起来对其强化监管和规范了，特别是对那些"打擦边球"的中外合作高等教育项目、机构等更要依法治理、严格监管、坚决取缔，从而保障中外合作办学高等教育机构、项目的创新发展（innovative development）、协调发展（collaborative development）、绿色发展（green development）、开放发展（open development）和共享发展（inclusive development）。

一 中外合作高等教育机构和项目的资质鉴定与管理机制

中外合作高等教育事关国家教育主权尊严和教育消费者权益，因此，确定外方院校办学资质、慎重选择合作伙伴就至关重要。由于不同国家或地区的管理文化和高等教育体制机制存在很大的差异性，在"乱花渐欲迷人眼"中鉴定外方合作高校的资质就显得更有难度，比如法德英俄等国是公立的高校办学水平相对较高、美日韩等国是私立的高校办学水平相对较高，所以在鉴定外方合作院校的资质上就要具体问题具体分析，不能一概而论，特别要警惕"野鸡大学"。具体地说，我国在中外合作高等教育方面经过多年的摸索、发展，已经形成了一套比较完善的引进国（境）外优质教育资源的资质鉴别认定和监督管理渠道系统，包括资质审查与批复、办学许可证/项目批准书、复核评估等流程性环节。

（一）中外合作高等教育项目和机构资质审定与监管的证书制及审批制

依据《条例》和《实施办法》的有关规定，"国家对中外合作办学实行扩大开放、规范办学、依法管理、促进发展的方针"。在《中外合作办学条例》中，专门规定了"设立、组织与管理、教育教学、资产与财务、变更与终止"等条款,并单列了"法律责任"专章①;在《实施办法》中,亦设专章规定了中外合作办学机构的"设立、组织与活动、管理与监督"和"中外合作办学项目的审批与活动"等。② 此外,为了加强对中外合作高等教育机构和项目的监管,教育部还单独发布了其他几个指导性文件,比如《教育部关于进一步规范中外合作办学秩序的通知》。为保障国际合作高等教育的质量,世界主要高等教育强国通行的做法是由特定组织(美国如 the Council on Postsecondary Accreditation,高等教育认证委员会COPA、英国如 the Quality Assurance Agency for Higher Education,高等教育质量保障机构 QAA、澳大利亚如 Australian Universities Quality Agency,澳大利亚大学质量机构 AUQU,等)进行合作资质审定,按照审批制的流程进行评估鉴定,合格者颁发许可证,不合格者进行淘汰,并进行定期评鉴,发布评鉴报告。③ 我国不断吸收借鉴高等教育国际化强国的有益做法,建立了中国特色社会主义中外合作高等教育机构和项目资质鉴定与管理制度,即中外合作高等教育审批制度和许可证制度,通过对合作双方进行资质鉴定,并定期在教育部中外合作办学监管工作信息平台(http://www.crs.jsj.edu.cn/index.php)上公布合格机构和项目,以确保其具有相应的合作办学资格和较高水平的办学质量。

依据《教育部关于设立和举办实施本科以上高等学历教育的中外合作办学机构和项目申请受理工作有关规定的通知》(教外综〔2004〕63 号)的规定,拟设立或主办中外合作办学项目和机构,必须根据申办类型向相应级别政府机构正式提交完整申请。根据《条例》《实施办法》等监管中外合作高等教育项目、机构的有关法律规定,规范了中外合作高等教育机构和项目的四种审批模式(见表 1 – 1、表 1 – 2)。④ 概括起来就是根据中

---

① 国务院:《中华人民共和国中外合作办学条例》,《中华人民共和国国务院公报》2003 年第 12 期。

② 教育部:《中华人民共和国中外合作办学条例实施办法》,《司法业务文选》2004 年第 24期。

③ 王烽、霍雅玲:《发达国家高等教育评估的发展趋势及其启示》,《高等工程教育研究》1996 年第 4 期。

④ 国务院:《中华人民共和国中外合作办学条例》,《中华人民共和国国务院公报》2003 年第 12 期。

外合作高等教育层次、内容等的不同分别由教育主管部门或劳动行动部门进行审批。

表1-1　中外合作高等教育审批部门及其主要权限

审批部门	主要权限
国务院教育行政部门	本科以上高等学历教育的中外合作办学机构
省、自治区、直辖市人民政府	高等专科教育和非学历高等教育的中外合作办学机构
	中等学历教育、文化补习、自学考试助学、学前教育等的中外合作办学机构
省、自治区、直辖市人民政府劳动行政部门	职业技能培训的中外合作办学机构

表1-2　中外合作高等教育行政管理组织及其主要职责

行政管理组织	主要职责
教育部国际合作与交流司	制定中外合作高等教育的政策文件和法律规定 审批和管理教育国际合作与交流的机构、项目和课程 统筹管理和协调内地和港澳台之间的教育交流合作
教育部学位与研究生教育发展中心	对中外合作高等教育涉及研究生学历部分提供决策咨询 具体实施教育部国际合作与交流司组织的中外合作办学评估 开展与国外及港澳台地区相应的学位与研究生教育非政府组织的国际交流与合作
教育部留学服务中心	鉴定留学生的海外文凭及成绩单 鉴定中外合作办学颁发的文凭 出具海外文凭及中外合作办学文凭的鉴定证书
教育部中外合作办学监管工作信息平台	发布国（境）外具有优质教育资源的教育机构名单 发布中外合作高等教育机构和项目复核、评估结果 发布中外合作高等教育预警信息
地方教育主管部门	审批地方教育机构和国（境）外的合作办学 审核所在地中外合作办学者提交的证书认证注册信息
地方劳动行政部门	审批地方办学机构与国（境）外机构合作进行的职业技能培训

办学许可证和项目批准书是主办中外合作高等教育项目、运营中外合作高等教育机构的个人或组织被允许组织教育、教学、培训活动的合法凭据。在中外合作高等教育上实施许可证制和审批制的主要目标是"引优逐劣"，达到大力引进国（境）外优质高等教育资源的目的，驱逐劣质高等教育资源，即努力引进国（境）外高水平大学的优质资源，遏制资质不

良、无资质、假资质的国（境）外次级大学或"野鸡大学"和国内不具有
中外合作办学资质的组织、"居心不良"的个人违法违规办学等，进而努
力保障中外合作高等教育依法办学、规范管理，在正确的办学方向、良性
的办学道路上避免不必要的低水平重复和减少"劣币驱逐良币"的情况，
保护中外合作高等教育的声誉和受教育者的合法权益。为此，教育部于
2004 年 10 月 13 日颁布了《关于启用中外合作办学许可证和中外合作办学
项目批准书等的通知》（教外综〔2004〕72 号），决定自 2004 年 9 月 1 日
起启用《中华人民共和国中外合作办学许可证》（PERMIT OF THE PEO-
PLE'S REPUBLIC OF CHINA FOR CHINESE – FOREIGN COOPERATION IN
RUNNING A SCHOOL，简称《办学许可证》）和《中华人民共和国中外合
作办学项目批准书》（CERTIFICATE OF APPROVAL FOR OPERATION OF
CHINESE – FOREIGN COOPERATIVELY – RUN EDUCATIONAL PROJECTS
IN THE PEOPLE'S REPUBLIC OF CHINA，简称《项目批准书》），分为正
本（许可证 4 种正本、批准书 2 种正本）和副本（与正本相对应），有教
育部、劳动和社会保障部 2 种版式 6 种类型。具体地说，就是在中外合作
高等教育的准入和办学审批中运用了许可证和批准书制度，即向通过办学
资质审批、筹备期审查合格的中外合作高等教育机构和项目分别颁发由国
家教育部门、劳动部门组织印制的统一编号、统一格式的《中外合作办学
项目批准书》或《中外合作办学许可证》，之后再到教育或劳动部门等依
法办理法人登记，之后才能依法从事招生培训工作。《条例》和《实施办
法》规定中外合作高等教育机构和项目"筹备设立期内，不得招生"①。

（二）中外合作高等教育机构和项目的复核管理与再评估

教育部国际合作与交流司是中外合作办学项目和机构质量的直接监管
机构，会定期发布《中外合作办学评估方案》并组织定期评估或不定期抽
估，对达不到评估标准的进行分情况处理，关停并转或整改。按照 2007 年
4 月 6 日颁布的《教育部关于进一步规范中外合作办学秩序的通知》（教外

---

① 国务院：《中华人民共和国中外合作办学条例》，《中华人民共和国国务院公报》2003 年
第 12 期。

综〔2007〕14 号）和 2009 年 8 月 4 日颁布的《教育部办公厅关于开展中外合作办学评估工作的通知》（教外厅〔2009〕1 号）等政策法规的要求，相应等级的教育行政主管部门（教育部、教育厅/教委、教育局等）对处于运行状态的中外合作高等教育项目和机构有权力、有责任进行复核管理和评估，"审批机关应当组织或者委托社会中介组织本着公开、公正、公平的原则，对实施学历教育的中外合作办学项目进行办学质量评估，并将评估结果向社会公布"。① 对于虚假合作办学者和不达标办学者依法进行严肃处理，甚至撤销其中外合作高等教育资质，并记入黑名单。也就是"对通过评估发现的办学规范、质量较高、社会效果较突出的办学单位，将宣传和推广其办学经验；对办学存在严重问题的，将依据相关法律规定，采取限期整改、停止招生等处罚措施"②。

教育行政部门评估、复核和鉴定中外合作办学项目与机构是依法监管、科学规范、合理引导中外合作高等教育活动的重要环节及关键举措，是合理引进、有效利用国（境）外优质高等教育资源的重要保障。按照分类负责和属地化管理的基本原则，中外合作高等教育机构和项目的复核、评鉴等一般由颁发许可证或批准书的行政部门负责，因此，复核、评鉴主管部门可以亲自或委托非利益关联方的第三方专业评鉴机构对中外合作高等教育机构或项目采取通信评议、材料审核、实地检查等多样化方式进行复核、评估。从 2007 年上半年开始，教育部就在北京、上海、天津、江苏、浙江、河南等省市开展中外合作高等教育机构和项目的复核工作，宣传表扬了一批、限期整改了一批、关停并转了一批③；2009 年 7 月 15 日，教育部办公厅发布了《关于开展中外合作办学评估工作的通知》（教外厅〔2009〕1 号）和《中外合作办学评估方案（试行）》，正式启动了分阶段中外合作高等教育项目和机构评估第一轮试点工作，先在天津市、江苏省、河南省、辽宁省试点，在总结经验教训并进一步完善评估标准和程序

---

① 教育部：《中华人民共和国中外合作办学条例实施办法》，《司法业务文选》2004 年第 24 期。

② 教育部办公厅：《关于开展中外合作办学评估工作的通知》（教外厅〔2009〕1 号），2009。

③ 韩晓蓉：《上海市教委：64 个中外合作办学项目被终止》，《东方早报》2007 年 5 月 29 日。

后再全面推广，历时两年，于 2011 年落下帷幕。综合已有的评估信息来看，一批中外合作高等教育机构和项目主办方坚持了引进国（境）外优质高等教育资源的法定原则与政策导向，提升了我国高等教育机构筛选、引进、消化、吸收、再创新优质高等教育资源的综合能力和竞争力，依法维护了学习者和其他利益关联者的合法权益①，如新加坡国立大学苏州研究院、深圳北理莫斯科大学等，中方合作高校引进、吸收、消化国（境）外优质教育资源的创新能力显著增强，维护国家教育主权尊严及学生消费权益的自主意识和综合素养明显提高，为教育部"总结经验并进一步完善评估标准和程序后全面推行"中外合作高等教育机构和项目复核评鉴奠定了坚实基础。

二　中外合作高等教育机构和项目的教与学管理及监控

加强对中外合作高等教育机构和项目的教、学活动的管理、监控是确保中外合作高等教育健康、有序、可持续发展的生命线，是进一步规范中外合作高等教育秩序、提升其质量的显著标识。当前，我国有关组织对中外合作高等教育机构和项目的教、学活动的管理和监控比较薄弱，很多还停留在入口监控、出口监控上，缺乏必要的过程管理和流程监控。虽然在《条例》《实施办法》中有关于中外合作高等教育机构和项目的教、学活动的管理条款，但大多停留在比较宏观的原则层面，可操作性不强，所以在现行监管体制下难以有效落实和保障。比如中外合作高等教育机构和主办中外合作高等教育项目的中国教育机构应当于每年 3 月或者 9 月向对应审批机关递交完整的办学报告，报告内容应当包括中外合作办学项目和机构的招收学生、教学质量、师资配备、课程设置、财务状况等情况；再如，按照《中华人民共和国中外合作办学条例》规定，"中外合作办学机构应当将办学类型和层次、专业设置、课程内容和招生规模等有关情况，定期向社会公布"，但至今很难见到向社会公开发布的"办学报告"，反过来说明有关教育部门和相关高校的依法信息公开程度不够。

---

① 林金辉：《中外合作办学教育学》，厦门大学出版社，2011，第 176 页。

中外合作高等教育机构和项目的教、学、研活动的管理、监控和流程再造，必须更新观念、灵活机制、坚持不懈，在建立中外合作高等教育办学质量评估机制的基础上，强化其过程性评估、诊断性评估、发展性评估。在已有《条例》和《实施办法》的法定前提下，应该对其"教育教学"部分的条例进行修订和具体化，待试点成熟后国家应出台中外合作高等教育的教育教学的规范性文件，比如将评估重点集中到外籍教师的比例和资质、原版教材的数量和质量、专业课程的比例和教学效果、课程内容的专业性和针对性、外语教学的比例和效果等，据此建立具有较广泛社会公信力的中外合作高等教育教学质量标准和保障系统。关于中外合作高等教育机构和项目的教、学活动的监控、评估和督导，可以采用自我评估报告、专家抽查进校评估、中立第三方评估等模式，也就是借鉴教育部本科教学工作水平评估和审核认证评估的有益经验，形成教育教学全流程的分项评价、总体评价和考察报告，采用适当方式公布教育教学评估结果，反过来助推其强化教育教学质量全过程、全要素、全时态的管控。

三　中外合作高等教育机构和项目方颁发文凭证书的管治监控

《实施办法》规定"中外合作办学项目颁发的外国教育机构的学历、学位证书，应当与该外国教育机构在其所属国颁发的学历、学位证书相同，并在该国获得承认"[①]，那么，我国教育主管部门就必须加强对中外合作高等教育中方院校颁发的学历、学位证书（文凭）和外方院校颁发的学历、学位证书（文凭）进行管理、监控和评估、鉴定。强化对中外合作高等教育机构和项目主办方颁发的证书文凭的管控是维护中外合作高等教育出口质量的重要保证，具体包括对我国学位授予权的管理和国（境）外学位、学历证书的注册、认证。从目前来看，中外合作高等教育涉及的学历主要是本科、研究生学历两类，涉及的学位主要是学士、硕士和博士三类（因为我国没有"专士""副博士"学位，且博士后只作为一种学习研究

---

① 教育部：《中华人民共和国中外合作办学条例实施办法》，《司法业务文选》2004年第24期。

经历），涉及的证书主要是学业证书、学历证书等学历教育类和职业资格证书、培训证书、结业证书等非学历类，但这些证书文凭的合法性前提只有一个，那就是国内的得到国务院学位委员会授权、国外的得到所在国承认。

中外合作高等教育机构和项目有关方颁发的证书文凭要想具有合法性，就必须完成学位授予权的审批、注册与认证等环节的工作。从 1994 年开始，国务院学位委员会办公室正式开展中外合作高等教育项目和机构主办方授予国外或港澳台高校学历学位证书（文凭）的接案、审批、复核工作。截止到 2010 年，已经批准了近 300 个涉及学历学位的中外合作高等教育项目，其中在中外合作高等教育机构和项目中毕业并拿到国外学历学位的中国籍毕业生超过千人，因此，必须加快这些毕业生所获学历学位证书的注册与认证工作，既可以进一步规范中外合作高等教育证书文凭的颁发和认证工作，也可以通过监控出口的方式激励中外合作高等教育者努力提高教育教学质量，保护学生和办学者的合法权益。教育信息化技术在这个环节中发挥了重要作用，教育部留学服务中心充分利用"两平台两机制"，强化了中外合作高等教育机构和项目的认证工作，特别是 2008 年以来，教育部开始试点利用 IT 技术建构本科以上层次中外合作办学境外学历学位证书认证注册信息库，从入口、过程和出口全环节监控接受中外合作高等教育的学生的入学、学习、毕业和就业、职业发展等的情况。在这个平台上，只需通过三步——提交合作办学单位证书认证注册信息、申请学生个人证书认证、查询个人申请认证注册号——就可以实现中外合作高等教育证书文凭的验证工作，并出具权威的检验证书。相信随着这项工程的逐步推广和完善，中外合作高等教育超计划招生、滥发文凭等"灰色现象"将逐渐减少，办学的全过程将更加规范，其所颁发的证书文凭的整体质量和水平有望得到进一步提高，"野鸡大学注水证书文凭"将被有效杜绝。教育部留学服务中心作为中外合作高等教育文凭证书的唯一权威官方认证机构，按照中外合作办学颁发境外学历学位证书认证注册信息库提供的信息，有权对接受中外合作高等教育的毕业生获得的国（境）外学历、学位证书进行认证并出具相应的证书。互联网＋时代的到来，使中外合作高等教育迈上"信息高速公路"，特别是人工智能信息化技术应用于中外合作高等教育证书文凭的管理控制，使中外合作高等教育国（境）外学历、学位证书、技能证书、课程成绩等的认证工作得到了进一步的规范和完善，使得提高中外合作高等教育质量和证书文凭"含金量"的工作得到了进一步的保障，更加接近中外合作高等教育引进优质资源的目标。[①]

总体上说，中外合作高等教育机构和项目的监督管理体制和机制的建设仍然处于学习、引进、借鉴、吸收、消化、再创新的初级阶段，现行的很多法律法规、政策措施等还未达到比较成熟完善的地步，还存在一些漏洞和空白地带，法规政策等的贯彻执行及其监督反馈还有不到位甚至"打折"的情况，也就是有法不依、执法不严。在具体操作层面，中外合作高等教育机构和项目等的行政管理部门还存在多头管理、权责不分、相互推诿等情况，这些都是要在中外合作高等教育的发展进程中加以注意和重点解决的"瓶颈性"问题。相信随着这些发展性问题的不断解决，中外合作高等教育将会拥有越来越美好的发展前景，并将在"双一流"战略和高等教育强国战略中扮演更加重要的角色，起着更加积极的作用。

第四节　中国高等教育国际化水平年度评估

高等教育国际化是我国建设高等教育强国的重要路径，也是实现"一带一路"倡议的重要支撑。运用科学方法制定高等教育国际化水平评估指标体系，解析其指标独特内涵，并对中国大学的国际化水平进行量化评估，进而为中国大学科学定位、合理分类、办出特色、加快国际化步伐提供参考，为中国建设高等教育国际化强国、制定高等教育国际化标准奠定基础。1978 年，中国拉开了第一轮 30 年改革开放的序幕，中外高等教育的交流与合作作为全面恢复对外开放的重要领域被重新作为国家外交战略的重要组成部分提了出来，公派出国留学制度、外派留学生和进修生开始恢复。1983 年 9 月，邓小平同志在参观北京景山学校后题词："教育要面向现代化，面向世界，面向未来"，这一教育发展战略方针为我国高等教

---

① 赵雪、冯用军：《中外合作高等教育的监管体制机制研究》，《云南农业大学学报》（社会科学）2017 年第 1 期。

育的改革和发展指明了方向，即面向世界开放办学、面向未来争创一流。20 世纪 90 年代以来，党中央、国务院在高等教育国际交流与合作方面制定了许多相关的政策法规，极大地推动了我国从东部到西部区域高等教育的国际化进程，伴随着经济方面的改革开放而逐渐建立起了全方位、深层次的区域高等教育国际化布局，即东部高校主要面向大洋洲、北美、泛欧大陆实施国际化，而西部高校主要面向东南亚、南亚、西亚、西北亚等实施国际化。

一　高等教育国际化水平评估的时代回应

随着经济全球化和区域一体化进程的加快，跨国（境）政治、经济、文化、教育等领域的国际交流与合作日益广泛和深入。在这种趋势下，高等教育国际化（尤其是高层次人才培养和科研领域的国际交流与合作）变得更加重要、更加不可或缺。国家间的高等教育交流与合作是高等教育国际化的重要内容[①]，也是促进国际理解、增加国际共识的重要方法。在高等教育国际化理念框架下，需要把"引进来"和"走出去"有机地结合起来，在高层次人才培养过程中推动多种形式的国际化。中国高等教育国际化是中国国际化战略的重要组成部分，是实现"中国梦"和"和谐世界"的重要路径，而高等教育国际化的核心是大学的国际化，大学是中国展示对外开放成果的首选"文化名片"。国家先后实施"211"工程、"985"工程、"2011"计划、"双一流"战略，其目的是提升我国高等教育的综合实力和国际竞争力，提高中国大学的人才培养质量和协同创新能力，最终为中国的和平崛起和中华民族的伟大复兴提供人才和智力支撑。

2015 年 11 月，国务院印发《统筹推进世界一流大学和一流学科建设总体方案》，正式启动高校"双一流"建设战略，要求坚持中国特色、世界一流，积极探索中国特色的世界一流大学和一流学科建设之路，努力成为世界高等教育改革发展的参与者和推动者。《方案》提出，到 2020 年，若干所大学和一批学科进入世界一流行列，若干学科进入世界一流学科前

---

① 陈学飞：《高等教育国际化：跨世纪的大趋势》，福建教育出版社，2002，前言。

列；到 2030 年，更多的大学和学科进入世界一流行列，若干所大学进入世界一流大学前列，一批学科进入世界一流学科前列，高等教育整体实力显著提升；到 21 世纪中叶，一流大学和一流学科的数量和实力进入世界前列，基本建成高等教育强国。[①]

二　高等国际化水平评估的指标体系

高等教育国际化是 21 世纪全球大学发展的新潮流，"国际化"（走出去、引进来）是创建中国特色、世界一流大学的必由之路，其核心特征是学生来源国际化、师资团队国际化、科技研发国际化、校友分布国际化、课程教材国际化、教学考评国际化、校务管理国际化和办学空间国际化等。为促进中国高校提高国际影响力和国际竞争力，早日建成"双一流"大学，必须适时制定大学国际化水平评估指标体系，对中国大学的国际化水平进行科学评估，准确了解中国大学的家底，知己知彼方能百战不殆。"双一流"建设方案为我国大学发展指明了未来战略方向。

运用科学方法（专家咨询、层次分析、灰色聚类等）确定了中国大学国际化水平评价指标体系，具体包括国际化师资、国际性校友（学生）、国际化办学、国际化科研成果、国际化教学、国际性创新基地和国际影响力等七大核心指标（见表 1 - 3），旨在引导高校在国家"双一流"大学建设战略中立足中国、放眼世界，在世界高等教育大舞台上同场竞技，以竞争求发展，以中国特色创世界一流，提升中国高校的国际化水平、国际影响力和全球竞争力。中国大学具有中国特色，也必须传承中国特色，即必须坚持党委领导下的校长负责制，为更好地引导中国大学向世界各类型各层次的一流大学看齐，应该丰富中国大学国际化水平评估指标体系的具体指标内涵。[②] 一是国际化师资。荣获诺贝尔奖、菲尔兹奖、沃尔夫奖、邵逸夫奖、阿贝尔奖等世界级科学奖励（含提名）教师，汤森路透（Thomson Reuters）全球高被引科学家，美国、法国、英国、加拿大、俄罗斯和

① 国务院：《国务院关于印发统筹推进世界一流大学和一流学科建设总体方案的通知》（国发〔2015〕64 号），2015 年 10 月 24 日。
② 冯用军、赵德国：《中国大学评价研究报告（2015）》，科学出版社，2015，第 328 页。

发展中国家等国外院士，国家千人计划入选者、长江学者讲座教授、中国科学院百人计划学者、国家青年千人计划入选者、国家 111 计划学科创新基地（高等学校学科创新引智计划）学者、外国籍"三高"（高学历、高职称、高产出）学者等。二是国际性校友。美国、法国、英国、加拿大、俄罗斯和发展中国家等科学院和工程院院士，教育部长江学者特聘教授及讲座教授、长江学者创新团队带头人、国家杰出青年基金获得者、国家自然科学基金委创新研究群体负责人等海归校友；诺贝尔奖、菲尔兹奖、沃尔夫奖、邵逸夫奖、阿贝尔奖等世界科学奖励获得者，《财富》世界 500 强企业董事长、总经理、总裁，福布斯、胡润等全球亿万富豪榜上榜企业家，外国国家元首和政府首脑等。三是国际化办学。国家建设高水平大学公派研究生项目、教育部中外合作办学项目、国家级双语教学示范课程、来华留学示范基地建设单位、留学生人数（学历生人数）、中国政府奖学金获得者、主办孔子学院和国际化校园环境等。四是国际化科研成果。诺贝尔奖、菲尔兹奖、沃尔夫奖、邵逸夫奖、阿贝尔奖等世界级科学奖励。ESI 国际高被引学术论文、《自然》（*Nature*）、《科学》（*Science*）和《细胞》（*CELL*）等各学科领域顶尖学术杂志论文、中国科学技术信息研究所中国最具影响力国际百篇学术论文等。五是国际化教学。双语（多语，下同）课程、双语教材、双语教案、双语教学大纲、双语教学环境（氛围）、双语课表、双语教学管理系统、双语考试或考务系统、双语学分转换系统、双语教学评价、双语课堂、双语教师等。六是国际性创新基地。国际创新园、国际联合研究中心、国际技术转移中心和示范型国际科技合作基地等国际科技合作基地；教育部国际合作联合实验室、国际三大索引（SCI、EI、ISTP）来源期刊、中国科协精品科技期刊示范项目和英文版期刊国际推广项目等。七是国际影响力。英国泰晤士报、QS 和美国新闻与世界报道等世界三大权威大学排行榜评价结果，到访的时任外国元首和政府首脑、国际学术影响力（ESI 居世界前 1% 的论文引文）、大数据网络影响力、国际媒体报道数（国际显示度）、国际合作与交流数和主办国际会议数、国外校友捐赠率和捐赠额、① 国外社会捐赠额等。

---

① 邓晖：《中国大学如何补上"募款"课》，《光明日报》2016 年 1 月 13 日。

表 1 - 3　中国大学国际化水平评估指标体系

一级指标	权重	评估重点
国际化师资	0.20	师资建设水平
国际性校友	0.20	毕业生职业发展
国际化办学	0.18	在校生发展空间
国际化科研成果	0.11	国际同行认可
国际化教学	0.11	教学国际化
国际性创新基地	0.10	知识创新与转化平台
国际影响力	0.10	对外影响

三　中国大学国际化水平评估的结果分析

"国际化水平"衡量的是"国际认同",即反映国际社会各界对大学的认知状况。现代大学承担着培育人才、研发科技、服务社会、传承引领文化、国际合作与交流五大职能,而国际化是大学最古老的一项职能,它的源流可以追溯到"中国私立高等教育之父"孔子的跨国讲学和西方最古老的博洛尼亚大学(Università degli Studi di Bologna,1088 年)的师生全球化,高等教育国际化迄今已有上千年的历史。众所周知,在知识经济日益显现的时代,国家综合实力的竞争,归根结底是人才的竞争。谁拥有数量多、素质高、具有创新精神和富于创新能力的人才,谁就能把握社会经济发展的主动权和重新定义治理世界的话语权,在激烈的竞争中立于不败之地,而大学则是吸引人才和培育人才最佳结合之处。因此,高等教育国际化的最终目的是培养具有国际意识、国际交往能力、国际竞争能力的人才,这种人才能立足于本土,放眼于世界,积极主动地参与国际竞争,如钱学森等。

鉴古知今,洋为中用,评价中国大学的国际化水平,不仅要回顾历史,还应该借鉴国际上的评价经验教训,中国标准亦应与世界接轨。英国泰晤士报高等教育增刊(THEs)、英国 QS 和美国新闻与世界报道(U. S. News)世界大学排行榜是世界范围内最具影响力和权威性的世界三大大学排行榜。在全球三大权威机构发布的 2015 年世界大学排行榜 500 强中，中国共有 30 多所高校上榜，由于评价指标相差较大，全国仅有北京大学、清华大学、复旦大学、中国科学技术大学、浙江大学、上海交通大学、南京大学、中山大学和武汉大学等 9 所高校全部跻身 2015 年世界三大排行榜 500 强并取得不俗的成绩，堪称 2015 年中国大学世界排名最高的"九校集团（G9 集团）"，这 9 所高校是中国国际化水平最高、国际影响力最大、国际竞争力最强的中国顶尖和一流大学（见表 1 - 4）。①

表 1 - 4　世界排名最高的中国大学九校集团（G9 集团）

名次	学校名称	省份	2015 年世界三大排名		2016 年排名情况		
			平均	最高	全国排名	星级排名	办学等级
1	北京大学	北京	41	41	1	7 星级	世界知名高水平大学
2	清华大学	北京	44	25	2	7 星级	世界知名高水平大学
3	复旦大学	上海	116	51	3	6 星级	中国顶尖大学
4	中国科学技术大学	安徽	148	113	12	6 星级	中国顶尖大学
5	浙江大学	浙江	156	106	5	6 星级	中国顶尖大学
6	上海交通大学	上海	169	70	7	6 星级	中国顶尖大学
7	南京大学	江苏	187	130	8	6 星级	中国顶尖大学
8	中山大学	广东	285	198	10	5 星级	中国一流大学
9	武汉大学	湖北	308	251	4	6 星级	中国顶尖大学

注：本结果于 2016 年 1 月 11 日正式发布，具体内容可登录 http：//www. cuaa. net/cur/2016/07 查询。

分析显示，在最具影响力的 THEs、QS 和 U. S. News & World Report 2016、2017 年世界三大大学排行榜中，那些以人文社会科学见长、对国家安全等做出突出贡献的非英语母语国家的大学很难上榜，比如中国人民大学、国防科学技术大学等，而以理工科见长的高水平大学则更容易上榜但排名并不理想，这显然与中国世界第二大经济体、世界最大高等教育体的地位明显不符。在创建"双一流"大学和实现"中国梦"的伟大征程中，必须抛弃照搬发达国家大学评价模式的教条做法，努力创建具有中国特

① 杨瑞、王鑫昕：《研究机构发布高校国际化水平排行榜》，《中国青年报》2013 年 11 月 26 日。

色、世界水准的一流大学（学科）及其评价指标体系，既立足当代又继承传统，既立足本国又学习外国，大力推进大学评价思想创新、指标体系创新和评价方法创新，更加科学地推出能客观衡量高校的人才贡献、科技贡献、社会贡献和国际贡献的世界大学排行榜，即注重质量、校友、特色、影响的世界大学排行榜，努力建设具有中国特色、中国风格、中国气派的世界大学排名指标体系，彰显世界大学评价中的"中国元素"，展现百年来特别是新中国成立以来中国高等教育所取得的巨大成就、中国大学集团在世界大学集团中的应有地位。在世界大学评价领域，既要有国际眼光、世界标准，还必须有"中国特色"、"中国标准"和"中国话语权"。

为贯彻落实《国家中长期教育改革和发展规划纲要（2010～2020年)》，加强中外教育交流与合作，特别是高等教育中外合作办学，推动高等教育"走出去"和"引进来"战略，提升我国高等教育国际化水平和国际竞争力，力争早日建成一批中国特色、世界一流的研究型大学和学科。同时，为充分展示我国高等教育国际化的水平、系统总结我国大学国际化的经验教训，经过5年的数据搜集、资料整理、指标研发、要素分析，采用钱学森院士创立的"从定性到定量的综合集成法"（M－S法)，艾瑞深研究院获得了中国大学国际化水平评估结果（见表1－5)，旨在引导高校立足中国、放眼世界、前瞻未来，在世界高等教育大舞台上同场竞技，以竞争求发展，以特色创一流，力争在世界高等教育金字塔塔尖部分拥有一席之地。

评估结果显示，在2016年中国大学排行榜700强中，北京大学国际化水平最高，居艾瑞深中国校友会网2016年中国大学国际化水平排行榜榜首；清华大学名列第二，得分为99.85分；北大、清华是我国国际化水平最高、最具国际影响力和国际竞争力的大学，也是世界三大大学排行榜和外国政要最认可的大学。[①] 相比而言，北京、上海、江苏、浙江和湖北等地高校国际化水平较高，中西部地区高校的国际化水平相对较低，这从一个方面说明地域优势对高校国际化的进度和水平等亦有重要影响。

① 韩晓蓉：《中国大学排行榜：北京大学9连冠，首次评出7所"七星大学"》，http://www.thepaper.cn/newsDetail_forward_1419174（2016年1月11日)。

表1-5　中国大学国际化水平评估结果（20强）

名次	学校名称	省份	得分	2016年排名情况		
				全国排名	星级排名	办学等级
1	北京大学	北京	100.00	1	7星级	世界知名高水平大学
2	清华大学	北京	99.85	2	7星级	世界知名高水平大学
3	复旦大学	上海	85.68	3	6星级	中国顶尖大学
4	浙江大学	浙江	84.35	5	6星级	中国顶尖大学
5	上海交通大学	上海	83.48	7	6星级	中国顶尖大学
6	中国科学技术大学	安徽	83.06	12	6星级	中国顶尖大学
7	南京大学	江苏	80.49	8	6星级	中国顶尖大学
8	武汉大学	湖北	76.33	4	6星级	中国顶尖大学
9	中山大学	广东	75.76	10	5星级	中国一流大学
10	厦门大学	福建	74.25	23	5星级	中国一流大学
11	华中科技大学	湖北	73.19	13	5星级	中国一流大学
12	哈尔滨工业大学	黑龙江	73.16	21	5星级	中国一流大学
13	南开大学	天津	72.28	16	5星级	中国一流大学
14	同济大学	上海	72.04	19	5星级	中国一流大学
15	吉林大学	吉林	71.85	11	5星级	中国一流大学
16	四川大学	四川	71.49	14	5星级	中国一流大学
17	西安交通大学	陕西	71.48	17	5星级	中国一流大学
18	北京师范大学	北京	71.16	15	5星级	中国一流大学
19	天津大学	天津	70.12	20	5星级	中国一流大学
20	兰州大学	甘肃	70.07	36	4星级	中国高水平大学

　　注：本结果于2016年1月11日正式发布，详细内容可登录http://www.cuaa.net/cur/2016/06查询。

　　总之，"国际化"是国家"双一流"建设战略中创建中国特色、世界一流大学的必由之路，国际化水平的高低已成为衡量一个国家和地区高等教育发展水平的重要评价指标。众所周知，21世纪世界大学发展的重要特征是高等教育国际化，其核心特征是学生来源国际化、师资团队国际化、科技研发国际化、校友分布国际化、校友捐赠和社会捐赠国际化、课程教材国际化、教学考评国际化、校务管理国际化、办学空间国际化和资源保障国际化等，[1] 特别是充分利用"互联网＋"推动高校国际化。[2] 如从这

①　蔡言厚、赵德国、冯用军：《中国大学国际化水平年度评估研究》，《云南农业大学学报》（社会科学）2016年第2期。
②　付文、陆娅楠、康岩：《校友捐赠用上"互联网＋"》，《人民日报》2015年12月7日。

些指标来进行国际比较，我国大学离哈佛大学、剑桥大学等世界一流大学还有较大差距，虽然北大汇丰商学院英国牛津分校将在 2018 年秋季"开门营业"，因此，我国大学要紧跟世界高等教育发展潮流，充分利用好国家"双一流"战略和"一带一路"倡议，战略思想上要从直道追赶变为弯道超越，即在适度引进国外优质高等教育资源的同时，要大力整合中国特色优质高等教育资源实施全方位、全深度、全要素"走出去"，争当"讲好中国故事，传播好中国声音"的排头兵和喇叭筒，为实现"和谐世界"的"中国梦"做出新的贡献。

第二章

云南省高等教育开放政策与战略分析

国际化是 21 世纪世界高等教育的潮流。云南省高等教育面向东南亚、南亚、西亚乃至世界全面对外开放具有天时地利人和优势，取得了诸多重要成果，但把第三轮改革开放扎实推向纵深仍面临诸多挑战，必须从政策和战略层面加强前期研究和顶层设计。在分析云南省高等教育面向东南亚、南亚开放的时代机遇基础上，科学评估云南省高校国际化水平和合理规划其重点开放领域，创新设计云南省高校落实国家全面对外开放战略的标志项目及相应对策，有助于从更高层面、更大力度、更广范围推动云南省高等教育国际化。

第一节　云南省面向东南亚、南亚高等教育对外开放政策

高等教育政策是指引高等教育发展的路线图，云南省高等教育面向东南亚、南亚全面开放具有多方面优势。在中国加入 WTO 和实施"一带一路"重大倡议的背景下，云南省委、省政府审时度势出台了诸多推动高等教育"走出去""引进来"的政策，特别是面向东南亚、南亚全面开放的高等教育政策。运用政策科学解读云南省高等教育面向东南亚、南亚对外开放的重要政策，对其进行全过程全要素剖析，可为制定新的高等教育国际化政策方案和解决途径提供参考。

高等教育政策是指引高等教育改革发展的蓝图，是国家政策的重要组成部分，特别是高等教育国际化政策，既为高等教育国际化指明了发展方向，也为高等教育国际合作与交流保驾护航。政策分析是对政策的调研、制定、分析、筛选、实施和评价全过程进行研究的方法和技术的统合，又称政策科学（Policy Science），其核心问题是对备选或已出台政策的背景、效果、优劣等进行模拟分析和综合评价，进而为政策的修订或废止、新政策等的出台提供决策信息。[①] 高等教育国际化是我国的一项重要改革开放战略，也是"一带一路"倡议的重要动力，必须加强高等教育国际化相关政策研究，利用政策研判和预判技术，提前规避高等教育国际化的有关风险，确保我国高等教育国际化始终处于稳健发展的轨道上。

一 云南面向东南亚高等教育开放政策的历史扫描

高等教育国际化是后发达或欠发达地区实现"后来居上"战略目标的捷径。在国家第一轮西部大开发政策的指导下，在国家相关部门的推动下，云南省迅速将高等教育国际交流与合作的工作重心向周边国家转移。2006 年 7 月，云南省委、省政府召开了云南省高校实施"走出去"战略工作会议，会议出台了中共云南省委、云南省人民政府《关于加快推进高等院校实施"走出去"战略，提高高等教育国际化水平的若干意见》（简称《高等院校实施"走出去"战略意见》），明确了云南省高校实施"走出去"战略的指导思想、目标和任务。[②] 2012 年 10 月，《国家发展和改革委员会关于印发云南省加快建设面向西南开放重要桥头堡总体规划（2012—2020 年）的通知》（发改地区〔2012〕3422 号）正式出台，为云南省建设中国面向西南开放桥头堡增力提速。国家"桥头堡"战略规划的相继出台力图在新的历史起点上、新的发展机遇下，不断开创云南省改革开放和社会主义现代化建设新局面、不断推动云南省面向东南亚、南亚开发开放迈

---

① 唐滢、丁红卫、冯用军：《云南高校面向大湄公河次区域"走出去"战略及实践》，云南人民出版社，2013，第 7 页。

② 中共云南省委、云南省人民政府：《关于加快推进高等院校实施"走出去"战略，提高高等教育国际化水平的若干意见》（云发〔2006〕1 号），2006 年 7 月 8 日。

上新台阶，通过教育现代化带动人才国际化、通过信息化带动工业化推进农业现代化，在打造西部民族高等教育国际化桥头堡、面向东南亚国际化人才桥头堡的基础上，最终把云南省建设成为中国面向西南开放桥头堡、国家兴边睦邻桥头堡、边疆脱贫致富奔小康桥头堡、西部社会经济第五增长极。2015 年 1 月，习近平总书记来到云南省，针对云南省经济社会发展相对滞后而地缘优势突出的状况，提出"民族团结进步示范区、生态文明建设排头兵、面向南亚东南亚辐射中心"三个新定位，为云南省描绘出"主动服务和融入国家发展战略，闯出一条跨越式发展路子来"的美好蓝图。同时，习近平总书记要求，要把云南省科教资源利用好，扎扎实实地走出一条创新驱动发展道路，努力成为沿边改革开放的"窗口"和"试验田"。

随着国家"一带一路"和长江经济带等建设的不断深入，云南省正从对外开放的边缘、末梢，转变为扎实深入全面开放的前沿、中枢，成为国家"南向"战略实施的连接点和交汇点。为全面贯彻落实习近平总书记"将云南建设成为对外开放新高地"的指导思想，2015 年，云南省通过加强南亚、东南亚小语种人才培养体系建设、出台《关于推进云南省国门大学建设的实施意见》、加强云南华文学院和滇西应用技术大学建设等工作，强化东南亚、南亚辐射中心建设支撑。但是，由于当前云南省高校的发展定位和人才培养模式与"一带一路"重大倡议建设需求还存在一定差距，云南省高校在南亚、东南亚区域共同体建设中的"智源"地位还有待提高。[1] 因此，应加强云南省高等教育对外开放政策研究，高强度支持云南省高等教育系统围绕国家"一带一路"和长江经济带等建设的需求，专注于政治建设、经济建设、社会建设、文化建设、党的建设、生态文明建设和国际关系发展中的重大问题研究与共性关键技术研发，更好地服务于党和政府的战略决策与政策制定，不断增强云南省高等教育对外开放度，特别是代表中国在东南亚、南亚、西亚等区域共同发展中的"贡献度"和"话语权"。

---

① 朱华山：《以主动服务和融入国家战略为重点推动云南高等教育迈入创新发展新境界——在"云南省高等教育学会 2015 年学术年会"上的报告》，http：//www.ynjy.cn/chn201004051544082/article.jsp？articleId＝208734574（2016 年 5 月 2 日）。

二 云南省面向东南亚高等教育开放政策分析

改革开放 38 年来，云南省经济社会的全面改革开放经历了与全国相似的道路，但云南省教育特别是高等教育的对外开放走出了与全国相异的道路，不但出台了 2 个对于云南省高等教育"走出去""引进来"战略具有划时代标志的文件——《云南省接受外国学生管理暂行办法》，中共云南省委、云南省人民政府《关于加快推进高等院校实施"走出去"战略，提高高等教育国际化水平的若干意见》，还出台了一系列保障高等教育"走出去""引进来"战略的重要法律法规和政策措施。其中，2014 年 9 月 23 日，云南省人民政府印发《滇中城市经济圈一体化发展总体规划（2014—2020 年）》；2015 年 3 月 28 日，国家发改委、外交部、商务部联合发布的《推动共建丝绸之路经济带和 21 世纪海上丝绸之路的愿景与行动》；2015 年 9 月 7 日公开发布的《国务院关于同意设立云南滇中新区的批复》；2015 年 10 月 24 日颁布的《国务院关于印发统筹推进世界一流大学和一流学科建设总体方案的通知》（国发〔2015〕64 号）等，都对云南省面向东南亚、南亚高等教育开放政策和战略产生了重大影响。云南省高校应该利用滇中城市圈一体化和滇中新区建设机遇，推动滇中"4＋1"城市大学圈的形成①，通过云南省高校联盟组团"走出去"，扩大云南省高等教育系统在东南亚、南亚各国的知名度、影响力、美誉度和吸引力，扩大来滇留学生规模，提高来滇留学生层次，在东南亚、南亚高等教育市场中占据更大份额，在东南亚、南亚高等教育服务贸易领域拥有更大话语权。

（一）《高等院校实施"走出去"战略意见》分析

云南省高等教育国际化起步早、法规政策比较完备，但发展速度较慢、合作水平较低、标志性成果较少，"左邻"广西壮族自治区依托"中国—东盟博览会"已快步进入高等教育国际化强区、"右舍"贵州省依托

---

① 李莎：《省政府昨日正式公布〈滇中城市经济圈一体化发展总体规划〉，"4＋1"城市经济圈蓝图绘就》，《云南日报》2014 年 9 月 24 日。

"中国—东盟教育交流周"正在实现"弯道超车",成为与东南亚、南亚交流合作的前沿。从国内高等教育国际化情况看,云南省与广西壮族自治区、贵州省形成了高等教育"走出去"战略的同质竞争,而与国内其他省市如广东、福建、海南、四川、重庆等形成了高等教育"走出去"战略的错位竞争,无论是从横向比较还是从纵向剖析来看,云南省高等教育"走出去"战略的综合竞争力(高校品牌、留学生规模、合作项目等)并不占据绝对优势。① 与此同时,英、美、日等发达国家利用自身高等教育强国和世界一流大学较多的优势,大规模进入东南亚、南亚合作或独立提供跨国(境)高等教育服务,其先发优势和比较优势是我国高校无法比拟的。而地处东南亚的新加坡、马来西亚等国家的高校亦利用自身天时、地利、人和等排外地缘文化优势大规模进入东南亚、南亚其他国家高等教育市场,与我国高校争夺留学生资源。在国内外高校面向东南亚、南亚纷纷强化"走出去"战略以提升高等教育国际化水平的多重压力下,特别是在建设成为中国面向西南国际大通道、世界汉语热等大时代背景下,为抓住中国–东盟自由贸易区建设和中国与东南亚、南亚国家全面合作的历史性机遇,加快云南省对外开放步伐,提高云南省教育对外开放水平,推进高等院校实施"走出去"战略,进一步促进云南省高等教育对外开放,提高云南省高等教育国际声誉和核心竞争力,中共云南省委、云南省人民政府适时出台了《关于加快推进高等院校实施"走出去"战略提高高等教育国际化水平的若干意见》,核心内容主要包括"五大部分二十一款",力图通过更大的政府政策支持和资金激励力度,以激励云南省高校胆子更大一点、步子更快一点"走出去""引进来"。

《高等院校实施"走出去"战略意见》具有独特时代要求与价值。第一,明晰云南省高校"走出去"的新职能。国际化(文化交流)是高校教学、科研和社会服务三大传统职能之外的新职能。云南省高校多年来,一直努力不懈地配合国家战略需要,扩大国际交流辐射面,提升高等教育品质,更好地为国家建设面向西南开放"桥头堡"战略服务。因此,传统意义上的大学功能应重新审视和思考,大学自主开展国际合作与交流,在云

---

① 冯用军:《云南面向东盟高等教育国际化战略的前期研究》,《东南亚纵横》2008 年第 3 期。

南省高教系统中实现一个跨越。第二，提高国内外边疆危机应对能力和国际竞争力。云南省各高等学校，积极分析东南亚、南亚国家教育体制的优劣，总结东南亚、南亚国家高等教育运行的经验教训，因势利导，配合云南省委、省政府的战略规划，适时调整办学方向和人才培养规格，改革专业设置和课程内容，培养更能适应东南亚、南亚国际竞争环境的科技、管理、服务人才，为把云南省建成面向东南亚、南亚的亚太科技和人才中心之一奠定坚实基础。云南省委、省政府鼓励高校积极"走出去"，显然能提高云南省高校应对危机的能力。第三，凸显人力资源在云南省的核心战略意义。云南省是一个多民族多重欠发达地区，虽然地理区位优越，民族文化旅游和生物资源丰富，但是缺乏足够多的优质高等教育资源，也没有比较完善的全产业链经济体系。因此，适时出台"走出去"战略，有助于引导云南省高校放眼世界、开放办学、学习先进办学经验，最终提升云南省高等教育服务品质。第四，主动应对高等教育全球化挑战，以最好的教育、最好的大学支撑东南亚、南亚教育之都的塑造工程。完全可以利用呈贡大学城构建东南亚、南亚大学园区，向东南亚、南亚推广"环球校园计划"（Global Campus Plan），力图将云南省发展成为东南亚、南亚各国的学生，尤其是大湄公河次区域学生的教育服务枢纽。要超常发展民办教育服务业，使教育产业成为主要经济增长元素，成为实现云南省"两强一堡"战略的重要路径，更好地服务国家"一带一路"倡议。

《高等院校实施"走出去"战略意见》的出台和实施，从政策层面明确了云南省委、省政府对于云南省高等教育实施"引进来"向"走出去"战略转变的责任，对于云南省高校放下思想包袱、确定"走出去"重点、明确"走出去"模式、评估"走出去"效果起到了指导和加速作用，促使云南省高校在推进高等教育国际化方面发生了显著变化、取得了重大成果。当然，《高等院校实施"走出去"战略意见》出台于 2006 年，至今已过去 11 年，现在云南省高等教育国际化水平已大幅度提升，加之中国跃居世界第二经济大国的综合实力和东南亚、南亚国家的发展变化，必须对云南省高校实施"走出去"战略的指导思想、工作重点和具体措施等部分进行更新、充实，要与时俱进、长远规划。尽快解决比较核心的学分互换、学历、学位、课程互认，经费减免，质量监控，签证实习等问题。最后，要专门出台高等教育国际化评估指标体系和质量监控政策或条款，引导云南省高校从注重"走出去""引进来"的规模转向注重"走出去""引进来"的质量，① 力争做到规模与质量兼顾、公平与效益共生、输入与输出平衡，在维持较大留学生规模的基础上着力提高留学生教育质量，打造云南省高校中的东南亚、南亚名牌，世界名牌学科的专业和领域，具体而言，就是从注重扩大留学生规模、短期生数量、语言生数量等方面转向注重长期生、学历生、理工科类留学生的培养质量。

（二）《云南省接受外国学生管理暂行办法》分析

2001 年中国加入 WTO 以来，特别是《教育服务贸易协定》签订以来，跨国办学、自然人流动、跨境教育支付、境内外教育消费等真的是"狼来啦"。招收外国留学生和外国学生有利于国家实施"睦邻友好，稳定周边"战略，有利于云南省经济建设和教育改革与发展，有利于为中国－东盟自贸区建设和"一带一路"倡议建设储备人才。为促进云南省招收留学生和外国学生工作的健康发展，进一步强化规范管理，云南省教育厅、云南省外事办公室、云南省公安厅充分借鉴教育部与外交部、公安部共同制定的《高等学校接受外国留学生管理规定》，于 2003 年 5 月 21 日联合出台了国内首个省级的《云南省接受外国学生管理暂行办法》，并经多次征求意见和修改后正式下发，成为云南省各高校管理留学生教育的重要参照。

云南省高等教育从整体上看，无论是从教育体制还是从课程设置上基本是中国模式，但又具有东南亚、南亚特色，比如一些小语种课程、印度瑜伽课程等。云南省的独特文化和历史决定了它不可能完全选择绝对的中国特色，而是先天就具有与东南亚、南亚山水相连、文化相因的渊源，云南省高校要取得更好的"走出去"战略成果，还必须充分发挥高校的东南亚、南亚特色。近年来，在知识经济和国际化浪潮冲击下，云南省委、省政府更是持续关注高等教育在保持经济竞争力中的作用，认为创造性、革新性均根植于高等教育，并制定了长期发展目标，力争使云南省成为东南

---

① 邹平、李慧勤：《桥头堡战略背景下云南与东南亚高等教育合作研究》，云南人民出版社，2011，第 293 页。

亚、南亚大通道的教育中心。早在 20 世纪 90 年代末，云南省委、省政府就提出"科教强省"战略，提出高等教育发展的主要政策目标之一是将云南省高校做大、做强建成区域级高等教育中心，云南大学相继加入大湄公河次区域高等教育联合会、亚太质量网络联盟和东南亚高水平大学联盟。云南省委、省政府在全国率先出台省域高校外国留学生管理规定，不仅体现了云南省委、省政府对高等教育的充分重视和长远的战略考量，更隐含了云南省力争建成东南亚、南亚区域国际化大学圈这一不言而喻的高等教育发展方向和奋斗目标。另外，云南省委、省政府还提出了通过吸引在国内其他省份工作的云南人和外国人才来云南省从事教学、研发工作，希望在未来相当长一段时期内建成中国面向西南开放的教育中心、科技中心（包括国内外研究机构的分院和名校的分校或研究院），进一步增加云南省高校中理工科专业大学生数量（包括留学生）以扩大潜在的研究者规模等策略，来实现加强留学生教育和研发工作的政策目标。目前，这个目标正在实现之中，除了资金的投入，科技研发与应用、"互联网＋"服务成为云南省高校除留学生之外新的生长点。

　　作为国内第一份省域外国留学生管理暂行办法，《云南省接受外国学生管理暂行办法》出台 14 年来，不仅对于规范云南省高校的留学生考试、招生、录取、教育教学、生活、签证等工作发挥了重要作用，更有助于引导云南省高校建设成最关爱学生的大学，在提供更好的留学生教育生活服务的基础上，探索比较完整的东南亚、南亚留学生人才培养模式，从而吸引更多的东南亚、南亚及其他地区留学生前来云南省留学，包括短期语言学习和较长期学历教育等。[①] 另外，《云南省接受外国学生管理暂行办法》也是云南省从高等教育国际化小省、弱省逐渐发展成为高等教育国际化大省、强省的重要积极因素。当然，如前所述，我们不可能指望一个 14 年前出台的政策能预计到当下及未来一段时期内云南省高等教育国际化的情况，即云南省面向东南亚、南亚高等教育"走出去""引进来"的实际情况，因此，一方面，该"管理暂行办法"应通过云南省人民代表大会尽快

----

① 唐滢、丁红卫、冯用军：《云南高校面向大湄公河次区域"走出去"战略及实践》，云南人民出版社，2013，第 60 页。

将其升格为"管理办法"或"管理条例";另一方面,应根据云南省高校外国留学生教育的发展情况,尤其是长期留学生增多、学历类留学生增多、理工类留学生增多的实际情况,与时俱进,借鉴中国其他省份先进的留学生管理经验,更新和补充"管理办法",特别是预见性地考虑留学生在滇高校学习或培训的教学实践、学分互认互换、学历学位认证、勤工助学、就业深造等新管理条款,变"管理"为"服务",促进云南省高校留学生教育的"提质增效"。

此外,还应全面贯彻云南省委、省政府《关于做好新时期教育对外开放工作的若干意见》精神,扎实落实《推进共建"一带一路"教育行动》各项任务,认真执行《教育部与云南省人民政府开展"一带一路"教育行动国际合作备忘录》各项要求,助推云南省建设南亚、东南亚区域教育辐射中心进程,成为国家"丝绸之路"境外办学推进计划的先行先试者,率先建成中国高等教育全方位对外开放强省。

第二节　云南省高等教育面向东南亚、
南亚全面开放战略

高等教育国际化是 21 世纪的全球潮流,是高等教育现代化的新常态,也是培养全球化人才的必由之路。改革开放以来,云南省高等教育稳步发展,特别是进入 21 世纪后,面向东南亚、南亚的高等教育国际交流与合作日趋活跃,规模不断扩大,内容日趋丰富,取得了很大进步,但还不能很好地服务于中国面向西南开放桥头堡建设和"一带一路"重大倡议建设,还面临着诸多亟须解决的瓶颈问题,必须适度加快云南省高等教育供给侧改革,积极推进高等教育面向东南亚、南亚、西亚等的全面开放战略顶层设计,加快云南省高教强省、高教国际化强省建设的步伐。[①] 东南亚是第二次世界大战后期才出现的一个新的地区名称,位于亚洲东南部,包括中

---

① 伊继东、程斌、冯用军:《云南—东盟高等教育国际化发展路径探究》,《高等工程教育研究》2007 年第 3 期。

南半岛和马来群岛两大部分，共有 11 个国家：越南、老挝、柬埔寨、泰国、缅甸、马来西亚、新加坡、印度尼西亚、文莱、菲律宾、东帝汶，面积约 457 万平方公里，其中老挝是东南亚唯一的内陆国，越南、老挝、缅甸与我国陆上接壤。11 国平均发展水平与综合实力大致与我国云南省相当，上述国家的高等教育发展水平基本与国家总体发展水平一致，因此，云南省高等教育面向东南亚开放政策与战略的实践几乎面临着所有的政治与经济类型，如果这些国家云南省高等教育都能很好地对其开放，那对于有志于"走得更远"的云南省高校而言无疑是一笔非常大的财富。云南省很多高等教育国际化的政策措施完全可以面向东南亚、南亚国家先行先试，以东南亚、南亚国家为"试验区"和"缓冲区"，待成熟之后再行推广到西亚、太平洋国家、印度洋国家乃至全球，为中国面向西南开放重要桥头堡建设和"一带一路"建设提供人力支持和智力支撑，最终助力中国早日完成"四个全面"战略布局，全面建成小康社会，早日实现"中国梦"。

一　云南省高等教育面向东南亚、南亚开放的时代机遇

云南省是中国面向西南开放的"东南亚之窗""南亚之门"，先行将云南省建成中国面向东南亚、南亚开放的"桥头堡"，是将云南省建成中国面向西南开放"桥头堡""三步走"战略的第一步[①]，扎实推动云南省高等教育面向东南亚、南亚国家实施"走出去"战略的进程就显得尤其重要而紧迫。为抓住国家战略机遇期，在总结各方面经验教训的基础上，2006 年中共云南省委、云南省人民政府发布了《关于加快推进高等院校实施"走出去"战略，提高高等教育国际化水平的若干意见》，对云南省高等教育对外开放进行了前瞻性设计。[②] 2015 年 3 月，李克强总理在政府工作报告中提出了"打造大众创业、万众创新和增加公共产品、公共服务'双引擎'"的工作思路，并针对教育领域，确立了"促进教育公平发展和质量

---

① 唐滢、丁红卫、冯用军：《云南高校面向大湄公河次区域"走出去"战略及实践》，云南人民出版社，2013，第 8 页。

② 中共云南省委、云南省人民政府：《关于加快推进高等院校实施"走出去"战略，提高高等教育国际化水平的若干意见》（云发〔2006〕1 号），2006 年 7 月 8 日。

提升、着力促进创业就业和全面推进现代职业教育体系建设"等重点任务，从国家层面努力推进新一轮高等教育的高水平对外开放。

二　云南省高校面向东南亚、南亚开放国际化程度评估

高等教育国际化是21世纪世界大学发展的时代潮流，高质量、全开放的"国际化"是创建中国特色、世界一流大学的必由之路。大学国际化水平必须进行科学评价，衡量中国大学国际化水平评价指标体系包括国际化师资、国际性校友、国际化办学、国际化科研成果、国际性创新基地、国际影响力、国际化教学七大核心指标。[①] 为客观评估云南省高校面向东南亚、南亚开放的国际化程度，明晰云南省高等教育国际化水平在中国的地位和相对竞争力，我们引入国内最权威的教育评估第三方机构——艾瑞深中国校友会网大学研究团队——的高等教育国际化评估结果，作为重要决策参考（见表2－1）。

表2－1　云南省高校国际化水平评估

名　次	学校名称	所在地区	得分	2015 年排名情况		
				全国排名	星级排名	办学等级
1	北京大学	北　京	100.00	1	6 星级	中国顶尖大学
2	清华大学	北　京	98.18	2	6 星级	中国顶尖大学
17	四川大学	四　川	70.56	15	5 星级	中国一流大学
82	云南大学	云　南	62.82	63	4 星级	中国高水平大学
94	昆明理工大学	云　南	62.53	118	3 星级	中国知名大学
105	云南师范大学	云　南	62.50	195	2 星级	区域高水平大学
110	云南民族大学	云　南	62.20	227	2 星级	区域高水平大学
125	云南农业大学	云　南	62.00	255	2 星级	区域高水平大学
172	云南财经大学	云　南	61.50	281	1 星级	区域知名大学
213	昆明医科大学	云　南	60.80	297	1 星级	区域知名大学
297	西南林业大学	云　南	60.35	383	1 星级	区域高水平大学
418	大理学院	云　南	60.10	466	1 星级	区域高水平大学
498	云南中医学院	云　南	60.06	418	1 星级	区域高水平大学
579	楚雄师范学院	云　南	60.02	489	1 星级	区域高水平大学

---

① 冯用军、赵德国：《中国大学评价研究报告（2015）》，科学出版社，2015，第327页。

从分析评估结果可以发现，云南省高校虽然拥有近邻东南亚、南亚国家的地缘优势和文化渊源，但是其国际化水平在中国高校集团中总体而言并不是很高，排名总体偏后，很多核心指标得分落后于四川省、贵州省、广西壮族自治区等省区的高水平大学，高等教育面向东南亚、南亚全面开放仍需扎实推向纵深。

新时代、新常态，云南省高等教育面向东南亚、南亚全面开放机遇与挑战并存、压力与动力同在，只要抓住战略机遇，全省齐心协力，一定能将云南省建设成为中国高等教育全面对外开放的"新窗口"和区域教育一体化的"试验田"。

第三节　云南省高等教育面向东南亚、南亚开放态势展望

党中央、国务院和云南省委、省政府审时度势，适时出台推动高等教育国际化的法律法规、政策文件、战略举措，为云南省高等教育面向东南亚加速实施"走出去""引进来"战略指明了方向、明晰了重点、提出了策略，但无可否认，这些早期出台的法律法规、政策措施还有许多不足和亟待完善之处，除了对既有高等教育国际化的法律法规、政策措施进行评估、修正外，还应根据国家的战略变化和云南省在"一带一路"建设中的定位，特别是根据国家发展的新常态、新阶段、新特点、新机遇，考虑及时出台新的指导性、引导性、战略性和先导性的高等教育国际化政策措施和依托"一带一路"倡议的高等教育国际化重大工程项目。

一　中国－东南亚、南亚高等教育"一带一路"倡议合作"早期收获计划"

早期收获计划（Early Harvest Program，EHP）是在中国－东盟自贸区框架下最先实施的降税计划，启动时间为 2004 年 1 月 1 日，此项计划是根据 2002 年 11 月签署的《中国－东盟全面经济合作框架协议》而实施的。

云南省应积极利用国家出资的"中国－东盟投资合作基金"（The China－ASEAN Investment Cooperation Fund，CAF）、"亚洲区域合作专项资金"（Special Funds for Regional Cooperation in Asia，SFA）和"亚洲基础设施投资银行"，以及中国－东盟自贸区"早期收获计划"的政策先行先试，与东南亚、南亚国家开展大规模人力资源开发领域的全面合作，尽早促进中国与东南亚、南亚国家签署中国－东南亚、南亚国家高等教育合作"早期收获计划"，以使东南亚、南亚国家留学生尽快享受到中国－东南亚、南亚教育合作框架协议的利益，也可作为东南亚、南亚国家经济关系实现自由贸易化前的一项开放措施和云南省落实国家"桥头堡"建设、"一带一路"倡议和"长江经济带"建设规划的标志成果。根据此计划，云南省与东南亚、南亚国家应根据早收清单、负面清单、正面清单、责任清单、权力清单等对高等教育服务贸易、人力资源开发、科技合作研发和应用、留学生奖学金和社会资助、学费、特定行业和领域的专门人才培训等方面实行税收优惠政策或免税或免配额。通过高等教育合作"早期收获计划"，让东南亚、南亚国家看到与中国、中国云南省合作举办跨国（境）高等教育的实惠和互利，特别是人力资源开发和科技研发与应用方面的共赢局面，以更大力度推进中国与东盟、南盟、云南省与东南亚、南亚国家跨国（境）高等教育的实质合作，奠定中国未来主导大陆架伙伴关系协定（CSP）的认同基础。

二　滇中新区云南省呈贡大学城中国－东南亚、南亚高等教育特区规划

云南省建成中国面向西南开放桥头堡是国家"一带一路"倡议的重要一环，必须科学规划、稳步推进，分三步建设：力争到 2018 年前后，将云南省建成中国面向 GMS 五国开放的桥头堡；力争到 2020 年前后，将云南省建成中国面向东南亚、南亚开放的桥头堡；力争到 2030 年前后，将云南省建成中国面向西南（东南亚、南亚、西亚、西北亚、澳大利亚西北部、印度洋沿岸、非洲南部、南美等）开放的桥头堡。2010 年 12 月 16 日，国家工商行政管理总局通过了《国家工商行政管理总局关于支持云南建设我

国面向西南开放重要桥头堡的意见》（工商办〔2010〕256号），为早日成功达成国家的战略目标，在国家出台的《国务院关于支持云南省加快建设西南开放桥头堡的若干意见》（国发〔2011〕11号）中，结合了昆明建设东南亚、南亚"桥头堡"龙头的规划，集聚了中国云南省和东南亚、南亚国家政府与民间智慧，通过跨国协调制定"云南省呈贡大学城中国－东盟、南盟高等教育特区规划"，在东南亚、南亚科教新城——昆明呈贡大学城——建立中国－东盟、南盟高等教育特区（东盟、南盟大学城，东盟、南盟大学，东南亚、南亚高教园区等），由云南省委、省政府委托云南省高等教育集团运营，吸引全球特别是东南亚、南亚国家高水平大学在特区设立海外分校或中外合作办学、吸引全球特别是亚太区高水平大学联盟或质量保障与认证组织落户特区设立办事处。在特区内以云南省为主导专门设立东南亚、南亚高教总部、科技创新园区、产学研孵化园区及学分银行、各类大学联盟办事处、学历学位认证中心、质量认证和保障中心等，为将呈贡大学城打造成为东南亚、南亚"智谷""硅谷"等提供人力、财源、技术和智力支撑。

云南省高等教育面向东南亚、南亚开放要充分盘活和利用昆明呈贡大学城资源，紧紧抓住滇中城市圈、滇中新区的建设机遇和国家"一带一路"建设机遇。昆明呈贡大学城占地43.15平方公里，是集产、学、研、用一体化的教科文卫智慧型城市核心功能区。到2015年已基本实现规划目标，即昆明地区高校搬迁进入呈贡新城南半部分后，昆明已初步建成云南省、中国西部乃至中国的主要高等教育中心之一，"十三五"期间力争吸纳数个省外大学的分校区以及一个国际培训基地落户呈贡大学城，为将呈贡大学城打造成为东南亚、南亚高等教育中心之一奠定基础。2014年9月23日，云南省人民政府印发《滇中城市经济圈一体化发展总体规划（2014—2020年）》，认为滇中城市经济圈是全国"两横三纵"城市化战略格局的重要组成部分，是西部大开发的重点地带，是我国面向西南开放重要桥头堡建设的核心区域，是我国依托长江黄金水道建设中国经济新支撑带的重要增长极。《规划》总体思路以加快转变经济发展方式为主线，以实现率先跨越式发展为目标，以打造产业聚集区为突破口，打破"一亩三分地"思维和行政区划束缚，扩大对内对外开放，加快体制机制创新和科技创新，着力推进基础设施、产业发展、市场体系、基本公共服务和社会管理、城乡建设、生态环保 6 个一体化建设，着力构建优势互补、良性互动、特色突出、协调发展新格局，全面提升滇中城市经济圈整体竞争力、综合经济实力和辐射带动能力，为云南 – 东南亚、南亚高等教育特区建设提供了历史机遇，从而为"6 个一体化"提供关键智力支撑和共性技术支持。2013 年，云南省又出台了《中共云南省委、云南省人民政府关于建设滇中产业聚集区（新区）的决定》（云发〔2013〕4 号），为滇中产业聚集发展打下了坚实基础。其中，"（十八）创新人才培养引进和科技创新机制"提出"鼓励在新区创办高等院校、高等职业学院，倡导'校企'、'校区'合作培养人才"，"对进入新区工作的所有外来人员包括家属子女，与当地居民同等待遇"。2015 年 9 月 7 日《国务院关于同意设立云南滇中新区的批复》中再次提出，"云南省滇中新区区位条件优越、科教创新实力较强、产业发展优势明显、区域综合承载能力较强、对外开放合作基础良好。要把建设云南省滇中新区作为实施'一带一路'、长江经济带等国家重大战略和区域发展总体战略的重要举措，打造我国面向南亚东南亚辐射中心的重要支点、云南省桥头堡建设重要经济增长极、西部地区新型城镇化综合试验区和改革创新先行区"，而建设面向东南亚、南亚高等教育辐射中心，面向东南亚、南亚高等教育桥头堡，面向东南亚、南亚高等教育综合改革试验区、面向东南亚、南亚高等教育服务贸易先行区，面向东南亚、南亚高等教育质量保障网络和认证中心等应是题中之意。

2015 年 3 月 28 日，国家发改委、外交部、商务部联合发布了《推动共建丝绸之路经济带和 21 世纪海上丝绸之路的愿景与行动》，在"三、框架思路"中有三个部分涉及面向东南亚、南亚的战略设想："一带一路"贯穿亚欧非大陆，丝绸之路经济带重点之一是"中国至东南亚、南亚、印度洋"；21 世纪海上丝绸之路重点方向是从中国沿海港口过南海到印度洋，延伸至欧洲、从中国沿海港口过南海到南太平洋；根据"一带一路"走向，陆上依托国际大通道，以沿线中心城市为支撑，以重点经贸产业园区为合作平台，共同打造新亚欧大陆桥、中蒙俄、中国 – 中亚 – 西亚、中国 – 中南半岛等国际经济合作走廊；海上以重点港口为节点，共同建设通畅安全高效的运输大通道。如果说 2011 年国家"桥头堡"战略为云南省高等教育面向东南亚、南亚开放提供了第一轮大规模"走出去"的机会的话，那么，2015年国家"一带一路"倡议就为云南省高等教育面向以东南亚、南亚为"基地"（跳板）走向西亚、印度洋和太平洋开放提供更广阔的空间。云南省处于东亚、东南亚和南亚之间的地理中心位置，如果能抓住国家战略机遇期，勇敢地、坚决地、率先地面向"三亚两洋""走出去"，特别是坚决贯彻"经济搭台教育唱戏"的对外开放思路，利用云南省与东南亚、南亚经济、文化、宗教、生活水平等相似的诸多优势和特色，实现高等教育面向东南亚、南亚全方位"走出去"，有望率先建成中国高等教育国际化强省。

总的来说，云南省高校在现有的政策环境和战略态势中，应抓住国家支持云南省"桥头堡"建设、西部大开发和"一带一路"建设机遇，实施重点面向东南亚、南亚的教育国际化工程，推动教育国际化进程。遵循点面结合、全面开放的战略，加强同欧美知名大学开展实质性合作，力争在东南亚、南亚建立境外合作培训基地；积极开展与东南亚、南亚国家高水平学校合作，在昆明建立教学科研合作平台、教育质量保障和认证中心、学分认可和转换银行，形成教师、学生互派互认，学分互认、学位互授联授的合作办学机制；积极探索留学生学位教育，把研究生教育延向东南亚、南亚国家；力争成为中国面向西南周边国家本土化汉语国际教育基地，办好孔子学院、汉语推广中心等；建立海外分校是发达国家一流大学的通行做法，云南省应争取通过与海内外一流大学合作，实现在东南亚、南亚国家设立分校的零突破（2012年厦门大学开始建设马来西亚分校）。加快云南省高等教育系统与东南亚、南亚高等教育系统的国际接轨，切实提升云南省高校与东南亚11国、南亚8国高校的深入合作，提高云南省面向东南亚、南亚国家的高等教育国际化水平，在落实面向"三亚两洋"高等教育桥头堡和人力资源桥头堡先期规划的基础上，在"十二五"期间云南省初步建成中国面向东南亚、南亚高等教育开放桥头堡的基础上，力争在"十三五"期间将云南省建设成为中国面向东南亚、南亚高等教育开放辐射中心，为下一步建成中国面向"三亚两洋"高等教育开放桥头堡奠定坚实基础。

第三章

云南省高校中外合作办学发展研究

高校中外合作办学是高等教育对外开放中的一种主要形式。自 2003 年 3 月 1 日《中华人民共和国中外合作办学条例》颁布以来，我国高校中外合作办学工作如火如荼：办学机构和项目逐年增加；合作办学的国家数量和专业数量与日俱增；中外合作办学探索出新的模式，等等。梳理我国及云南省高校中外合作办学的概况，重点分析云南省高校中外合作办学的成绩及存在的问题，进而提出推动云南省高校中外合作办学的对策建议。

第一节　中国高校中外合作办学与云南省情概论

中外合作办学是中国高等教育发展和高等教育国际化的第三条道路，我国的中外合作办学项目和机构与公立高等教育系统、民办高等教育系统共同形成了"三驾马车"的高等教育新格局。《中华人民共和国中外合作办学条例》规定，中外合作办学是指外国教育机构同中国教育机构（简称中外合作办学者）在中国境内合作举办以中国公民为主要招生对象的教育机构（简称中外合作办学机构）的活动。在国际上，中外合作办学指本国与他国之间的合作办学，是指办学双方可以相互在自己和对方的国家内联合举办学校、互招学生为对象的教育教学活动。延伸开来，还可包括留学生教育。

一　中国高校中外合作办学概述

中外合作办学从形式看主要分为两类：一是中外合作办学机构，如宁波诺丁汉大学，由英国诺丁汉大学与宁波市政府共同举办；二是中外合作办学项目，如北京工业大学与美国新泽西理工大学合办工程管理学硕士、北京大学与香港理工大学合作举办中国社会工作文学硕士学位教育项目等。

经过 14 年的发展，我国高等教育中外合作办学取得了显著成绩[①]：一是办学数量不断增加。从数量上看，全国中外合作办学机构和项目由 1995年的 70 多个发展到 2014 年 7 月的 1979 个，增加了 27.2 倍。数量方面不断增加，但速度有所放缓。二是专业类别逐渐增多。从专业类别上看，我国中外合作办学的专业逐渐增加，类别也随着专业的增加而增多。从以往主要以财务和管理等为主，逐渐变为现在的多种学科综合发展，并主要集中在经管、法律、科学、农业、人文和物理等方面。同时，学科分布呈现特点为专业类别逐渐增多。三是政策法规逐步完善。中央政府出台了《中外合作办学条例实施办法》。该办法共有 6 章 64 条，对中外合作办学进行政策法规保护。在推动中外合作办学的实践中，我国政府关于高等教育中外合作办学的基本方针从"积极慎重、以我为主、加强管理、依法办学"转变为现在的"扩大开放、规范办学、依法管理、促进发展"[②]。围绕这一方针，不同地方也制定了各具特色的地方性政策法规，依法保护我国高等教育中外合作办学活动的顺利开展。

二　云南省高校中外合作办学背景

"十二五"期间，云南省高等教育发展迅速，中外合作办学成为高等教育发展的一项重要措施。云南省高校中外合作办学的快速推进，有特定

---

① 耿卫华、阚先学：《我国高等教育中外合作办学发展现状及存在问题分析》，《山西经济管理干部学院学报》2015 年第 1 期。

② 姚峰、戚利萍：《高等教育中外合作办学的政策环境分析》，《现代大学教育》2011 年第 5 期。

的时代背景和社会需求。

（一）贯彻国家发展战略和政策的需要

云南省位于我国西南地区，东部与贵州省、广西壮族自治区为邻，北部同四川省相连，西北隅紧倚西藏自治区，西部同缅甸接壤，南部同老挝、越南毗连。边界线总长为 4000 多公里。15 个民族与境外相同民族（跨境民族）分居国界线两侧，更是把各方紧密地连成一体。8 个边境地州 26 个边境县（市）把云南省推向了面向东南亚、南亚的前沿阵地。随着中国－东盟自由贸易区的建设、西部大开发战略、GMS 合作发展区域战略的实施，云南省从内陆边疆省份逐渐成为我国面向南亚、东南亚改革开放的前沿。特别是 2015 年《"一带一路"行动方案》发布，对云南省的新定位是：发挥云南省区位优势，推进与周边国家的国际运输通道建设，打造大湄公河次区域经济合作新高地，建设成为面向南亚、东南亚的辐射中心。云南省高等教育（高校）要加快发展，积极与周边国家以及发达国家合作办学，提高高等教育发展水平，努力将云南省发展成为面向南亚、东南亚的高等教育辐射中心。如此，云南省高等教育发展才能符合并充分服务于国家发展战略和政策的需要。

（二）推动云南省高等教育发展的需要

《中外合作办学条例》鼓励我国高等教育机构与外国知名的高等教育机构合作办学；鼓励中外合作办学机构引进国内急需、在国际上具有先进性的课程和教材；鼓励借鉴和学习外国教育机构的办学特色和成功的管理经验。从理论上和实践上看，中外合作办学有利于云南省高校吸收国外一流大学的先进教育思想和教学方法、教学内容及课程体系，特别是有利于推动云南省高校人才培养模式的改革。在高校的管理运作方面，通过中外合作办学，可以学习国外先进的教育管理运作和经营方式，为推动云南省高校的教学改革和内部管理体制改革提供有益的借鉴。总之，中外合作办学能为云南省高等教育改革发展注入活力，推动云南省高校的硬件和软件建设，培养和锻炼出一支国际化师资和管理队伍，迅速提高云南省高校的教学、科研和管理水平。

（三）培养国际化人才的需要

经济和贸易全球化，要求各国高等教育系统必须培养越来越多的熟悉世界经济贸易及生产和管理的人才，以及具有国际交往能力与竞争能力的人才，培养既通晓国际规则的运作，又了解各国国情、法律、文化，而且能熟练掌握外语，适应科技革命的人才。云南省快速培养国际化人才，一条重要途径就是大力发展中外合作办学项目和机构。通过中外合作办学，一方面，中外双方可以取长补短，在课程、专业等方面相互借鉴和交流，提高国际化人才培养质量；另一方面，在合作办学过程中接触、学习、吸收国外高校在教育管理和教学方面的成功经验，为云南省本土高校独立培养国际化人才提供经验借鉴。

第二节　云南省高校中外合作办学的成绩与问题

一　云南省高校中外合作办学的成绩

（一）留学生人数迅速增长

2000 年来，由于云南省政府的政策支持，来滇留学生人数显著增长，招收留学生的学校大幅度增加。除了在省会昆明市的高校外，大理学院、红河学院、玉溪师范学院、西双版纳职业技术学院等一批地处州市的高校，也充分利用区位优势，扩大与周边国家的教育合作与交流，在吸收周边国家留学生方面取得了很大进展。云南省现有 22 所高校可接收外国留学生，来滇的长短期外国留学生规模逐年扩大。根据云南省教育厅数据统计，截至 2013 年底，全省学历教育留学生为 2395 人，比 2010 年增加 335 人，增长 16.26%（见图 3-1）。①

以云南农业大学为例，1998 年至 2005 年，外国留学生以校际交流和短期进修生为主，其数量一直在 10 名之内。2006 年，学校与越南荣市大

---

① 数据来自云南省教育厅内部资料。

学、太原农林大学以及河江省教育厅通过"1+4"、"2+3"和"1+3"模式合作培养留学生，到 2009 年，学历留学生数量达到 187 名。2012 年学校推出一系列政策加大招生力度，使非学历留学生人数有大幅增长，2015 年学校共有各类留学生 200 多名。他们来自越南、缅甸、老挝、柬埔寨等 20 多个国家，主要分布在经济管理、农学、植物保护、园林园艺、茶学等 15 个学院，覆盖进修、本科、硕士生、博士生等各个层次。在"引进来"的同时，云南省各高等学校每年也会派遣一批学生到东南亚、南亚教育先进国家进行学习交流。

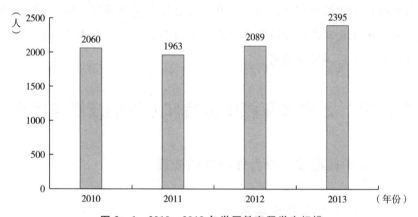

图 3-1　2010~2013 年学历教育留学生规模

（二）对外汉语教育发展迅速

2000 年以来，云南省对外汉语教育呈迅速发展之势。随着对外汉语教学工作不断扩大，云南大学和云南师范大学进入我国支持周边国家汉语教学的 10 所重点大学之列，为周边国家培训了大量汉语教师。云南大学设立了"东南亚国家汉语教师进修奖学金"，与泰国宋卡王子大学合作举办了中国语言文化中心，已获国家汉办批准；云南师范大学作为我国为东南亚国家培训汉语师资的 4 个基地之一，分别在泰国、越南、马来西亚合作建立了 5 个汉语教学中心，面向东南亚进行汉语教学已成为云南师范大学的办学特色之一。此外，昆明理工大学、云南中医学院、云南开放大学等也以不同的方式积极开展对外汉语教学工作。继云南民族大学在老挝琅勃拉邦苏帕努翁大学建立汉语培训中心后，云南省已有多所高校分别在泰国、越南、老挝、柬埔寨及马来西亚建立起汉语文化培训中心。继 2005 年云南师大申报中国政府奖学金招生院校获得成功后，云南大学、昆明理工大学和云南财经大学三所高校跻身"国家队"，成为全国 138 所享有中国政府奖学金招生资格的团队成员。2007 年 5 月，国务院学位办首次评选"汉语国际教育硕士学位点"，云南师大以长期在东南亚国家开展汉语国际推广的优势，成为入选的 24 所高校之一，也是唯一一所非部属重点院校的地方高校。

在孔子学院方面，云南省高校也取得了不少成绩。云南大学与缅甸曼德勒福庆学校合作共建的孔子课堂于 2009 年 5 月正式运行，经过 5 年的发展，已具有相当的影响力，不仅是缅北汉语国际教育的中心，而且已成为国家和云南省重要的公共外交桥梁；云南师范大学与泰国清迈大学合作举办清迈大学孔子学院。自 2010 年开始，该孔子学院将汉语水平考试作为常规项目，2013 年考生人数保持持续高增长态势，达到 3846 人。自 2008 年成为国家汉办海外考点以来，清迈大学孔子学院考点的考生人数累计已超过 1 万人，2011 年、2012 年和 2013 年连续 3 年保持在泰国的孔子学院考试人数第一，在全球的孔子学院中，清迈大学孔子学院是第二家达到累计人数逾万指标的高校。

（三）合作办学向高层次发展

2010 年后，云南省中外合作办学的重心和热点正呈现由低层次向高层次发展、由非学历教育向学历教育转化的趋势，参与合作办学的院校不断增多，与之合作的教育机构层次也有明显提高。例如：昆明理工大学走出国门，与老挝联合培养 MBA 高层次人才，在当地产生了重大影响；云南师范大学与国外著名高校开展合作办学，为云南省培养了一批高层次的语言教学科研人才，如与泰国南邦皇家大学等 4 所大学合作举办了泰国语言文化中心，与越南胡志明市师范大学等 3 所大学合办越南语言文化中心，并专门成立了东南亚学院。2015 年 5 月 15 日，云南民族大学与印度文化关系委员会在北京签署了合办瑜伽学院的备忘录，6 月 13 日，印度在中国建立的第一所瑜伽机构——云南民族大学中印瑜伽学院揭牌，开设瑜伽国际课程，学员也可以选择到印度学习，毕业考核合格者颁发国际认可的瑜伽证书。云南农业大学发挥农林特色推动与缅甸的跨国合作，2017 年 1 月 18 日，云南农大与缅甸耶津农业大学正式签订合作备忘录（MOU），帮助耶津农大建立食品科学工程学院、合作共建中缅农业研究院、开展师生交流项目、培训缅甸农业科技人员等。云南省高等教育中外合作办学经过多年的发展，学习和借鉴了国外先进的教学方法和管理经验，推动了高校的课程、教材、师资、教学和管理体制、运行机制的国际化，为云南省与东南亚、南亚各国经济建设、社会发展培养了一大批有国际竞争力的复合型人才。

（四）校际交流合作范围扩大

云南省与国外高校，特别是与 GMS 各国高等教育的交流与合作呈现出良好的发展势头，交流日趋频繁，合作面不断扩大，包括师生互派、合作办学、科研合作等多种形式。云南省平均每年派出师生 300 余名。云南民族大学每年派出泰、越、缅、老等语种专业师生 150 余人，到合作学校学习一年。中印瑜伽学院，印度每年派遣至少 2 位专业教师来华授课，到2015 年，已有 10 余名持有国际认可瑜伽证书的专业教师，学员近百人；云南中医学院与泰国宋卡王子大学建立合作关系以来，已互派 70 余人次，完成了多项合作项目。云南农业大学发挥自身优势，先后与周边国家 10 余所大学和科研机构建立了友好往来关系，并开展了实质性的项目合作，除与越南荣市大学、太原农林大学以及河江省教育厅采取"1＋4"、"2＋3"和"1＋3"的联合办学模式以外，还与越南奠边省教育厅合作开展本科生及研究生项目，与斯洛文尼亚马里博尔大学商学院合作开展短期学生交流项目等。

二　云南省高校中外合作办学存在的问题

（一）云南省高校的品牌效益不明显，缺乏竞争力

与其他一些省份相比，云南省高等教育发展相对落后。目前，云南省仅有云南大学一所"211"高校、一所省部共建高校（云南师范大学）、一

所省部委共建高校（云南民族大学），其他均为一般地方院校，没有一所"985"高校。可以说，云南省高等教育发展处于全国较低水平，因此在中外合作办学上缺乏品牌效益和竞争力，直接导致了中外合作办学市场份额有限，合作层次偏低等。以留学生为例，来滇留学生数量与北京、上海、江苏等省市相比相距甚远，差距还在呈现扩大趋势，且研究生所占比例很低。另外，尽管云南省高校已同多个国家建立起教育合作与交流的关系，但其中大多属一般性院校，国际知名大学仍没有达到真正合作的程度。其中，在泰国的上百所大学中，与云南省高校合作的高层次院校为数不多。不可忽视的是，国内外其他高校对南亚、东南亚教育市场的竞争也在加剧。其中，广西的多所高校就以显著的区位优势大力开拓越南教育市场。早在2010年前，广西壮族自治区的部分高校中仅越南留学生就有上千人，而且越南的每所大学几乎都有广西生源。此外，广东省、四川省、北京市的高校也都瞄准了南亚、东南亚教育市场。因此，大力提高云南省高校在中外合作办学方面的竞争力任重道远。

（二）中外合作办学项目的课程和教材的国际化水平有待提高

课程和教材国际化是中外合作办学中必须重视的发展点。不仅国际化课程和教材的数量和比重增加迅速，而且课程和教材的国际化已成为实施课程内容和结构改革、提高院校教学质量、实现国际型人才培养目标的重要突破口。就云南省高校而言，不少高校对课程国际化的理解和实施停留在一般意义上，如仅在某些课程的名称上冠以"国际""世界"等称号，但对课程内容的国际元素等缺少研究，没有真正做到国际化。另外，云南省的中外合作办学项目存在教材及教学方法单一等问题。

（三）师资和管理队伍建设面临严峻挑战

在经济全球化和教育国际化的背景下，推进中外合作办学，对教师和管理队伍提出了更高的要求。也就是说，高校教师队伍应该具备国际意识和较高的文化素养，掌握现代教育思想和相关领域前沿的科学、技术等理论知识。但从实际上看，不少云南省高校的教师是缺乏高等教育国际化所需相关知识和能力的。仅从云南省教职工队伍的学历来看，云南省普通高校研究生以上学历教师与国外发达国家及国内发达地区相比，仍有较大的差距。截至 2014 年年底，云南省共有 69 所高校，专任教师 35463 人，专任教师中博士研究生 4746 人（普通本科 4657 人，高职高专 89 人），占专任教师总数的 13.38%。① 另外，随着高等教育国际化的发展，形形色色的西方价值观渗透到中国并被传播，大学校园中多元社会思潮致使管理工作更为复杂化，给高校管理人员提出了更高要求，然而，不少高校的管理人员缺乏专业化的管理技能和服务水平，很难参与现代大学治理流程，离国际化的管理标准仍有较大差距。

（四）高等教育跨国质量评估与资格认证机制尚不完善

高等教育跨国质量评估与资格认证是指在两个或多个国家之间，对对方高等教育的教学质量、师资水平和教学条件等综合评价和达成某些合作所进行的资格认证。在这方面，云南省与东盟、南盟国家之间的跨国高等教育质量评估与认证机制尚不完善。与云南省高等教育交流合作较多的越南、泰国、印度等也未对云南省的高校进行基于全面的质量评估与资格认证的交流合作。反之，云南省也未与其他东盟、南盟国家建立起有效的、长期的质量评估与资格认证体系。

（五）高等教育对外合作交流政策有待完善

2001 年，中国加入世界贸易组织，云南省高等教育对外合作交流工作进入了快速发展阶段。2003 年云南省出台了全国第一个地方性法规《云南省接受外国学生管理暂行办法》，规定每年由财政拨款 180 万元资助周边国家优秀青年来滇学习。2006 年 7 月，云南省委、省政府出台了《关于加快推进高等院校实施"走出去"战略，提高高等教育国际化水平的若干意见》，成为云南省高等教育国际化的指导性文件。围绕这一文件，云南省有关部门相继出台的保障高等教育"走出去""引进来"战略的政策和规定还有《云南省政府接受周边国家留学生奖学金申请办法》《云南省政府奖学金招收周边国家留学生管理办法》等。在上述政策支持下，云南省高

---

① 《2014 年统计云南高等教育基本状态数据》，云南省教育厅内部资料。

等教育国际化进程大大加快，与国外高校的合作项目逐年增多，交流活动日益频繁。但是，从实践中看，云南省高等教育国际化目前存在不少问题，相关政策亟待完善。

第三节　云南省高校中外合作办学主要对策建议

一　充分发挥云南省高等教育比较优势和后发优势，扩大南亚、东南亚国家留学生规模

大力发展留学生教育是云南省高校国际化的重要显现，它有利于扩大高校的对外交流与合作范围，提高学校的知名度，促进云南省的全方位对外开放。云南省高等教育的比较优势一直很突出，具有质优、价廉等特点，因此，要利用好这个优势，变比较优势为核心竞争力，抓住国家"桥头堡"和"一带一路"建设机遇，扩大留学生教育规模，推动留学生教育提质增效。要加强与东南亚、南亚国家有关高校的联系，认真做好招生宣传工作，凸显云南省高等教育品牌项目；充分利用云南省与东南亚、南亚国家开展高等教育交流与合作的历史渊源和优势资源，进一步拓宽留学生的来源渠道，进一步扩大东南亚、南亚国家学生来滇留学的规模，提高留学生的生源质量，不断提高留学生的学历教育层次，建立健全博士、硕士、本科、短期培训等兼有的多层次留学生教育体系。

另外，云南省高校中外合作办学工作开展相对较晚，还处于初期探索阶段，因此要努力开创多元化的、各具特色的合作局面，充分学习北京、上海、福建等省份的高校国际化的成功经验，尽量少走弯路、尽力避免陷入误区，避开同质化带来的恶性竞争。如云南师范大学具有语言培训优势，应瞄准为南亚、东南亚国家开展对外汉语教育的培训及项目；昆明理工大学发挥理工科优势，中外合作办学应瞄准为东南亚、南亚国家培养工程技术人才；云南农业大学具有农业科技教学优势，中外合作办学应瞄准与东南亚、南亚国家高校联合开展农业科研项目研究及人才培养等，走错位差异化中外合作办学道路。

二 完善质量评估与资格认证体系， 提高课程国际化水平

随着中国与东盟、南盟政治互信的进一步提升、经贸合作关系的进一步紧密以及"一带一路"倡议的深入实施，云南省可在中国–东盟、南盟现有的高等教育国际合作与交流机制框架下，在课程与学位互认问题上进行协商，争取有所突破，实现中国与东盟、南盟所有国家都签署高等教育学历学位文凭互认协议，并完善高等教育跨国质量评估与资格认证体系。在这一认证体系框架下，云南省高校应调整和改革现行的学科和专业结构，加强国际性课程建设，努力形成一批水平高、特色鲜明、适应现代经济社会发展需要的学科和专业。对一些具有较好基础的学科、专业和课程，参照国际通行模式进行教学改革，包括课程内容、教材、教法、教学手段和方式等的国际化改造，适时申请国际专业认证，努力打造优质专业和精品课程，吸引更多的东南亚、南亚留学生。

三 加强特色学科群建设， 提高办学核心竞争力

对云南省高校而言，应根据自身所处的地缘环境、产业和条件扬长避短，优先发展自己的强项，确定学科发展重点，集中力量争取在优势学科领域实现突破，并以此为基础，逐渐形成优势学科群，发展为有特色、有竞争实力的学科，这是云南省高等教育推动中外合作办学的战略步骤。具体而言，云南省各高校可选择自身的优势学科，积极寻求与这个学科处于领先地位的高校合作，通过引进高层次人才，加快教学管理体系的衔接（包括课程体系、教学环节、证书发放等），采取联合共建的形式，争取在这个学科领域达到国内先进水平，甚至世界领先水平，为推进中外合作办学奠定基础。另外，云南省各高校应加强优势互补，大力发展共享教育，通过强强联合节约教学资源，进一步增强云南省高校办学核心竞争力，以吸引世界高水平大学来滇合作办学实现零的突破。

四 加强高校师资和管理队伍建设水平

选派教师到国外高校访问进修，提升教师国际交流能力，建立健全教师学术团队和管理干部对外合作研究和交流访问的长效机制。同时，聘请外籍优秀教师来滇进行科研、教学，设立外籍教师聘用基金。在管理队伍建设方面，要强化管理人员的服务能力培训。通过"走出去""请进来"的方式，让管理人员有机会外出学习、参加培训，请国外管理专家和学者来云南省高校开展专题培训，从而提升管理人员在推进中外合作办学项目中的综合工作能力。

五 完善高等教育对外合作交流政策

一是完善云南省高等教育国际化发展政策，并形成完备、全面、系统的体系。要让政策适应并适度超前于当前云南省高等教育国际化的实践需要。要对云南省高等教育国际化发展的指导思想、工作重点和具体措施等进行重新设计规划，跟踪国家战略政策与国际发展态势，做到与时俱进。通过政策优化和措施调整，使高等教育国际化政策和配套措施相互支持。二是对高等教育国际化的核心活动，包括学分互换，学历、学位、课程互认，经费减免，质量监控，签证实习等加以明确，出台可操作的相关细则。

第四章

云南省与东南亚、南亚留学生教育合作研究

　　积极开展高等教育国际交流与合作，一直是我国参与国际竞争、应对新形势和新挑战的客观要求。随着经济全球化和人力资源国际流动的加快，各地政府、大学和其他相关机构采取积极的政策和措施来应对高等教育国际化发展所带来的机遇和挑战。高等教育国际交流与合作不仅要求我国与西方发达国家之间进行高等教育合作，学习和借鉴国外先进技术，提升国内教育发展水平，更要求我国加强与周边国家尤其是发展中国家之间的跨国合作与交流，积极参与国际教育市场竞争，积极发挥我国的比较优势。云南省地处中国西南边陲，与东南亚、南亚诸国接壤或相邻，在政治、经济、文化、教育上都与东南亚、南亚各国交往频繁。云南省因其独特的地缘优势、亲缘优势成为中国与东南亚、南亚联系与交往的重要前沿和枢纽。近年来，随着中国 - 东盟自由贸易区的建设，中国 - 南盟合作的加强，孟中印缅经济走廊建设的加快，"一带一路"建设的推进，云南省成为中国面向东南亚、南亚开放的"前沿窗口"和"中国面向西南开放的重要桥头堡"。2015 年，习近平总书记考察云南省时提出，希望云南省主动服务和融入国家战略，努力成为面向南亚、东南亚的辐射中心。这是党中央对云南省的新的战略定位。

　　云南省与东南亚、南亚留学生教育合作不仅是云南省与东南亚、南亚高等教育合作中的一项重要内容，也是云南省提升在国际高等教育领域市场竞争力的一项重要指标。云南省与东南亚、南亚的留学生教育合作对双方来说都具有重要意义，通过人员交流，能够增进双方的理解，提升彼此的认同，达到合作共赢的局面。深入推进云南省与东南亚、南亚留学生教

育合作，不仅可以增强云南省高等教育的整体竞争力，提升云南省高等教育区位优势、比较优势、后发优势，促进特色鲜明、结构优化、布局合理的国际化教育发展模式的形成，还能推动云南省与东南亚、南亚各国在政治、经济、文化、科技、资源等方面向更深层次、更广层面、更高定位上的合作，为我国经济社会可持续发展营造一个和谐的周边环境。加大云南省与东南亚、南亚留学生教育合作对进一步扩大中国（云南省）对外开放，构建与东南亚、南亚国家的长期稳定的合作关系，推进中国（云南省）与东南亚、南亚国家的高等教育合作，对云南省建设成为面向南亚、东南亚的辐射中心具有重要的现实意义。

第一节 云南省与东南亚、南亚留学生教育的历史

随着第二轮改革开放的不断深入，云南省的区位地理优势开始凸显，逐渐成为我国面向东南亚、南亚开放的前沿地带，在东南亚、南亚留学生招生方面进行了各种尝试，逐渐在东南亚、南亚留学生教育方面形成了比较优势。1994 年，云南农业大学与越南河内农业大学合作举办了 50 多期短期培训班，约有 1500 多名来自越南政府部门、院校等的人员参加了培训，取得了良好的社会效益。自 1997 年开始，经云南省教育委员会批准，云南大学、云南师范大学、云南财经大学、云南农业大学等省内重点院校获得留学生招收权，开始正式招收留学生。之后 20 年间，云南省凭借并充分发挥独特的区位优势，外国留学生（尤其是东南亚、南亚留学生）教育方面得到了长足的发展。

随着中国–东盟自由贸易区的全面启动建设、大湄公河次区域经济合作机制的广泛开展、孟中印缅经济走廊建设进程的加快以及"一带一路"倡议的实施，云南省正在形成特色鲜明、结构优化、布局合理的面向东南亚、南亚国家留学生教育发展模式，为将云南省建设成为"面向南亚东南亚的辐射中心"奠定了坚实的人力资源基础。2002 年大理学院开始招收越南等国的学生前来学习医学，接受学历教育；云南民族大学专门成立了中国第一个东南亚语言文化学院，着力培养文化交流使者；2004 年，云南省政府正式设立省政府面向周边国家留学生奖学金，云南大学、云南师范大学、云南农业大学等 9 所院校于 2005 年开始面向东南亚、南亚等国家招收

省政府奖学金学生；自 2007 年云南大学获批中国政府奖学金委托培养院校资格以来，至今云南省共有云南大学、云南师范大学、云南农业大学等 7 所中国政府奖学金资格院校。云南省努力推进与东南亚、南亚国家的教育合作项目进一步突破。如 2013 年云南省在老挝、马来西亚设立了教育合作工作室，在推广云南省教育、招收外国留学生以及加强云南省教育机构对外交流等方面发挥了重要作用。2013 年底，云南省教育厅还与老挝教育体育部签订了谅解备忘录补充条款，双方一致同意应在各个教育区域对话和合作机制中加强对话，共同致力于推进双方教育、文化、卫生、传媒之间的交流与合作。同时在推广方式上进行了创新，由中国驻当地使馆根据当地实际情况推荐合适的教育机构进行合作，取得了良好的效果。同时，云南省内各高校与东南亚、南亚众多高校签订了合作备忘录，并开展了实质性的合作。自 2005 年以来，红河学院先后在越南老街省高等师范专科学校、越南太原农林大学及柬埔寨皇家金边大学建立了汉语中心培训汉语短期生；云南财经大学与泰国兰实大学合作建立海外分校；云南省多所高校与东南亚、南亚国家高校以"N + X"的模式合作招收留学生，吸引了大批的东南亚、南亚国家的留学生。

近年来，受益于"一带一路"倡议，云南省与东南亚、南亚国家的交流与合作更加深入和广泛，云南省政府及省内高等院校与相关机构纷纷推出各种优惠政策和措施发展东南亚、南亚留学生教育，吸引和鼓励东南亚、南亚留学生来滇学习和交流。在政府的重视和院校的积极推动下，凭借独特的区位优势及相对的比较成本优势，云南省成为东南亚、南亚国家学生的首选留学目的地之一，云南省的留学生教育呈现良好的发展态势。云南省实施"走出去"与"引进来"战略，继续推进教育国际化进程，打造重点面向东南亚、南亚外国留学生留学中国的主要目的地。据统计，云南省 68 所高校都不同程度地与东南亚、南亚国家开展了教育交流合作，建立了比较紧密的教育合作关系。[①] 2013 年，来滇留学生人数首次突破 3 万人[②]，其中，东南

① 中国新闻网：《云南打造教育话语权　明年来滇留学生达 3 万》，http：//www. chinaacc. com/new/184_ 900_ 201301/11le683170. shtml（2016 年 8 月 1 日）。

② 亚太日报：《来滇留学生突破 3 万人　东南亚南亚占八成》，http：//www. apdnews. com/asia/asean/1817. html（2016 年 8 月 1 日）。

亚、南亚留学生人数占 75% 以上。

第二节　云南省与东南亚、南亚留学生教育的现状

一　云南省东南亚、 南亚国家留学生规模结构

2006 年云南省高校来华留学生人数为 4077 人，到了 2015 年，人数已经上升为 13295 人，比 2006 年人数增长了近 2.3 倍；同期云南省高校东南亚、南亚留学生人数由 2597 人上升至 8691 人，比 2006 年人数增长了 2.3 倍多，因此云南省高校东南亚、南亚国家留学生与来华留学生保持了同比增长。2006 年以来，无论是云南省高校来华留学生的增幅比例还是云南省高校东南亚、南亚国家留学生的增幅比例，除 2008 年、2012 年和 2014 年受亚洲金融危机等因素影响增长比例下降或增幅减小之外，都以双位数的增幅快速增长。这种增长并不是井喷式的增长，而是持续性的增长，稳中有增。近 5 年来，云南省高校的来华留学生人数增长进入稳定阶段，东南亚、南亚国家留学生是留学生中最大的群体，所占比重一直保持在 50% ~ 60%，2015 年更是达到了 65.37%。数据显示，云南省高校面向东南亚、南亚的留学生教育工作发展高速而平稳、持续而健康，留学生规模逐步扩大（见表 4 - 1）。

表 4 - 1　2006 ~ 2015 年云南省高校东南亚南亚留学生人数统计

单位：人,%

年份	来滇留学生总数	比上年增长比例	来滇东南亚南亚留学生总数	比上年增长比例	东南亚南亚留学生所占比重
2006	4077	—	2597	—	63.70
2007	5822	42.80	3969	52.83	68.17
2008	5759	- 1.08	3441	- 13.30	59.7
2009	7956	38.15	4127	19.94	51.87
2010	7555	- 5.04	4550	10.25	60.23
2011	8537	13.00	5095	11.96	59.67
2012	7769	- 9.00	4886	- 4.10	62.88
2013	9680	24.60	6105	24.95	63.06

年份	来滇留学生总数	比上年增长比例	来滇东南亚南亚留学生总数	比上年增长比例	东南亚南亚留学生所占比重
2014	9690	0.10	6250	2.38	64.49
2015	13295	37.20	8691	39.06	65.37

资料来源：全国来华留学生管理信息系统。

二 东南亚留学生层次结构

2015 年云南省东南亚国家留学生总人数为 8691 人，从其构成分布上不难看出，经过多年的发展，尽管接受学历教育的东南亚留学生越来越多，但大多数仍然集中在短期生和本科生，所占比例分别为 44% 和 22%，其次为语言生（1241 人，14%）、普进生（765 人，9%）、硕研生（504人，6%）及专科生（384 人，4%）。硕士、博士生比例约为 7%，硕士、博士生数量不大（见图 4-1），高层次学历生数量仍然偏少，但短期培训生所占的比例仍然很大（44%），说明云南省高校东南亚留学生教育的层次还偏低。这种情况也符合云南省高校的南亚留学生教育。

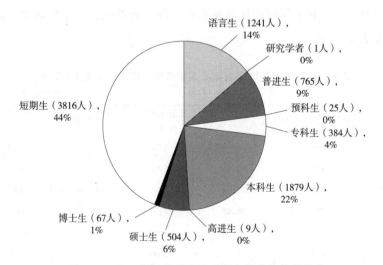

图 4-1 2015 年云南省东南亚国家留学生构成分布

三　东南亚留学生的生源结构

从留学生的生源分布总体情况上看，国别逐渐增多，自 2013 年开始，开始接受来自文莱的学生。除 2014 年因为受国际政治局势的影响，菲律宾和越南留学生数量有所下降外，各国留学生总体数量呈现逐渐上升的趋势。同时，从表 4 - 2 中可以看出，来自泰国、越南和老挝的留学生占了绝大多数，三国所占百分比在 75% 以上。这说明云南省高校的东南亚国家留学生主要来自老挝、越南、缅甸、柬埔寨、泰国等周边国家，一方面是因为我国与周边国家的经济贸易合作越来越广泛，另一方面是因为云南省的高等教育与周边国家相比有一定的比较优势。

表 4 - 2　2010~2015 年东南亚国家留学生人数变化情况

单位：人

序号	国别	2010 年	2011 年	2012 年	2013 年	2014 年	2015 年
1	菲律宾	15	13	116	122	3	173
2	柬埔寨	133	145	161	186	298	343
3	老挝	730	1012	913	1279	1697	2535
4	马来西亚	15	28	8	155	228	149
5	缅甸	282	326	532	640	795	2711
6	泰国	1652	1810	1912	2156	2231	2011
7	文莱	0	0	0	8	14	0
8	新加坡	18	69	16	143	65	68
9	印度尼西亚	44	39	34	32	57	35
10	越南	1661	1652	1193	1383	861	666
小　计		4550	5094	4885	6104	6249	8691

四　东南亚留学生的经费结构

从东南亚国家留学生的经费来源上看，自费来云南省留学的占绝大多数，其次为中国政府奖学金、云南省政府奖学金、所在院校奖学金获得者（见表 4 - 3）。总的说来，各种经费渠道资助都有逐年增加的趋势。不难看出，云南省高校东南亚留学生接受政府资助的比例相对较高，这主要与东南亚国家的经济发展水平普遍偏低有很大的关系，能否获得中国政府或者本国政府的资助在很大程度上决定了其是否能够出国留学，换句话说，能否提供奖学金成为东南亚国家学生选择留学目的地的首要决定因素。2004年，云南省政府设立了省政府面向周边国家留学生奖学金。2015年，云南省支持来滇留学生奖学金达1192.5万元，共有326名外国留学生获得资助。可以说，云南省政府奖学金的设立在吸引东南亚国家留学生方面发挥了积极作用。同时，在中国政府奖学金、云南省政府奖学金的带动下，云南省高校纷纷推出校级奖学金，继续扩大奖学金生的受众比例，成为国家奖、省奖以外有力的补充，云南省高校已经形成较为完善的留学生教育奖学金体系。奖学金对东南亚国家留学生而言意义重大，因此，无论是政府还是高校都应采取积极的政策措施，吸引社会捐赠，设立企业奖学金，加大生均资助力度，从而吸引更多的外国留学生。

表4-3　2015年云南省东南亚留学生（长期生）经费来源分布情况

单位：人

国　家	个人自费	外国基金会奖学金	外国企业奖学金	外国学校奖学金	外国政府奖学金	校际交流	中国地方政府奖学金	中国企业奖学金	中国学校奖学金	中国政府各部门奖学金	中国政府奖学金
马来西亚	4										
斯里兰卡	17				1		7			2	
缅甸	522						5		4	62	19
泰国	841					117	31		3	15	164
新加坡	3										2
印度尼西亚	24						4			2	5
越南	351		1	3	44		27		1	1	106
菲律宾	6										
柬埔寨	243						19		4	24	46
老挝	1177	1	1		4	7	407	53	284	58	180
小　计	3188	1	2	3	49	124	500	53	296	164	522

五　云南省东南亚国家留学生（长期生）学科专业结构

2015 年云南省共有 11 个一级学科（见表 4 - 4）接受东南亚国家留学生。东南亚国家留学生主要分布在文学（3011 人）、经济学（800 人）、管理学（304 人）、医学（235 人）和教育学（149 人）等五大学科门类，占当年东南亚国家留学生（长期生）总数的 92.28%。其中文学专业留学生总数占 61.76%、经济学专业占 16.41%、管理学专业占 6.23%、医学专业占 4.82%、教育学专业占 3.05%，其他专业占 7.73%。

表 4 - 4　2015 年云南省东南亚国家留学生（长期生）学科类别统计

单位：人

地区	国别	学科类别										
		法学	工学	管理学	教育学	经济学	理学	历史学	农学	文学	医学	哲学
东南亚	新加坡			1		1				3		
	印度尼西亚			6	2					20	7	
	菲律宾									6		
	马来西亚									2	2	
	柬埔寨	2	14	24	5	47	25		1	155	63	
	老挝	42	75	150	7	440	81		13	1269	94	1
	缅甸	7	9	11	56	81	6		6	429	7	
	泰国	17	7	56	64	105	3	2	3	908	6	
	越南	16	23	56	15	126	14	3	6	219	56	
小计		84	128	304	149	800	129	5	29	3011	235	1

同时，通过表 4 - 4 中各一级学科专业（类）东南亚国家留学生数量变化比较，在云南省的东南亚国家留学生选择的专业中，文学还是占据强势，而在社科方面，比如经济、管理、教育等也是他们选择比较多的学科专业，另外医学和工科也逐渐地被留学生们认可。在这 11 个学科专业中，文学毋庸置疑是留学生选择最多的学科专业，这说明，云南省东南亚国家留学生教育发展状态，还大部分停留在语言学习的层面上，云南省留学生教育还需要长足地发展，还需要通过各种努力去改变这种局面。在文学专业留学生中老挝和泰国留学生约占一半，说明汉语语言的学习依然很热，这和

中国与老挝、泰国经济交往的加深和贸易往来的频繁有很大的关系。除语言学习外，东南亚国家留学生偏爱学习经济学和管理学，除双边经贸需求外，经济学和管理学的学习难度较低、获得学位比较容易也是一个重要原因。

为广泛吸引更多的东南亚国家留学生来滇学习，不断优化留学生教育学历结构，云南省高校需要通过充分的市场调研，根据东南亚国家留学生的需求适时调整学科和专业设置，通过增设国际性课程、不断加强专业实习、推进双语教学等措施，促进云南省高校教育教学整体水平和整体学历层次的提高，以及专业结构和教育质量的不断改进。

第三节　东南亚、南亚来滇留学生教育的主要问题

一　东南亚、南亚来滇留学生教育宏观层面存在的问题

（一）教育法律法规不够完善，政策制定不够及时

自 20 世纪 90 年代至今 30 多年间，云南省高校面向东南亚、南亚国家开展教育交流与合作，积极开拓东南亚、南亚留学生教育市场，留学生教育获得快速发展。然而，关于高校留学生教育相关的法律、法规则显得有些滞后和不足。迄今为止，我国还没有一部专门针对留学生教育发展的法律出台，仅有的相关规定是教育部、外交部、公安部 2000 年发布的《高等学校接受外国留学生管理规定》。云南省也只是根据上述规定和办法于 2003 年制定了《云南省接受外国学生管理暂行办法》，而且大多是原则性的规定，具体如何实施往往只能靠各学校自己把握并制定自己的管理办法。目前，凡是涉及留学生教育中产生的问题、要求只能到《高等教育法》《中华人民共和国出境入境管理法》等法律中寻求依据。但客观事实是，经过 20 多年的发展，留学生教育出现了很多新的问题，如在华谋职打工问题、毕业后的居留和工作问题、质量控制等问题，以及新的《中华人民共和国出境入境管理法》实施之后，留学生的签证也有了一些新的规定。尽管国家关于发展留学生教育的大政方针已定，但现有的法律、法规、管理办法并未做出相应的调整，已经严重滞后于当前的国内外形势及

留学生的实际情况，给留学生教育管理工作带来很多操作的不便和困难。随着云南省与东南亚、南亚国家的经济、社会、文化等各方面的交流与合作越来越广泛、越来越深入，人员交流越来越频繁，留学生的教育管理亟须出台新的、操作性更强的规定、管理办法和措施，以规范和促进留学生教育，适应留学生教育形势的发展。

（二）奖学金制度尚不健全，经费结构不合理，政府缺乏主导全社会构建奖学金体系的制度建设

设立完善的奖学金制度、提供多样化的资助，是促进留学生教育事业发展的一项重要内容，它对吸引和推动留学生来华学习有积极的促进作用。目前，云南省高校面向东南亚、南亚留学生的奖学金项目主要有中国政府奖学金（边境省区项目和地方政府项目）和云南省政府接受周边国家留学生奖学金。多年来中国政府的奖学金政策对吸引和培养来华留学生起到了非常重要的作用。从前面调查可以发现，云南省高校的奖学金数量和比例对东南亚、南亚留学生的学校选择产生了很大的影响，但是当前云南省高校留学生奖学金设置经费和比例有限，获得奖学金的留学生比例很低，虽然有 7 所学校有中国政府奖学金资格，但 2015 年云南省新增中国政府奖学金（边境省区项目和地方政府项目）名额只有 140 个。虽然有一些其他院校设立了校级奖学金，但是奖励金额和数量都很低，这在很大程度上制约了东南亚国家的学生来滇学习，在国际上缺乏足够吸引力和竞争力。尤其与周边省份四川省、广西壮族自治区、贵州省相比，奖学金的资助力度不大，留学生生源流失比较严重。如果云南省的高等教育是世界一流的，留学生奖学金就不是一个瓶颈问题。

从云南省高校的外国留学生经费结构总体状况来看，依然存在以下问题。一是奖学金的受益面不大，资助人数有限。从上述高校的具体数据分析就可以看出，对外国留学生的资助力度很小，绝大多数外国留学生都是自费留学生。2015 年自费留学生（长期生）人数为 3188 人，占长期留学生人数的 65%。二是奖学金种类较少，资金来源渠道较单一。目前来云南省学习的外国留学生，除了可以申请中国政府、云南省政府奖学金和部分高校设立的奖学金外，很少有其他奖学金如企业奖学金向外国留学生开放。

随着云南省与东南亚、南亚国家联系的不断加强，很多企业也开始充分认识到国际化战略的重要性，尝试设立奖学金吸引东南亚、南亚留学生来滇留学，从而提高本企业的国际影响和竞争力。云南铜业集团出资100万元为在滇就读的泰国、缅甸、老挝、越南、柬埔寨5国留学生设立了"云铜奖学金"。云南红云红河集团设立了红河助学金，资助在滇学习一年以上的留学生，云南农业大学每年约有20名留学生获得此项资助，这对吸引更多的外国留学生来滇学习有一定的推动作用。应该说这是一个非常好的局面，但目前企业参与度依然非常低，作用十分有限。地方政府如何因势利导，利用好各方面资金，加以引导使之为国家外交战略服务，为推动云南省高校国际合作服务，为国内企业实施"走出去"战略、进行人力资源的储备服务等，尚缺乏必要的政策引导和激励机制，缺乏动员全社会力量共同支持来华留学生教育工作的体制和机制。即便是政府内部，也没能整合资金和资源，形成有效合力。面对更多的云南省国企和民营企业面向东南亚、南亚开始实施"走出去"战略，从省级层面，云南省政府如果设立一些制度性的激励机制，加以引导，可以鼓励更多已经"走出去"的企业拿出一部分资金设立来滇留学生奖学金，资助所在国开展人才培养计划，承担在当地的社会责任，提高企业形象和影响力，促进企业开展海外业务能有长远性规划，避免和降低企业的短期行为，对维护和提高国家的形象和影响力具有非常重要的作用。应该说云南省委省政府在这些制度化建设方面做得还很不够，还有很大的发展潜力和突破空间。

二 东南亚、南亚来滇留学生教育微观层面存在的问题

（一）东南亚、南亚来滇留学生生源、层次、质量问题

1. 东南亚、南亚来滇留学生生源问题
（1）东南亚、南亚国家来滇留学生生源地区差异较大

以全国2014年数据为例，东南亚来华留学生主要分布为：泰国21296人、印度尼西亚13689人、越南10658人、马来西亚6645人。但是从云南省招收的东南亚、南亚国家留学生的实际情况来看，大多数留学生生源集

中在越南、老挝、柬埔寨、缅甸等中南半岛国家，南亚国家留学生人数较少。这种现象的发生，主要有以下两方面原因：一是受地区经济发展水平和当地居民收入水平影响。越南、老挝、柬埔寨、缅甸等中南半岛国家的经济发展水平相对较低，居民收入较低，属于经济不发达国家。留学成本相对较低对经济发展水平有限的国家的出国留学生具有很大的吸引力。二是教育发展相对较落后。由于经济发展水平和教育基础设施的不完备，越南、老挝、柬埔寨、缅甸等中南半岛国家的教育发展一直落后于其他国家，为了寻求更好的教育环境与教育资源的学生们，通过出国留学来让自己受到更好的教育。同时由于中国与上述国家经贸关系密切，为了方便加强沟通，增进合作与互惠，越来越多东南亚、南亚学生选择到云南省留学。

（2）东南亚、南亚来滇留学生学历层次较低

东南亚、南亚来滇留学生中，学历层次较低是一个普遍存在的问题。留学生来滇留学之前本身的学历水平并不是很高，超过半数留学生的学历仅为高中及以下，来滇学习汉语或本科。来滇留学生学历层次偏低应该引起广大云南省高校的重视。

（3）东南亚、南亚来滇留学生汉语水平较低

汉语语言水平参差不齐是任何招收留学生的高校都会面临的一个问题，但是云南省高校招收的东南亚、南亚来滇留学生汉语水平尤其差。通常情况下，在留学欧美等发达国家时，留学生必须在本国进行托福或者雅思考试，只有达到了相应分数才能够申请留学签证。东南亚、南亚国家留学生在来云南省留学之前，汉语水平较低。为了扩大留学生招生规模，国内大部分高校在入学前对留学生的汉语水平不作硬性要求，留学生入学后先进行一年的预科教育，主要以学习汉语为主，然后转入专业学习，云南省高校多是如此。这种"宽进"的方式直接导致留学生对自己的汉语水平放松了要求，这种情况严重影响留学生在留学期间的学习和生活。

（4）缺乏基本的考核准入制度

前期调研发现，面向东南亚国家招生时，绝大多数云南省高校缺乏基本的考核准入制度。从目前云南省高校招收外国留学生的现状来看，入学门槛设得比较低，一般语言类的进修生或培训生无须参加入学考试即可进入相关高校学习，即使是申请来接受学历教育的外国留学生，往往只注重

语言能力的考核，很少有高校会举行较高水平的入学考试。少数学校采用数理化水平测试的方法考核留学生的学业水平。用这种方法测试，绝大部分学生很难达到有关要求，这里面既有来华生源质量的原因，也有各国教育体制存在差异等原因，很难一概而论。同时，如果教育主管部门强制设立一定的门槛，又会将大部分来华留学生拒于门外，影响留学生的来华留学申请，不利于招收更多东南亚、南亚来华留学生。

针对东南亚、南亚国家留学生普遍生源质量不高的问题，可以借鉴英国、澳大利亚、德国、瑞士等发达国家在培养国际学生学历教育方面普遍采用预科教育的做法，通过预科教育这一阶段的学习，使东南亚、南亚国家各种不同教育背景、不同教育水平的学生达到学历教育的入学要求。教育部应牵头制定留学生教育国家资历架构（National Qualifications Framework），建立留学生入学标准认证平台，并加大"汉考"（HSK）推广力度。云南省高校也应该学习西方发达国家的成功经验，逐步实施本科预科教育制度，把接受预科教育作为来滇留学生接受本科学历教育的一个最基本的要求，作为各高校招收东南亚、南亚国家留学生开展本科学历教育的准入制度。各校可在此基础上，根据自身的实际情况，在满足国家统一要求的前提下，提出各自的差异化准入门槛。这样做既保护了东南亚、南亚学生申请来滇留学的积极性，又可以使学生通过预科教育达到有关要求，提高他们的留学质量。

2. 东南亚、南亚留学生教育规模虽大，但教育层次偏低

近10年，云南省留学生教育事业得到了迅速发展，在留学生数量和规模上都有了巨大的增长，但是在生源分布上，云南省留学生教育发展仍然存在严重的不均衡。由于受经济发展水平和区位环境等因素的影响，60%的留学生来源于东南亚、南亚地区，同时东南亚、南亚国家尤其以越南、泰国、老挝、巴基斯坦4国为主，这4个国家的留学生占东南亚、南亚国家留学生的比例为75%。云南省高校应扩大留学生数量，采取各种办法加大对其他东南亚、南亚国家的招生力度和增加招生名额，扩大留学生招生规模，大力发展留学生教育，提高留学生教育成效。

在留学生培养层次上，云南省高校的东南亚、南亚留学生教育仍以本科教育和汉语语言教育为主，而研究生和博士生教育所占的比例相对较少，攻读高学位、高层次的留学生在数量和质量上仍需进一步提高和改善。当前世界一流大学的留学生教育中，高学历的留学生尤其是留学研究生的比例通常超过 20%，留学生高学历化是当前大学留学生教育发展的趋势。通过对云南省高校留学生教育层次的分析，发现来滇留学生教育层次普遍偏低，这与云南省高等教育水平、各高校的综合实力不高有着密切的关系，要提高云南省高校的国际化发展水平，增强云南省高校的综合实力和促进留学生教育事业的发展，必须不断提高云南省高校的办学水平，才能提升留学生的教育层次，吸引更多的高素质学生来滇学习。

分析留学生生源地可知，云南省高校东南亚、南亚留学生来源地以老挝、越南、缅甸、柬埔寨等中南半岛国家留学生为主，而马来西亚、印度尼西亚、新加坡等国家的高等教育比较发达，留学生数量相对较少，来自印度、巴基斯坦、孟加拉国的留学生人数更少，说明当前云南省面向东南亚、南亚国家的留学生教育仍然具有很大的区域性，留学生的来源较为单一，云南省高等教育竞争力不强。而从来滇的东南亚、南亚国家留学生（长期生）经费类型来看，公费留学生的比例相对较高，达 35%，这与当前我国来华留学生自费生人数不断增加的趋势存在一定的差距，说明云南省高校在吸引东南亚、南亚留学生方面缺乏学校、学科比较优势，是否提供公费留学指标、奖学金的额度和比例等仍是主要影响因素，其他如教学、师资、学习环境、生活环境、国际影响力等也会纳入比较范畴。

（二）高校管理过程中的问题

1. 教育教学问题突出

（1）教学水平较低

外国留学生到中国高校来的主要目的是学习，而授课教师教学水平的高低直接影响外国留学生的学习效果。目前云南省高校外国留学生教学中存在的主要问题依然是教学计划的安排没有完全针对各国留学生的特点和培养目标做应有的调整、能用双语教学的老师人数不多、汉语教师水平不高等。[1]

---

[1]　罗明东、杨颖：《中国－东盟自由贸易区建设与云南高等教育改革开放》，《学术探索》2004 年第 1 期。

（2）学科及专业设置不合理

在美国、日本、韩国等许多国家以及北京市、上海市的某些名牌大学，学生进校后，前两年不分专业，重点进行基础课程的培训，两年以后根据学生的实际情况，按专业或专业方向分流培养。由于这种方式培养出来的学生知识面宽广、基础扎实，他们毕业以后从事专业研究的能力以及对社会的适应能力和竞争能力都比较强。云南省目前大部分院校实行的仍是较保守的做法，即学生一进大学就确定专业，而且专业划分越来越细，学科专业间的界限十分清楚，相互壁垒分明。这样培养出来的大学毕业生往往知识面过于狭窄，视野不够开阔。云南省高校的学科及专业设置在国际留学生生源市场中是缺乏竞争力的，必须加以改善。

2. 留学生管理与服务滞后

（1）留学生管理游离于学校主体学生管理体系之外

综观云南省高校内部的留学生管理结构，主要分为三种管理模式：第一种管理模式是高校国际合作与交流处直接负责管理。这种现象在高职高专院校中比较普遍。第二种管理模式是由学校成立的负责开展对外汉语教学的二级学院直接负责管理。如云南农业大学国际学院，专门负责开展对外汉语教学工作，同时负责留学生的招生、管理和教学。第三种管理模式是交叉管理，即国际合作交流处和二级学院在事务上分工协同、各有侧重。但是无论采用哪种管理模式，云南省高校中，除少数高校能够将留学生教学管理和学籍管理按照中国学生的管理模式相应地分配到各职能部门外，绝大部分高校留学生的校内管理采用了独立管理的方式，留学生在校管理工作自成体系，完全游离于学校中国学生管理职能之外，留学生管理在校内形成了"体外循环"。这种"体外循环"不仅占用了学校大量的管理资源，而且也不利于留学生教育的趋同化管理。例如：留学生的学籍管理、留学生的毕业证书等管理都和中国学生完全分开，无法融合，耗费资源。尤其是第二种管理模式，由二级学院直接负责管理的高校，此类问题更为突出，学院很难妥善处理好留学生的部分或全部课程的教务管理和学籍管理等。

（2）服务跟不上

一是缺乏相应的服务机构，二是缺少与留学生学习和生活相配套的辅助项目等。在云南省高校，除了国际合作交流处等管理部门，大部分高校都成立了外国留学生教育教学管理的专门机构，如云南财经大学的东盟学院、云南师范大学的国际汉语教育学院等，这些管理部门和教学机构的成立对外国留学生的宏观管理和教学管理起到了一定作用，但往往是"重管理、轻服务"。外国留学生教育是一项系统工程，涉及方方面面，对于外国留学生从留学咨询、入学注册、教学管理乃至学习和生活管理等一系列问题，尚未设立专门的服务机构。这些问题的存在，增加了改善外国留学生教育、管理和生活等工作的难度。

3. 质量保证机制不够健全

云南省高校外国留学生教育质量保证机制不健全主要表现在两个方面：一是入学门槛低，没有统一标准；二是尚未建立外国留学生教育教学评估制度。由于外国留学生教育教学发展相对落后，为了扩大留学生规模，当前云南省许多高校通常将重点放在如何把外国留学生"请进来"方面也就是"宽进"，对外国留学生教育教学的管理和质量评估重视不足，因而在外国留学生教育教学评估方面尚未建立起相应的制度，在留学生"严出"方面还有很多需要完善的地方。

具体而言，东南亚、南亚留学生在教学培养过程中主要存在以下几个方面的问题。

（1）汉语强化效果堪忧

一般情况下，东南亚、南亚国家留学生到云南省留学多数会选择非合作培养模式，即学生自己选择到云南省高校留学，但需要满足下列条件之一：在本国通过新 HSK4 级且成绩在 180 分以上；在云南省高校学习一年汉语，通过新 HSK4 级且成绩在 180 分以上后再进入专业学习。但是从实际情况来看，一年的汉语强化学习，虽然能够保证留学生正常通过新 HSK4 级达到 180 分，但是并不能保证在很大程度上提升东南亚、南亚国家留学生的汉语水平，确保能够正常进行专业阶段课程学习。

（2）插班现象明显

插班指的是学校根据转学学生的学历和认知程度，将转学学生编入适当的班级的一种现象。云南省高校普遍实行留学生入学前语言测试制度，达到基本的中文水平后，不再对其强化语言学习，而直接将留学生送入学校相关班级进行专业学习。考虑到留学生的要求和受学校自身汉语培训资源所限，多数高校采取这一做法。很多插班生连最起码的日常会话都难以应付，这种情况下进入专业学习阶段容易让插班生感到茫然，最终导致学无所成。

（3）成绩考核标准较低

对留学生的考核，很多高校都是比本国学生宽松。对于一些东南亚、南亚留学生比较集中的班级，通常采用开卷考试或者考试成绩认定不是按照实际成绩认定，而是乘以相应系数。这种成绩认定方式的合理性存在很大疑问，严重影响到云南省留学生教育口碑，对来滇留学生教育的长远健康发展很不利，应该引起云南省高校的重视。

（4）旷课抄袭现象严重

留学生旷课在高校教学管理中是一个很棘手的问题，东南亚、南亚国家来滇留学生的旷课现象尤为严重。另外，在考试中，东南亚、南亚留学生存在抄袭情况，在开卷考试中尤为严重。

第四节 云南省与东南亚、南亚留学生教育发展对策

高等教育国际化是高校发展的必然趋势，而发展留学生教育无疑是加快高等学校国际化进程的重要因素。留学生教育不仅需要政府完善相关政策，为留学生教育提供政策支持与指导，更需要高校本身发挥学科专业优势，提高办学实力和综合竞争力，打造教育品牌，面向世界开放办学，同时完善留学生管理与服务体系。

一 政府职能部门要为留学生教育健康发展保驾护航

（一）加强来华留学生教育发展的规划、指导和协调工作

地方政府相关职能部门应加强对来华留学生教育发展的规划、指导和协调工作。首先，职能部门应积极响应国家"一带一路"倡议，助推云南省面向南亚、东南亚辐射中心建设，服务中央总体外交战略部署和云南省

经济社会发展，贯彻落实《国家中长期教育改革和发展规划纲要（2010—2020年）》、《云南省中长期教育改革和发展规划纲要（2010—2020年）》和教育部《留学中国计划》，结合自身实际，制定科学的发展目标和长远规划，进一步明确云南省东南亚、南亚留学生工作发展的方向，包括学生规模、层次类别、生源国构成、授课语言的结构等方面的发展目标。同时，牵头成立相关协会或联盟（如云南省留学生教育协会、云南省中外合作办学协会、云南省教育对外开放协会等），定期组织东南亚、南亚留学生教育工作的研讨会和交流会，根据新的形势与政策对东南亚、南亚留学生工作进行反思和阶段性调整。其次，政府职能部门应牵头制定和完善相关留学生管理政策规范，为高校具体实施东南亚、南亚留学生工作提供政策依据。云南省外办、省教育厅、公安厅、高校等相关部门应通力合作，联合制定有关留学生招生、教育教学、学籍管理、突发事件预防管理等方面的政策依据和规章制度，以保证东南亚、南亚留学生在滇学习质量和合法权益。再次，为吸引更多东南亚、南亚留学生来滇留学，政府部门可以加快制定相关政策。一是制定留学生合法打工政策。我国是少数未正式允许留学生留学期间打工的国家之一，目前实行的《中华人民共和国外国人入境出境管理法》和《中华人民共和国外国人入境出境管理法实施细则》规定，留学生未经劳动部门允许，不得在中国就业。但2000年颁布的《高等学校接受外国留学生管理规定》中规定，留学生在留学期间可以按照学校规定参加勤工助学活动，"非法就业"与"勤工助学"这两个概念之间没有明确的界限，这就使得留学生的打工成为两者之间的一个难以判断合法性的两难行为。据了解，东南亚、南亚国家很多留学生存在隐性打工的问题，给高校的管理带来了很大的难度，政府应及早出台留学生打工的规范性政策法规。二是完善毕业后居留与就业政策。给予外国毕业生一定的就业创业优惠政策和条件等，或者"准国民待遇"。我国目前的规定要求在华留学生留学结束后，必须在规定时间内离开中国国境。这使得我国高校培养的优秀留学生不能够留在中国，造成人才"外流"，没有将留学生资源视作本国的智力资本。随着中国－东盟自由贸易区的建成和中国－南盟合作交流的加深，云南省与东盟、南盟合作领域不断拓展与合作程度不断加深，政府、企业等对东南亚、南亚留学生人才的需求越来越强，对此，政府应借鉴欧美等留学生教育发达国家的经验，协同主管移民事务的出入境管理部门，共同制定适应社会经济发展的留学生居留与就业创业政策，吸引更多优秀留学生为"中国制造 2025"、"一带一路"倡议和"中国梦"服务。

（二）加强留学生教育质量监控，推动"留学云南"品牌的建设

为保证来华留学生的教育质量，云南省教育厅有必要根据国家的有关规定在宏观上制定相关的招生标准与入学要求，为各级各类院校在招收不同层次、不同专业、不同类型的留学生时提供可行的参考和意见。根据目前云南省高校招收来华留学生的现实情况，如前所述，高校设置的入学门槛较低，语言类的非学历生大多不需要参加入学考试即可进入相关院校学习，即便是申请学历教育的东南亚、南亚留学生，也很少有高校会举行入学考试。较低的入学门槛说明云南省高校的留学生教育重心仍在规模扩张上，教育质量和办学水平与发达国家相比还存在很大差距。因此从长远计，为提升云南省教育品牌的形象和保障来华留学生的教育质量，有必要逐步对不同层次、不同专业、不同类型的留学生设置不同的入学标准，适当提高入学要求。另外，云南省教育厅应牵头建立健全来华留学生教育质量保障和监测评估体系，负责进行合格评估、水平评估和审核评估，并对不同类型、不同层次的院校实行差异化评估的模式，以保证评估体系的开放性和科学性。[1] 评估内容应涵盖教学条件、住宿条件、管理体制、规章制度等与留学生学习和生活息息相关的各个环节。可以通过外部评估与学校自我评估相结合的方式来实施，也可以鼓励民间第三方中介组织、专业教育评价机构等来进行。通过提高来滇留学生教育质量，打造"留学云南"品牌，力争在实施"中国教育现代化 2030"行动计划期间，将云南省建设成为外国来华留学生首选目的地之一，力争使云南省留学生教育竞争力位居中国前列。

---

① 王升：《基于数理统计的留学生教育质量评价体系研究》，《河北科技大学学报》2009 年第 3 期。

（三）加大地方奖学金投入，鼓励企事业单位、高校参与

2000 年以来，随着云南省在中国与东南亚、南亚国际合作交流中地位的凸显，国家对来滇留学的投入持续增长，目前，云南省共有中国政府奖学金资格院校 7 所。通过中国政府奖学金边境地区项目和支持地方院校两个项目，2014 年云南省获得留学基金委分配的中国政府奖学金名额 200名，2015 年数量有所下降，仅获得 140 名。为丰富留学生生源国别、提高留学生教育层次、优化留学生教育结构，吸引更多东南亚国家优秀人才，扩大云南省国际交流合作的影响力，2004 年云南省人民政府设立了云南省政府接受周边国家留学生奖学金，2014 年省政府奖学金的资助金额虽已达到 1500 多万元，但毕竟奖学金的额度和资助比例还比较低，在国际上缺乏足够吸引力和竞争力，因此云南省政府应继续加大资金投入，并提高该项奖学金的使用效率，重点资助学历教育和需要扶持的学科专业教育。同时，云南省政府还应该积极争取社会参与，鼓励企业特别是外向型企业捐资设立企业类留学生奖学金，[①] 培养企业海外发展所需的国际化人才。比如云南省部分企业的海外分公司可以通过在滇设立相关外国留学生奖学金，与高校联合培养中文水平良好、专业技能素质较高的本土化人才。此外，云南省政府应积极鼓励高校设立校级外国留学生奖学金，如设置一定比例的校级奖学金，作为中国政府奖学金或云南省政府奖学金留学生名额的配套，提高东南亚、南亚学生来滇留学的积极性和主动性。2014 年 3月，云南农业大学获批中国政府奖学金院校资格，2015 年 12 月云南农业大学正式设立了"云南农业大学外国留学生奖学金"，每年校级奖学金的资助名额达 60 名。

（四）加大云南省整体对外宣传和推介力度

在面向东南亚、南亚留学生教育宣传方面，政府相关部门应以建设高等教育国际化强省为战略目标，加大高等教育开放力度，强化国际交流合作深度，扩大中外合作办学幅度，引进国内外优质教育资源，进一步提升

---

① 刘慧：《日本外国留学生奖学金制度及启示》，《文教资料》2012 年第 23 期。

云南省高等教育的核心竞争力和国际影响力。首先，云南省政府相关部门网站应为准备来滇和在滇的留学生多提供详细的有关云南省经济、文化、高等教育等方面的英文版信息或东南亚、南亚国家语言版信息。其次，通过友好城市、驻昆领事馆等平台，帮助云南省高校与海外相关机构建立紧密联系，进一步拓宽留学生招生渠道，提高云南省来华留学生教育的国际知名度。同时，考虑在海外设立招生代理机构，寻找留学生中介渠道，积极主办或参加海外教育博览会，大力宣传云南省高等教育的发展特色和科研成果。此外，积极借助中国－南亚博览会、国际旅游交易会等官方主办的大型国际化会议，设立专门的云南省高等教育成就展区或云南省高等教育发展高层论坛，帮助外国人更好地了解和融入云南省地方风土人情，扩大云南省的海外知名度和区域影响力。

（五）帮助民办和职业院校接纳留学生

很多国内外知名高校通过设置职业技能培训课程满足不同留学生的多元化需求，扩充留学生的接纳能力，如澳大利亚部分高校通过设置西点制作、汽车修理、美容美发等应用型、技能型、技职型培训课程吸引国际学生等。前期调研发现，东南亚、南亚国家在汽车修理、家电维修、木雕、酒店管理、电脑网络维护、玉石雕刻、烹饪、家政等方面的人才缺口很大。然而，从目前的情况来看，云南省民办院校和职业高校很少接纳留学生，地方政府部门应鼓励这类学校积极加入发展来华留学生教育的队伍中来，并帮助其开设较有国际市场的、具有中国特色的职业技能课程。① 同时，云南省相关高校，应积极响应和落实教育部推动高校向应用型转型的战略部署，尽快新增一批应用型院校和应用型学科专业，逐步增加云南省招收东南亚、南亚留学生的应用型院校，如授予滇西科技师范学院、滇西应用技术大学招收留学生权限，满足留学生市场多样化的需求。

---

① 李翠霞、刘杰英：《增强高职院校对海外留学生的吸引力研究》，《教育教学论坛》2013年第 8 期。

二　云南省高校要全面系统提升留学生教育水平

（一）贯彻高等教育国际化理念，制定切实可行的东南亚、南亚留学生教育发展方案

云南省高校需要加强对高等教育国际化发展理念的认识，树立提高国际化发展的意识及对发展东南亚、南亚留学生教育服务国家整体外交战略的认识，并根据自身实际情况制定切实可行的来华留学生教育发展规划和具体实施方案。留学生教育发展规划要坚持扩大规模、提高质量的原则，不仅应包含详尽的短期、中期、长期发展规划，还必须制定切实可行的实施方案，并注意相关政策保障方案的配套、落实和反馈，对出现的问题及时加以重视并进行必要处理。

（二）整合资源，深入拓展留学生招生渠道

高校除了充分利用教育部留学中国网站这个平台外，还应该进行多层次的对外宣传，积极主动地"走出去"，不断拓宽留学生招生渠道。一方面，相关部门要协调制定针对性强的招生宣传策略，包括制作精美的招生手册；积极建设学校及二级单位中英文网站或多语网站；制定具体的海外招生计划和教育展览方案；加强对在校和已毕业优秀留学生的宣传等。[1]其次，积极拓宽招生渠道，开展学历互认试点，与海内外知名高校和机构开发多层次的项目合作，甚至也可以在海外建立招生基地，为国际学生来滇留学提供学习、生活、签证等方面的咨询和便利。再次，积极寻求与海外正规招生中介机构的合作，并制定中介机构管理与服务规程。此外，高校还应该注重对毕业留学生的校友联系工作，通过毕业生对外宣传扩大高校的影响力。与此同时，高校还应该积极参加国内外相关机构组织的教育展览活动，并经常举办各类国际性赛事或交流活动[2]，进一步提高云南省

---

[1]　赵坤：《高等教育国际化背景下扩大来华留学生教育规模对策研究》，硕士学位论文，燕山大学，2013。

[2]　冯俊：《论校园文化活动对外国留学生心理适应的影响》，《知识经济》2012年第7期。

高校在国内外的知名度。

（三）加大对留学生教育的投入，提高综合办学水平

根据教育部"扩大规模、提高层次、保证质量、规范管理"的来华留学生工作方针，对高校在留学生教育的课程、师资、授课方式、管理模式、服务模式等方面都提出了更高的要求，因此高校必须加大对留学生教育的投入。[①] 高校应完善办学条件、校舍环境、普及校园中英文标识等校园基础设施建设。[②] 同时不断加强高校跨国联合学术研究和国际化师资队伍的建设，进一步提高留学生的教育教学质量。此外，云南省高校应建立符合自身情况的来华留学生招生管理和服务体系，并通过加强专业培训、外派调研等方式促进留学生招生管理人员水平的持续提高。另外，考虑到现有留学生奖学金种类较少、额度较小，有条件的高校可以设置校级奖学金，吸引东南亚、南亚国家的学生来滇学习。

（四）充分挖掘自身优势，积极建设特色学科

云南省高校在发展东南亚、南亚留学生教育方面不仅面临着来自省外高校的同质竞争，同时省内高校在留学生生源争夺上也很激烈。为突出各高校特色，避免无序无效竞争，在滇高校应加大对自身办学潜力的挖掘，努力开设特色项目，提高接纳和培养留学生的能力，带动来华留学生教育的进一步发展。如昆明医科大学就针对其医科方面的优势，设置了一批全英文授课项目。云南省高校大多有自身特色，如云南大学和云南师范大学文科较强，可以重点进行汉语和中国文化的教学；云南农业大学农科优势突出，可以为东南亚、南亚培养农林业人才。部分高职专科院校特色也非常鲜明，如云南交通职业技术学院在汽车修理方面实力较强，这些应用型院校均可考虑为东南亚、南亚留学生开设优势学科或专业课程。同时，为扩大来华留学生教育规模，实现更高水平的高等教育国际化，云南省高校可广泛吸收和采纳国内外高校的成功经验，对现有课程、教材、学制、教

---

① 段淳林、刘嘉毅：《跨文化交际视角下的国际化校园文化建设现状及对策》，《前沿》2013年第 15 期。

② 金泉元：《高校留学生教育软环境建设探析》，《江苏高教》2014 年第 1 期。

学模式、考试和评价体系等方面进行调整或改革。① 如工科、农科、理工科类院校在汉语培训方面较弱，则可以与师范类高校合作，联合培养来华留学生和培训对外汉语师资，师范类院校负责留学生语言文化教育，非师范类院校负责专业技能教育。高校间也可以整合优势学科资源，形成校际联合培养留学生的模式。这种模式既容易形成来华留学生教育品牌，又能避免教育资源的重复浪费。

（五）完善来华留学生管理机制，加强内部各单位的协调和合作

留学生管理方面应努力做到"三化"：制度化、信息化、规范化。制度化是指要对留学生相关制度进行完善和创新，在留学生管理方面推进标准化建设。信息化就是要大力推进信息管理平台建设，完善在线报名系统和学生信息共享系统，使留学生办事处、教务处能共享留学生信息，在最短时间查询和了解学生的所有信息，包括学习、住宿、签证等；留学生也能通过这个平台及时了解学校的信息，并能在线申请、咨询和投诉等。规范化就是优化留学生办公室的办事流程、加快应急事件处理程序等方面的改革。云南省高校应从留学生招生咨询、入学要求、教育教学、考试毕业等方面进一步促进来华留学生管理的规范化。同时，来华留学生教育不仅仅与留学生管理部门有关，还涉及高校其他部门和教学单位，信息传递时很容易产生缺失、误解、摩擦和纠纷，因此要大力推进信息共享平台建设。当高校各部门产生信息不对称后，预警系统开始工作，以引起专人或相关部门的重视，并介入调查、协调、商量解决办法，确保留学生教学项目的顺利开展和实施。云南省高校应定期召开专题工作研讨会，加强留学生工作专题研究和深入探讨，集思广益，共同促进云南省来华留学生教育教学健康地可持续地发展。

（六）加强师资队伍和留学生管理队伍建设

云南省高校应加强对国际化师资队伍和留学生管理队伍的建设与考核，这对实行全英文授课的院校尤为重要。可以通过增加国内外培训，让

① 罗雪莲：《来华留学生教育课程研究》，硕士学位论文，复旦大学，2011。

教师出国学习先进的授课技巧和艺术，打造国际化教师队伍，提高教师的授课水平。在高校专任教师严重不足的情况下，也可以聘请专业外教作为兼职教师，补充和丰富师资队伍。在留学生管理队伍建设方面，高校应当更新理念，勇于吸收和借鉴世界一流大学国际教育的先进管理理念和经验，变管理为服务。留学生管理人员在努力提升英语交际能力的同时，也要多"走出去"，开阔视野，不断进行比较和借鉴，从而全面提高留学生管理队伍的办事能力和业务素质。

（七）加强对来华留学生的人文关怀，辅导性投入

云南省各相关部门要转变教育观念，改变"一刀切"式的整齐划一要求，要根据留学生来源国的文化习俗，他们身心发育状况、语言和专业学习接受能力等特点加强对来华留学生群体的教育和引导。通过加强人文关怀、进行心理疏导、积极促进跨文化交流平台的建设、加强中外学生的交流与沟通等方式，弱化来华留学生的孤独感，增强其归属感。比如建立来华留学生辅导员制度和志愿者帮扶平台，使留学生更快适应中国文化和云南省高校环境；为外国学生开设增进了解、加深友谊的平台。部分留学生在初期会出现很多不适应，主要是因为国家文化、生活方式、气候状况、饮食风味等差异造成的。云南省高校可以在留学生到达前为其提供尽量详细的生活指南，大到当地文化历史、风土人情，小到高校图书馆怎么用、公共汽车怎么坐、如何去医院就诊等，让留学生提前准备，不仅可以减少留学生来滇后的盲目感，也可以有效缓解高校管理人员的工作强度和压力。

（八）提高来华留学生教育教学质量

教育教学质量的好坏直接影响来华留学生的选择意愿，从长远看，为塑造云南省高校教育品牌的良好形象和保障来华留学生的合法权益，实现云南省来华留学生教育可持续发展，高校有必要采取积极措施提高来华留学生的教育教学质量。加强来华留学生生源质量的保障，逐步对不同层次、不同专业、不同类型的留学生设置不同的入学标准和 HSK 成绩达标分数。也可以与国外院校合作，通过前期考核和认证，对海外优秀院校的毕

业生直接录取。同时，云南省高校可以制定有关教育教学各环节的多元质量标准，并通过教学督导、教学检查、同行及留学生评教等多种形式反馈在校留学生的教育教学信息，特别是了解留学生对教育教学的满意度评价，确保可持续提高来滇留学生的教学质量。此外，云南省高校还应该定期举办来滇留学生教育教学工作研讨会，积极听取相关任课教师的意见，共同研究提升留学生教育教学质量的途径，共同破解教学效果差、留学生不愿学等一系列问题。

第五章

越南高等教育国际化发展分析

越南社会主义共和国，简称越南（Vietnam）。位于东南亚的中南半岛东部，北与中国广西、云南接壤，西与老挝、柬埔寨交界，国土狭长，面积约 33 万平方公里，紧邻南海，海岸线长 3260 多公里，是以京族为主体的多民族国家。历史上，越南中北部长期为中国领土，公元 968 年正式脱离中国独立建国，之后越南历经多个封建王朝并不断向南扩张，但历朝历代均为中国的藩属国。19 世纪中叶后逐渐沦为法国殖民地。1945 年八月革命以后，胡志明宣布成立越南民主共和国，1976 年改名越南社会主义共和国。1986 年开始实行革新开放，2001 年越共九大确定建立社会主义市场经济体制。越南共产党是该国唯一合法的执政党。越南也是东南亚国家联盟成员之一。2016 年 3 月 31 日上午，在越南首都河内，越南第十三届国会第十一次会议举行全体会议，选举阮氏金银为国会主席和国家选举委员会主席，新当选的国会主席阮氏金银在会议现场宣誓就职。阮氏金银是越南第一位女性国会主席，也是第一位跻身越南党和国家最高领导层的女性。

经过百余年的发展，越南已形成包括幼儿教育、初等教育、中等教育、高等教育、师范教育、职业教育及成人教育在内的比较完整的教育体系。普通教育学制为 12 年，分为三个阶段：第一阶段为 5 年小学，第二阶段为 4 年初中，第三阶段为 3 年高中。2000 年越南宣布已基本实现普及小学义务教育目标。2001 年开始普及 9 年义务教育。2009～2010 学年，越南全国在校大、中、小学学生约 1749 万名，教师 81.03 万名。截至 2015 年全国共有 419 所高等院校。著名高校有河内国家大学、胡志明市国家大学、顺化大学、太原大学、岘港大学等，高等教育国际化进程较为缓慢，高等教育国际化水平和大学国际竞争力不强。

第一节　越南高等教育发展的历史进程

越南高等教育经历了很长一段艰难发展时期，1979 年开始做尝试性的探索，但是取得的效果一般。直到 1986 年 12 月越共"六大"的召开，才为越南高等教育的继续发展开启了崭新的篇章。自此，越南高等教育国际化发展也逐渐跟上时代步伐，打开了越南教育发展的绿色通道。综观越南高等教育发展历程，虽发展缓慢，但取得了较大进展，为越南整体国力的增强提供了有力的科技动力和人才支撑。

一　高等教育起步阶段

20 世纪 70 年代末，越南的处境相对困窘，内部环境的严酷，外部形势的严峻，导致越南并未真正获得和平，因而也并未有稳定和谐的内外环境，高等教育发展便缺失了生长和发展的良好土壤。1975 年，越南南北部实现统一，此时越南的高等教育体制仍沿用北方的教育体制，高等教育规模小、质量差，高校发展水平参差不齐，高校的经费等主要依靠政府。本科及其以上教育层次的人才培养主要交给原东欧社会主义国家和苏联的高校，越南高等教育水平在当时内忧外患的局势下很难得到保障。

1979 年，越南高等教育迎来了历史上的第一次改革。立足内外交困的不良形势，越南进行了一系列改革，在经济、政治、文化等各个方面进行了相应的调整，这一系列改革被称为"新经济政策"。由于政府对国内外形势认识不清，采取的一些措施并未达到预期成效，具体领域的改革推行困难，经济发展缓慢，导致社会改观不大，甚至还出现了通货膨胀、物价上涨、工人下岗失业等问题。面对经济危机的到来，越南高等教育也未能逃脱衰败的命运，人心涣散、师生大量流失、招生困难、质量低下等问题的出现使越南社会一度陷入混乱状态。虽然 20 世纪 70 年代末越南经济危机使社会各方面陷入滞涨状态，原本设想的改革成效未能实现，却在客观上刺激了越南政府必须对改革进行反思，在低迷的经济形势下寻求改变的道路，这为越南高等教育的改革和发展提供了机遇。

二　高等教育初步发展阶段

1986 年，越共"六大"的召开是越南历史上一次真正的转折，越南政府在"新经济政策"的基础上提出了"革新开放政策"，确定了唯有改革创新才是越南发展的唯一出路。越南高等教育受到革新政策的影响，进行了系统性的改革，取得了初步成效，迎来了越南高等教育史上的第一个春天。越共为适应经济发展的需要，开始重视教育对经济的推动和扶持作用，提出："教育的目标是在青年一代中全面树立和发展社会主义风格，培养有纪律、有技术、适应社会劳动分工要求的劳动大军。教育事业，尤其是大学和专科教育，直接为改革经济和社会管理服务。"①

越共"六大"的召开，促进了越南经济的转型，由原来单一的经济成分开始向多种形式和成分的市场经济转变，为了完成这一转折，必须促进高等教育的改革和创新。1986 年以前，越南高等教育发展非常缓慢，存在诸多问题，比如高等院校数量少、核心竞争力不强、教师待遇较差、师资培训与实践脱节、职称和学历偏低、缺乏较高的教学水平和科研能力、教师的授课方法单一、行政管理模式死板、缺乏灵活有效的教学方法、办学理念落后、基础设施较差、硬件设备不足、现代化水平较低、专业倾向性明显、文理科不能综合发展等。越南很少有高校能称为综合性大学，多是一些专业技能学校或者学科专业比较单一的文、理科院校，这在一定程度上制约了越南高等教育质量的提高，也阻碍了越南国民人文素质的提升，进而影响了经济社会的整体发展。1986 年以后，越南高等教育迎来了全面的革新，政府基本清除了原来体制中阻碍经济社会发展的不利因素，肃清了国内高度集中的集权观念，扫清了教育文化发展过程中的一些羁绊，为高等教育和经济社会的互动发展奠定了基础，铺就了平坦的大道。

越共"六大"提出的教育改革方针是：实现教育的现代化、民主化、

---

① 周莉莉：《越南革新开放下的高等教育发展历程》，《中国校外教育》2011 年第 8 期。

社会化，动员全社会和每个家庭关注和培养下一代。照此要求，越南政府注重维持基础教育和高等教育的平衡，促进高等教育的普及化，改善高校教师的待遇，改善高等教育的硬件设备，发展全面、有效、多样化的高等教育体系。经过一段时间的发展，越南高等教育的整体质量有所提升，硬件设施改善，师资力量增强，经费投入增加，培养模式多样化，各方面都取得了较大的进步，得到国内社会各界的基本认可。①

三　高等教育飞跃阶段

越共"六大"为高等教育发展提供了科学的政策指导。1993 年是越南高等教育发展非常关键的一年。由于 1992 年越南彻底摆脱了经济危机的阴影，经济社会发展取得了长足的进步。越南政府明确提出教育是国家发展的头等大事，奠定了教育的重要战略地位，要求教育为社会主义建设培养和输送人才。政府对教育的重视，无疑为高等教育发展提供了最为有效的支持。1993 年，越南政府提出要对高等教育体系进行重新整合以适应不断发展的国内外形势，被称作"第 90 号令"。"第 90 号令"无疑是越南高等教育发展的具体行动方案，规划了高等教育发展的科学方向，制定了组合整改的细则，宏观上提纲挈领，微观上可操作性强，从管理方式、财政体制、招生就业机制、师资队伍建设、硬件设施配备等各方面予以说明，大大地促进了越南高等教育从量变到质变的飞跃。在越南政府的高度重视和经费支持下，高校数量和学生数量快速增加。公立大学数量增加、实力增强，私立大学也欣欣向荣、得到社会肯定。同时，高校师资力量增强，教学水平提高，越南高等教育一步步迈向现代化、社会化、多样化，取得了良好的发展效果，产生了较强的社会影响力。

四　高等教育深化阶段

进入 21 世纪，越南高等教育继续发展，改革不断深化，向着高水平、

———————
① 肖晓芳：《越南高等教育的改革与未来发展》，《知识经济》2010 年第 23 期。

多领域、宽范围的多元优质高效的现代化高等教育迈进。2000 年至今，越南迎来了高等教育深化发展的阶段，除了追求数量的增加，更加注重质量的提高。但是，相比发达国家高等教育发展水平，越南高等教育仍旧存在一些问题，诸如经费不足，政府对教育的财政支出虽然逐年增长，但高等教育扩张态势迅猛，经费缺口依然存在；高等教育体系不完善，单科院校仍然是承担高等教育的主体；高等教育缺少国际交流与合作，高校的教学和科研实力有待进一步提高。另外，越南高等教育缺乏公正、有效、健全的内外监督机制等，这些问题的存在使高等教育发展进入了高原期，如不能克服这些瓶颈问题，越南高等教育的深化发展也将难以实现。针对这些问题，越南政府创新发展理念，制定发展规划，不断改革发展策略，使高等教育顺利进入一个新的发展阶段，即从"量"的扩张到"质"的提高的高等教育内涵式发展阶段。越南政府不断增加高等教育的经费投入，同时整合了一些小型的地方单科院校，形成了一批综合性大学，培养复合型人才，以适应经济发展和社会进步的多样化需求。

第二节　越南高等教育国际化发展现状

一　越南高等教育国际化水平纵向提高

随着经济全球化的发展，资金、市场、资源在全球范围内的自由流动，促使各国教育资源也逐步实现国际互通，高等教育国际化发展成为 21 世纪各国教育发展的潮流。为适应时代发展的需要，加强国际交流与合作就成为各国高等教育发展的重要选项，越南高等教育在不断的积累中也开始朝着国际化的趋势发展。越南高等教育系统以崭新的姿态，积极主动地融入教育发展的国际格局中，虚心学习发达国家和地区高等教育国际化的成功经验，借鉴高等教育强国的管理模式和教学方式，深入开展国际性的重大课题的联合研究，同其他国家就时代热点问题和学科前沿进行热切深刻的交流和研讨，赢得了国际社会的认可和支持。

越南经济体制机制的持续改革，生产力的大幅提升，为高等教育国际化发展提供了充足的物质条件，弥补了高等教育硬件设施上的不足，使师生能够全身心投入教学和学习，进而为经济社会发展输送大量专业化或者综合性全面发展的各类人才。另外，教育改革的持续推进，为越南高等教育国际化发展提供了广阔的视角。越南政府对教育资源进行整合，合并较小的地方单科院校组成规模较大的综合类大学，配备齐全的现代化设备，尤其是互联网设施，加大对师资力量的培训，提升教师工资待遇，促进教学水平和科研能力的提高，是越南提升高等教育质量的重要经验。在保证本国教学科研核心竞争力有所提高的基础上，越南政府加大了高等教育走向世界的力度，深入开展国际交流与合作，既适应了高速发展的社会主义市场经济的需求，又促进了社会主义市场经济的高质高效发展，经济社会发展反过来为越南高等教育国际化的发展提供了更加坚实的物质基础。

二　越南高等教育国际化水平横向不足

虽然越南政府在不断推进高等教育国际化，但与发达国家或地区相比，仍存在很大不足，还有很大的发展空间。一是高等教育区域发展不平衡。高校集中分布在大城市，而其他地方几乎没有覆盖。这对于高等教育大众化、普及化以及高等教育国际化都是一大阻碍。二是学科分布不合理，课程设置不完善，专业重复及市场倾向不明显，导致部分高等院校的专业结构不理想，学生的课业负担过重，缺乏创新和批判思维，培养的人才具有单一化的特征。师生比例失调，教师年龄较大，青年教师数量较少，造成教学过程中难以实现教师和学生的顺利轻松沟通。此外，越南高等教育立足于教育的现代化，却又受制于信息化，一些地区的高等院校网络不能普及，教学手段枯燥，教学方法陈旧，学生的学习积极性未能得到最大限度的开发，高等教育国际化进展缓慢。英语课程较少，学生的校际、国际交流较少，一些重要的国际学术会议师生基本没有条件参加。越南高等教育系统缺乏科学合理的评估审核机制和运行有效的内外监督体系，高等教育发展的现代化、社会化、民主化、国际化水平无法得到科学评定。

越南高等教育入学率逐年增长。按照联合国教科文组织统计显示，越南全国总入学率（在大学学龄人口中的比例）从 2000 年的 10% 攀升到了 2005 年的 16%，2006 年达到了 25%，2016 年则超过 30%。高等教育规模扩张并不能及时应对越南经济发展和社会需要，同时，越南学生还在不断外流。

从 20 世纪 90 年代起，越南逐渐成为世界发达国家国际学生的重要来源国，如澳大利亚和美国 2012 年就吸引了 38123 名越南学生。2011 年，来中国留学的越南学生为 13549 人，说明中国已成为越南学生选择接受高等教育的另一主要目的国，在当年亚洲到其他国家留学的 34000 人中占到了 34% 的份额。选择如新加坡和中国台湾等留学费用颇高的国家或地区的越南学生数量也在逐年增加（见表 5－1）。

表 5－1　2008 年至 2013 年到澳大利亚、美国和中国三个最大
留学国留学的越南学生变化情况和比例

年　份	澳大利亚	增长率（%）	美　国	增长率（%）	中　国	增长率（%）
2013	26015	15.4	16098	3.4	—	—
2012	22551	－4.4	15572	4.6	—	—
2011	23592	－8.5	14888	13.5	13549	4.1
2010	25788	8.6	13112	2.3	13018	6.3
2009	23755	49.1	12823	46.2	12247	17.8
2008	15931	53.4	8769	45.3	10396	7.2

以美国为例，2013 年越南到美国高校留学的学生数量突破 16000 人，成为美国第八大留学生来源国。和 2000 年的 2000 余人相比，这一数字增长了 7 倍。据估计，在国外留学的越南学生群体中 90% 属于自费留学，已10 倍于 2000 年的数量。尽管越南近年来人均收入有了较大幅度增长，2013 年人均达到了 1755 美元，但在东南亚国家中仍处于较低收入水平。虽然如此，根据一项在越南三个重要城市对 700 名学生开展的调查显示，尽管学费和生活费较其他英语国家都高，美国仍然是越南学生留学的首选目的国。2013 年在美国留学的 16000 多名越南学生中，11000 余人为本科学生，仅有 2700 余人攻读硕士学位，余下多为专科生或预科生。2012～2013 学年就读于美国社区学院的 86000 余名国际学生中越南学生占到了7.9%，接近 7000 人。这意味着 2012～2013 年在美国接受高等教育的所有越南留学生中有 43% 的人在社区学院就读，仅次于中国和韩国学生数量。①

---

① 阮光兴：《越南高等教育发展探究》，《产业与科技论坛》2015 年第 3 期。

由此可见，越南高等教育国际化中面临的主要问题是本国高校学生的大量流失，即越南学生到其他国家留学的人数不断增长，这从一个侧面说明越南国内高等教育水平欠佳。

第三节　越南高等教育国际化面临的挑战

一　整体矛盾突出

根据越南教育培训部的统计，2012 年超过 180 万人注册了大学入学考试，其中 130 万人申请到大学入学，50 余万人申请到专科学校就读，而当年越南全部 234 所大学和 185 所专科学校的录取量仅为 60 万人，入学人数仅为注册入学考试人数的三分之一。扩大国内高校招生规模成为越南政府解决教育问题的头等大事，然而没有足够的师资又成为解决这一问题的绊脚石。越南政府因缺少合格的师资停办了 71 所大学和专科学校的近 200 个本科专业。2013 年，越南政府还宣布因近来高校毕业生过剩而暂时停止高等教育大众化的进程。尽管越南政府在增加教育预算、放开私企参与办学、鼓励外资参与教育和培训等方面做了大量工作，高校学生数量比 1990 年翻了 2 番，但教师数量却没有明显改观。

2008 年哈佛大学一项研究报告显示，留学是越南高等教育危机的重要表现，但不是一种解决办法。首先，留学只面对少数能够负担留学费用或申请到奖学金的学生群体。在越南，城乡贫富差距很大，大部分人仍属于贫困人口。涉及国家主权，越南也不可能把高等教育给国外高校全权包办。另外，越南高校教师工作条件较差且没有太多奖励政策和机制的现状让大部分海归不愿选择去高校工作。一项对留美越南硕士研究生的非正式调查显示，除非工作环境得到明显改善，绝大部分越南籍留美研究生不考虑回国到高校工作。此外，另一项以质量标准为重点研究内容，名为"越南高等教育：危机和回应"的研究还表明，越南高校在科技研发、办学自主权、专业设置与市场结合、分类办学等方面问题较多，致使高校仍在源源不断地为社会培养几乎没有实践经验和工作技能的毕业生，这也是很长一段时间越南高校毕业生失业率较高的重要原因。哈佛研究人员认为，越南高校教师在同行评审国际期刊上发表的文章较少，政府一直在执行没有太多竞争力的研究经费资助政策，高校人才培养和市场需求脱节凸显了越南高等教育系统存在重大问题。越南政府关联机构主导的调查显示，超过半数的大学毕业生不能在所学专业领域找到工作，超过25%的课程为"灌输政治"安排，所培养的本科毕业生难以就业或到国外继续深造。

总之，越南在严峻的国内外形势下，高等教育不得不开展大刀阔斧的改革，否则，越南巨大的发展潜力要变成发展实力将缺乏足够多的人力资源支撑。

二 教育体制统一化

20 世纪 90 年代以来，越南教育培训部开始对教育系统中包括新建高校的规章制度、教材和课程的编制、新生录取标准、学历学位授予等方方面面进行监督管理。除了少数行业特色鲜明的高校由其他部委共同监管外，绝大部分高校还是由教育培训部统一管理。这对越南高等教育国际化发展具有很大的促进作用，在体制上更规范、更统一，在管理上更方便、更协调，在评价上也更科学、更客观，充分体现社会主义高等教育集中力量办大事的优势。

越南普通教育学制为 12 年，5 年小学，4 年初中，3 年高中。高等教育体制则为：本科 4 年，硕士 2 年，博士 3 ~ 4 年。高等教育入学资格通常需要具备两个条件：一是有高中或职业学校毕业证书，二是通过国家大学入学考试。国家大学入学考试通常在第 12 年级结束后的当年 5 月底、6 月初举行。考试由教育培训部统一组织，包括外语（通常为英语）、数学、越南语文学和其他 3 个科目共 6 门课程。高中离校考试的科目与国家大学入学考试科目基本一致，每一科目总分 10 分，学生们每一科获得最少 5 分，才能通过高中离校考试并获得高中毕业证书。

持高中毕业证书的学生均有资格选择在全国任何一个认可的考点参加由教育培训部组织的国家大学入学考试，就像中国的高考，考试时间 2 天。在国家统一划定录取分数线之前，每一所高校可设定自己的录取分数线，考生们一般情况下可选报 3~4 所高校。每年 4 月，高中毕业生准备高考之际，择校工作也在各高校设定标准时拉开了序幕。高考后的 7 月初，考生们会根据各高校的录取分数选择高校。被录取的考生中，大多数进入排名靠前的公立大学，少数考生被录取到不太知名的私立大学。在第一轮录取过程中未被录取的考生还可在秋季参加第二轮录取。

越南国家大学入学考试总分 30 分，专科学校通常将录取分数线划在 10 分上下，本科院校一般为 13 分以上，名牌高校和一流大学则将分数线划在 20 分左右。私立高校的录取分数线通常较公立高校低一点。国家大学入学考试分数是决定学生能否接受高等教育的唯一标准，因此很多家庭条件不太好的学生将获得名校录取通知书视为通向社会中高层的捷径，当然读名校也是一项高风险的投资。2010 年之前，越南教育培训部曾计划废除高考制度，但终因很多中学的考试腐败问题而搁置。越南政府希望到 2020 年能通过改革现有的机械的学习方式和遏制泛滥的高考补习产业，建立一种可让高校通过查看以往学习表现记录来选择学生的更合理的替代招生录取体系。

目前，越南国家大学入学考试有 5 种科目组合，考生可根据自身的专业兴趣或未来期望选考 1 个组合：A 组：数学、物理和化学（物理、工程和计算机类）；B 组：数学、生物学和化学（医学和生物科学）；C 组：历史、地理和文学（人文社科类）；D 组：外语、文学、数学（外语和外贸类）；E 组：数学、物理和第三门（其他类别）。具有 3 年专科文凭的学生可升入本科继续最多 2 年的深造，通过考核即可获得学士学位证书。

三　高校类型层次化

本科层次的高等院校主要包含多学科综合类大学、专业类高等学院和研究型学院 3 种。5 所最大最出名的综合类高校分别为河内越南国家大学、胡志明越南国家大学、顺化大学、岘港大学和太原大学，它们均是 20 世纪 90 年代通过一系列合并形成的巨型大学。

专科类学院集中于 1 至 2 个领域的教育，包括工程、经济、法律或外语，同时提供本科和研究生层次的学位。除公立大学外，半公立或全私立的大学可自主招生和收费。2012 年，据越南政府统计，私立大学数量占所有大学的 20%，招生人数占到了所有高校招生数量的 15%。一般而言，公立院校的教育质量高于私立院校。大专和职业培训中心提供副学位教育，学生获得大专院校的专科毕业证后就有资格攻读高一级学位（学士学位）或直接选择就业，而职业培训则仅是为学生就业而开设。一般情况下，大多数高校都由国家相应的部门监管，但越来越多的私立学院则不受任何部门监管。截至 2015 年，越南共计有 419 所大学和学院，包括 185 所大学层次的学院和 234 所专科层次的学院。

四 职业资格门槛化

专科院校包括专门学院、社区学院或教师培训学院，提供某一学术领域的职业教育，可颁发职业教育毕业文凭和副学位。高中和初中毕业生分别要通过 2 ~ 3 和 4 ~ 5 年全日制的学习，经过考核合格才有可能获得进入大学学习的资格。高中毕业生首先要通过专科院校的入学考试才可开始学习。入学后，学生们要学习很多理论课程、基础核心课程和专业实践性课程。完成 2 ~ 3 年时间全日制的学习或获得 100 ~ 180 个学分，才可以获得毕业文凭和副学士学位。

（一）低层的职业培训中心

越南劳动、残疾人和社会事务部负责监管职业培训单位并颁发相关证书和文凭，教育培训部则负责制定各种培训（教育）的课程标准。

（二）大学和大学层次项目

专业化和多学科化是越南大学的重要特征。1995 年通过一系列合并后形成了现在河内国家大学和胡志明国家大学两所越南最大的综合性大学。

越南高等教育经历了封建、法国和美国殖民、社会主义、社会主义为导向的市场经济等阶段，在和世界接轨的过程中，没有很好地与经济发展和社会进步相适应。最大的问题是缺少相对稳定而长远的发展战略规划。教育改革近 30 年来，越南高等教育虽取得了一些进步，但仍然存在诸多问题，如高校规模偏小、师生比过高、教育教学管理水平偏低、行政管理的集中化和分散化选择不明确、师生奖励项目的管理不规范等。

五 管理和教学方式方法陈旧

管理上缺乏责任性和自主性是阻碍高校教育教学质量和竞争力提升的重要原因，也是越南高校在东南亚、南亚区域内排不上名次的重要原因。陈旧的教学方式也束缚着大学生去发展独立、创新和解决问题的能力。更让人担忧的是，越南社会越来越流行的就业再培训不仅会消耗社会大量财力，更浪费了学生大量时间并消磨了他们学习的积极性。机械和教条式教学在越南大学里随处可见，这与当今世界要求大学生学会学习、学会做事、学会做人、学会沟通的理念格格不入。尽管越南高校也在努力转变以教师为中心和以讲授为主的课堂教学，但这种改革终因没有足够的师资和配套设施而举步维艰。

此外，低效陈旧的教学方法也是制约高等教育发展的一大绊脚石。尽管越南大学基础设施建设比以往有了很大提升，如现代化的图书馆、实验室、学习资源中心、互联网等，但师生并没有将它们充分运用到学习和学术活动中，加之网络速度较慢且上网限制太多，缺乏对资源服务设施的有效管理和维护，使得这些设施设备未起到应有的作用和达到预期目的。在许多越南高校里，电脑装饰性功能大于实用性功能，电子邮件多用于私人联络。原因在于教师和学生们，尤其是中年教师不愿学习电脑技术，大学生也缺少有效的计算机专业培训。

第四节 越南高等教育国际化的改良措施

面对高等教育发展中出现的众多问题，越南政府和大学领导层需要对未来发展进行重新审视，修改办学指导思想并建立新的高等教育国际化政策。文化的不断融合、技术的持续发展、学习终身化都要求越南高等教育体系做出相应改变。为此，越南政府和高校领导层必须对高等教育的未来发展做出科学的定位并制定中长期规划，切实大幅度增加切实有效的经费投入，以实现大规模培养信息和技术社会所需人才的目标，进而增强大学核心竞争力和融入国际社会的沟通能力，在高等教育"引进来"和"走出去"方面取得更大突破。

一 推动教育管理改革

良好的管理系统是教育有效运行的前提。越南高等教育管理模式上存在诸多问题，诸如管理方法较单一、管理法规不健全、院校管理不统一、管理机构设置不合理或重复设置等。应加快教育管理改革步伐：一是国家应统一高等教育管理系统，明晰责、权、利。综合性大学和高等职业教育一般归教育培训部管理，管理其他高等教育院校的各部及地方要和教育培训部配合，统一高等院校管理主体，理顺中央与地方、教育培训部与其他部、政府与高校的关系。二是制定完善的高等教育法规及政策、指导策略和规划，并严格执行教育发展计划，调整高等教育结构与规模来适应留学生以及国家经济社会发展对人力资源的要求。完善高等教育质量评鉴与保障系统，落实评鉴工作。三是推动高等院校教育质量与资源投资公开化，允许社会公众监督高等教育质量及办学成效。四是对地方院校以及行业院校进行分级管理，包括职业类高等院校及其教学单位。充分发挥各院校对教育教学、人才培养、培训课程、经费收支等方面的自主性、责任性、主动性和积极性、创造性，建议在高等教育单位成立二级或三级管理委员会来落实大学的"四大职能"。五是推动从中央到地方的教育行政改革，形成一个精简、有效的分层分级行政管理系统。提高各级高等教育管理机构的信息技术应用水平来提升管理绩效。六是推动财政投入体制机制的改革，建立多元投融资渠道，保证人民的学习权利，吸收并有效地使用国外、社会资源来提高高等教育质量以及适度扩大高等教育规模。

二 加快师资队伍建设

教师是教学活动的主导，在人才培养过程中发挥着关键作用，因而优质的师资队伍是高等教育发展的核心力量。推动越南高等教育国际化，自然离不开优秀师资队伍的建设。高等教育国际化发展必然涉及双语或多语课程、交流与合作等，对高校教师提出了更高的要求，不仅要在专业技术上表现突出，同时还应该具有基本的跨文化交际能力，教好双语或多语课程，积极参与国际合作与交流，更好地培养国际化人才。一是激发教师本身的活力，逐渐采用合同制来替代终身聘用制，促进教师的合理流动。二是大力吸引更多国内外优秀人才，扩充师资队伍规模。力争到2020年能有足够的教师来支撑高等教育大众化，降低师生比。为了吸引更多优等学生就读师范院校，越南政府出台了学费减免政策并提供奖、助学金。同时，越南政府全面改革师范教育培训体系，从教育培训模式、内容到方式、方法都加以改革，力图培训出理论基础扎实与职业技能过硬的教师团队。另外，越南政府在技术类大学大力发展师范教育，为高等职业学校培养教师。三是提升教师的学历层次。越南政府计划到2020年，20%的职业中专以及35%的职业高等学校老师拥有硕士以上学历，其中15%的教师是博士；全部高校教师拥有硕士以上学历，其中30%的教师是博士。四是加强对教师的专业培训，促进教师的专业发展。越南政府2008～2020年高等院校教师培训计划包括三个方案：国内培训、国外留学以及国内外学习。越南国内部分顶尖高校主要承担博士研究生教育工作，并不定期邀请国际顶尖大学的教授参与博士研究生教育。继续执行教师职业标准，不断提高高校教师任职资格条件。通过灵活待遇机制为教师提供支持，自2009年开始试行由校长根据教师的工作成果来决定教师薪水的制度。同时，越南政府出台优惠政策，力图吸收国外顶尖科学家、越侨科学家回国参加大学教学和科技研发。

三　实行跨境教育合作

跨境教育合作是高等教育国际化发展的核心方式，其层次是衡量一个国家高等教育国际化水平的重要指标。越南高校应增加国际性课程、国际性会议次数、互派师生访问人数、越外合作办学项目数等，提高跨境教育合作的质量。

（一）越外合作办学

推动越南高等教育国际化除了要提高自身教育水平和质量外，还要努力将本国高等教育推向世界，既要主动学习其他国家的先进经验，也要努力促进本国高等教育的对外输出，实现院校之间的跨境教育合作。越南跨境教育合作已经迈开步伐，先后与澳大利亚、俄罗斯等国的高校开展合作与交流。20世纪90年代，越南获得了世界银行和亚洲开发银行的多项援助，为高等教育国际化探索提供了经济上的可能。2001年，澳大利亚墨尔本皇家技术学院成为世界第一所进驻越南的外国大学。另外，中国台湾亚洲国际大学与越南河内大学、美国夏威夷大学商学院与越南河内大学商学院等都有跨境教育合作。2009年，越南与其他国家在教育培训领域开展新型合作，签署了31项教育国际合作协议，开始学习国外的先进教学理念、管理思想和开发新型课程。① 越南政府越来越重视合作办学，认识到通过跨境教育合作，可以增加教育投融资渠道，取得国际社会的广泛支持，引进国外优质高等教育资源的同时，扩大越南高等教育知名度，不失为提高高等教育国际化水平的有效途径。

（二）国际课程开发

为使越南高等院校课程与国外高校课程接轨，越南教育培训部选定17所大学与国外大学建立合作伙伴关系，致力于共同开发热门课程，研讨新型课程，特别是针对国家经济社会发展所需要的科技领域进行课程开发。越南一些高校直接引进了其他国家高校的优质课程，通过网络授课的方式（慕课、微课、翻转课堂、对分课堂等），尽力还原国外上课真实场景，并且提供教学互动环节，以及电子作业的布置和虚拟空间的助理智能机器人答疑，学生也可以通过电子邮件与主讲教师沟通交流。此类跨境课程需要越南高校教师的主持和参与，因此需要对他们进行课程操作的培训，特别是网络授课工具的使用培训。一些国际性课程采用英语授课，这对教师的

---

① 覃玉荣、毛仕舟：《越南跨境高等教育合作：政策、实践与问题》，《比较教育研究》2015年第3期。

英语水平要求较高。此外，越南一些高校还引入了一些专业性课程，包括医学类、机械类等方面的本科和硕士阶段课程，期望提高本国学生的国际化能力。国际性课程的开发与合作需要国际化水平较高的师资队伍与之相匹配，因此，对高校教师的国际化培训也是越南高等教育国际化的重要内容之一。革新开放后，越南越来越多的高校教师可以申请到国外访学交流，增强自己对国际化课程的了解和认识，提高自己的多语教学技能和国际化交往能力。

四　完善其他改革措施

第一，国民教育重新结构化并扩展教育系统。按照多元化、标准化建构国民教育系统的要求，对学前教育到高等教育进行了清楚的分类和分级，从形式上保证为国民提供终身学习机会。越南政府按照经济、社会发展需求重新规划高等教育系统，特别是大力扩展职业教育系统，目标是到2020年技职院校可以接受30%初中毕业生、30%高中毕业生就读并当有机会时可以继续升学。

第二，更新课程教学评价理念。无论是职业教育机构还是高等教育机构，都在努力加速与国际知名教育机构合作，尽力按照先进课程理念进行教学，计划到2020年实现向学分制转型，凸显课程评价作用。

第三，增加教育基础设施投资。按照国家标准完成教育基础设施建设，特别注重教室、图书馆、实验室等教学科研场所内的教学设施设备的质量及其安全性。越南政府也在重新规划新建高校或扩大校院规模，努力建设符合国际标准的高等院校。

第四，推动高等教育与社会经济需求相结合。越南政府首先建设了数家人力资源需求分析、预测中心，据此为高校课程建设、职业培训计划等提供科学性数据，帮助高校有效地为企业提供合格人力资源。同时，越南政府也在努力推动企业参与建设高校的课程，支持大型企业作为大学教育教学实习实训单位或大学生创新创业基地。

第五，出资设立专项资金，完善山区学生、优秀学生、弱势学生的奖、助学金机制，促进高等教育公平化，推动高等职业教育和培训大众化。

第六，推动校企产学研一体化。越南政府计划到 2020 年将大约 30 所大学建设成为研究型大学，并建立一批国家重点实验室。同时，鼓励高校加强科技研发活动与社会经济发展需求的关联性，促进产学研一体化，力争到 2020 年有 20% 的高校参与校企合作。

高等教育强国的成功经验显示，提高管理效率是适应变化和增强高等教育质量及国际化影响的关键。越南高等教育国际化发展道路是漫长的，前途是光明的。在越南政府对教育的高度重视下，高等教育国际化发展获得了更多的软硬资源，如办学经费的不断增加、师资力量的持续扩大、硬件设施的充足配备等。另外，国家政策对教育的大力支持、教育改革的深入推行、全民素质的不断提高、国际社会的逐渐认可，都为越南高等教育国际化的跨越发展提供了精神支持和动力支撑。在经济全球化的国际潮流冲击下，越南高等教育从未放慢自己发展的脚步。在历史与现实的交织下，越南政府和高校敢于吸取他国的成功经验，积极借鉴国际先进办学成果，努力结合本国实际，开创出了自己独特的高等教育发展模式，初步实现了高等教育的国际交流与合作，在东南亚、南亚已经形成了一股强有力的竞争势头，为持续推动本国高等教育国际化水平更上新台阶，同时也不断促进东南亚、南亚整体教育水平的提升。另外，越南高等教育国际化的进步也是世界教育发展的重要收获，大大促进了越南人口素质的提高和经济社会的向前发展。

第六章

泰国高等教育国际化发展分析

泰国高等教育经过百余年的发展，取得了长足的进步，形成了独具一格的办学特色，但在发展内涵和外延上仍然存在一些亟待解决的瓶颈问题。分析泰国高等教育发展现状，掌握其国际化的主要内容，有助于为我国提高高等教育国际化水平提供参照。泰国高等教育及其国际化发展积累了多年的运行经验，形成了比较成熟的发展模式，无论是办学理念、教学设施、管理水平还是服务方式等都有可取之处。总体来看，泰国高等教育发展势头良好，赢得了国际社会的广泛关注和认可，存在的一些问题也并未对其高等教育国际化发展前景产生实质性的威胁。在推动高等教育国际化进程中，泰国政府及高校需要整体把握其发展航向，查漏补缺，扬长避短，千方百计不断提高高等教育国际竞争力，稳步向世界一流高等教育体迈进，为推动本国及东南亚、南亚社会经济发展做出更多贡献。

自19世纪80年代至今，泰国高等教育发生了翻天覆地的变化。历史上，泰国高等教育不具有优良的学术传统和强大的科技实力，但其善于利用地缘优势和政策灵活性，借助丰富的国际资源，高等教育国际化发展迅速，特别是以具体多样的高等教育国际交流与合作项目为载体，吸收、借鉴世界各国先进的高等教育办学理念和办学模式，短期内泰国高等教育国际化就取得了巨大成就，已成为东南亚、南亚极具竞争力的高等教育体。

第一节　泰国高等教育系统的发展情况

一　泰国高等教育系统概况

（一）高等教育发展计划

泰国高等教育发展很有计划。1997 年，泰国开始实施第八个高等教育发展计划，重点推动高等教育深度改革和国际化发展。此发展计划重在提升泰国高等教育发展质量，提出了四大发展目标：注重机会、兼顾公平，注重效率、兼顾责任，注重实用、兼顾服务，注重国际化、兼顾地区化。泰国于 2002 年提出了第九个高等教育发展计划，重点在于培养集知识、道德、能力于一身的大学生，促进泰国高等教育大众化。由此可见，泰国高等教育的改革趋向是越来越重视高等教育的贡献能力，特别是提高大学毕业生服务社会的综合能力，通过促进经济社会的发展，不断提高国家的核心竞争力和综合国力。2008 年，泰国进入第二个高等教育十五年中长期发展计划，该计划一直延续到 2022 年。在这 15 年中，包括泰国第 10 个、11 个、12 个高等教育发展计划。在这 3 个五年发展计划中，泰国高等教育发展的重点是不断提高质量，同时，高等教育国际化水平也要有较大幅度提高。泰国高等教育在发展过程中不仅要扩充高等教育机构的数量，同时要提高高等教育的质量，还要加强国内高等教育机构之间的联系和国际交流与合作，在扩大留学生人数的同时提高教育教学水平，进而提升高等教育系统的国际影响力，扩大高等教育在世界范围内的传播和宣传，最终实现泰国建设高等教育国际化强国的战略目标。

（二）高等教育发展政策法规

1997 年新宪法是泰国教育发展的法律基础，也奠定了泰国高等教育的法律框架，为泰国高等教育的发展保驾护航。1997 年新宪法中涉及很多关于教育方面的规定条款，这些条款无疑为泰国高等教育国际化的发展提供了法律支持，使高等教育国际化的倾向性开始显现。其中第 40 条规定要求实现最大限度的国家信息资源共享，这为高等教育国际化奠定了信息化的物质基础，泰国政府加大资金投入为高校提供方便快捷的网络传播和网络教学的硬件设施，使高等教育国际化步上了信息高速公路。第43条提到应该强化私营企业对高等教育的作用，即扩大高等教育发展的经费来源，力争获得企业的经费赞助和资源支持，允许企业参与人才培养方案制定和专业课程建设，同时和企业建立直通的桥梁，打通产学研一体化通道，设立企业内教育教学实践平台，试点订单培养，让毕业生找工作的时候可以一对一对口入职，尽力实现高等教育的出入平衡。另外，1997年新宪法中还有一些特别条款，以提高民众参与程度为切入点，通过强化高等教育与经济社会发展实际相结合的程度，促进学以致用、研以致用，研究型大学和应用型院校都要百分百发挥服务国家战略、促进经济发展、推动社会进步的重要作用。

在1997年新宪法的基础之上，泰国政府于1999年又颁布了《泰国国家教育法》，进一步明确了教育的重要地位，同时更加明晰了高等教育的专业发展方向和指导方针。高等教育发展重心转向更高、更强的目标，不仅更加注重服务社会、满足经济发展需求，而且更加注重提高高等教育的专业化程度，特别是注重学术水平的提高。[①] 1999年高等教育法，从法律的角度赋予高校独立自主办学的法人地位，保证高等院校在市场经济条件下充分发挥自身优势，具备独立处理本校所有问题的能力，具有独立自主开展国际合作与交流的权利。泰国政府对高等教育的治理逐渐采取收缩的态度，高校的办学自主权不断增大，高校的管理权限和空间也在不断扩大，由此开始，政府逐渐退出高等教育微观管理领域，放手让院校自我把控、自我管理、自我提升，这对高等院校的自我管理能力提出了更高的要求，也为高校按照自己的节奏发展提供了机遇。一方面实施自主管理，办学决定权加大，有益于高校的灵活发展、弹性办学和新型改革，同时在管理的过程中也面临诸多难题，需要自己去权衡利弊、综合考量、决断破解。因此，1999年高等教育法促进了泰国高等教育的跨越式发展，使泰国高等教育国际化发展发生了质的飞跃。

---

① 朱卫华：《泰国高等教育现状研究》，硕士学位论文，云南师范大学，2003。

泰国政府为发展高等教育不断出台相关法规和政策，这些政策的制定和执行为泰国高等教育现代化、国际化带来了新的发展契机，维持了高等教育法律体系硬性规定下的适度弹性，持续推进泰国高等教育跨越大众化阶段向高等教育普及化迈进。泰国政府颁布的高等教育优惠政策重点在于扩大高校办学自治权，即摒弃传统的僵化的管理体制，打破高等教育一潭死水的不利局面，为高等教育国际化发展注入活力，引导泰国高等教育系统在亚洲及环太平洋地区乃至整个国际社会中发挥越来越积极的作用。[①]

（三）高等教育质量保障系统

高等教育质量保障系统是泰国高等教育国际化发展的内外部双动力，为高等教育的发展提供内外部双监控，促进高等教育在保质保量的同时不断推陈出新、与时俱进，逐渐与世界一流接轨、向国际标准看齐。作为不可缺少的外部监督机制和内部生长机制的合体，高等教育质量保障系统有效提升了泰国高等教育国际化的水平。泰国高等教育质量保障系统分为内部质量保障（IQA）和外部质量保障（EQA）。内部质量保障主要包括质量控制、监督和评估，高等教育机构必须严格执行内部质量保障系统列明的常规性管理规定，努力确保教育质量的稳定和提升，同时监督高等教育机构的运行过程，并且对高等教育的办学质量进行定期或不定期评估，评估结果按照相关程序呈交给上级部门或第三方专业中介组织，通过相关机构审核和裁定之后，公之于众，类似中国的普通高等学校本科教学工作水平评估和审核评估。大众能够清晰地看到高等教育机构在各个方面的成效和不足，更为直观地比较各高等教育机构之间的核心竞争力。高等教育机构质量评估公报制度，对泰国高等教育机构是一个很大的挑战，它们必须时刻将质量、效益、发展等关键词融入办学实践，不断提高高等教育的质量和效益，以获得上级主管部门和普通民众的肯定和支持。

1. 内部质量保障系统

泰国高等教育本着质量至上的根本办学宗旨，持续规范管理，努力确保办学理念的先进性和办学方向的正确性。内部质量保障系统从健全的行

---

① 詹春燕：《走向国际化的泰国高等教育》，《江苏高教》2008 年第 3 期。

政管理体系和合理的教学管理体制入手，严格制定相关规定，并且认真执行，以确保高等院校的教育教学质量。高校的学制、学分，学生的学籍、课程、考试等情况都关系到学校、教师、学生的切身利益，所以泰国高校在制定相关规定时都十分严苛，力图把握学校发展的科学方向，严格教师和学生的校内行为，以树立高校良好的形象品牌。同时，泰国高校也善于借助质量评估部门的专业力量，建立起了以校内质量评估体系为主的内部质量监控体系，并设立了相关的评估标准和评估内容，定期进行内部评估，使之成为一个定时定式的监督体系。为使高等教育的发展符合社会需求和经济发展需要，以持续培养高质量的毕业生，不断加强国际交流与合作，顺利成长为拥有一流大学的高等教育强国，泰国高校内部质量保障系统主要包括以下几方面的指标：教学环境、科学研究、教学服务、行政管理、经费支出、价值观念等。总之，泰国高等教育内部质量保障系统的良性运行，收到了良好的效果，为优秀人才的培养和教育目标的实现提供了坚实的内部保障。

2. 外部质量保障系统

内部质量保障系统主要依赖于高等院校内部的自觉性和主动性，高校自主制定评估体系和标准，完成校内评估工作，发布评估报告。而外部质量保障系统则在校园之外，以专业部门的第三方独立视角去评价高等院校的内部教育教学工作，相对而言更具有说服力和影响力，同时起到对高等教育机构的外部监督作用。为从外部科学地评估高校内部复杂的教育教学工作，泰国专门设立了国家教育标准与质量评估办公室，主要负责执行高等教育机构的外部质量保障工作，达到"以评促建、以评促改、以评促管、评建结合、重在建设"的目标。作为独立性的部门，它对高等院校的内部教育质量状况进行外部监督，是相对客观公正有效的。泰国高等教育机构必须在5年内至少接受一次外部评估，在评估期间，高等教育机构必须按部就班地准备好评估所需的相关材料，除了提交自我评价报告外，还需要提交学校各部门工作的记录、学生的课程管理方案和实施计划以及教学过程中必备的教案、试卷、平时作业等材料。外部质量保障系统和内部质量保障系统在评估的内容上相差不大，评估的标准也很相似。评估的内容重点为：教育的投入与产出、管理的实效性、毕业生的就业情况等。另外，外部质量保障系统还要将学校内部的质量保障系统作为评估内容之一，这样做的主要目的是衡量学校是否合理分类、科学定位，战略系统、目标是否清晰，指标是否完整、客观公正，是否虚心接受评估、态度积极，以及行为体现正常。泰国高校类型主要有教学与研究型大学、教学和社会发展型大学、教学与艺术文化型大学等，国家教育标准与质量评估办公室会根据学校的办学类型划分来制定符合各学校定位的评估体系和评估标准，从而尽力做到公平、正义、透明，凸显发展目的性，弘扬教育实效性，提高评估客观性。

（四）高等教育管理体制

泰国高等教育管理体制随着高等教育发展状况的不同而不断完善，2003 年，泰国颁布了《教育重组法案》，对高等教育管理机构进行整合和重组，成立了新的教育部。新的教育部主要包括秘书办公室、基础教育委员会、国家教育委员会、职业教育委员会等。新的教育部较之以往的国家教育主管机构而言具有更大的和综合的权力。新教育部主要针对泰国高等教育的整体情况进行管理和监控，包括制定所有类型、阶段和层次的教育决策和计划，决定教育经费的分配和使用，负责教育资源的开发利用和教学效果的监督与评估。在坚持学术自由和质量保障的前提下，新教育部中的高等教育委员会主要负责高等教育的发展规划和运行的实效监管。高等教育委员会负责监督和评价所有的高等教育机构，包括公立大学、私立大学、开放大学等。另外，高等教育委员会还负责制定中长期高等教育发展计划，完善、配套的发展方案、建议、政策、路线等，在以国立大学为主的教育格局中兼顾私立大学和开放大学的建设，提供公正平等的竞争机会。高等教育委员会也鼓励各高校针对学生的特点实行因材施教；改革教学方法，提升教学效果；鼓励教师从事科研活动，参加学术会议，开展教学学术研究，提高学术水平；加强国际的合作，增加师生互派互换，促进学生国际交流，拓宽学生国际视野，丰富学生跨国校园生活，提升学生跨文化交际的能力。

泰国高等教育管理机构主要是新教育部下设的高等教育委员会，由其全权负责高等教育发展工作，除此之外，高等教育国际化的发展主要依靠高校对国际化这一趋势的敏感度和执行力。在高等教育国际化浪潮汹涌来袭的时候，泰国高等教育机构都意识到了这一点，在教育教学全过程中都能深入贯彻高等教育委员会下达的指示，并且善于发现和总结本校的优势和不足，在国际化的过程中扬长避短。除了满足基本的教育教学需求和社会经济需求外，还能另辟国际化发展的蹊径，使高等教育的整体实力和国际核心竞争力得到大幅度提升，让泰国离高等教育国际化强国的梦想越来越近。

（五）高等教育学制和入学资格考试

泰国高等教育主要包括专科教育、本科教育和研究生教育三个层次，高等教育文凭则主要分为专科学位、学士学位、硕士学位和博士学位，这与中国高等教育学历文凭存在相似之处。专科院校定位是应用型、应用技能型或应用技术型院校，"双师型"教师为主，主要培养学生的职业技能，课程和专业的实用性较强，学生毕业后的工作定位也具有很强的技术性和应用性。本科教育主要由公立高校提供，部分私立院校也具有本科教育专业，一般来说要学习四年，但大文科、大理科和大工科领域的专业学习年限略有差异，比如经济、政治、哲学、法律、金融等大文科领域的专业，其他如医学、建筑、绘画等专业则需要5~6年的学习。研究生教育主要包括硕士和博士文凭的教育，这些教育相比学士学位的教育来说，更上一个台阶，更加注重学问的专业性和研究选题的深度，探究性学习上更加细化对一些专业领域的划分，学生数量也随之减少，学术导师和课程导师能够根据每个学生的学习特点制定特殊的学习计划，更加注重学生科研兴趣的培养和学术能力的提升，发掘学生在某个研究领域的潜力，促进其在学科领域内取得良好成就，为培养未来的科学家、工匠大师、其他领域专家奠定坚实基础。高等教育机构在入学时一般都会举行入学考试，一些开放大学如素可泰开放大学等，学生只要满足开放大学的招生条件即可入学。但一般的公立大学、私立大学在入学考试招生机制方面和开放大学等明显不同，开放大学具有更大的招生自主权，在学术管理、人事管理等方面更加自由。公立大学和私立大学基本都制定相关标准，学生必须具有从基础教育、初等教育到中等教育完整的求学经历，无特殊情况不能越级，每级升学一般都要通过国家规定的统一考试，并且还要满足其他相关条件，比如身体条件等，才可入学或升学。

二　泰国高等教育发展现状

泰国高等教育系统积累了多年的发展经验，形成了独具一格的泰式办学特色，无论是办学理念、教学设施、管理水平还是服务方式都取得了长足的进步，目前发展势头也较良好，初步赢得了国际社会的广泛关注和认可，当然，也不可避免地存在一些亟待解决的重大问题。

（一）公立大学是主体

泰国高等教育发展到今天，已经形成多元化、多层次、多类型的大学主体，包括研究型大学、地区型大学、教学研究型大学、应用技术型大学、开放大学等，而从经费来源及运作方式来分，主要分为公立大学和私立大学。研究型大学能够为经济社会发展提供关键科学技术创造和可行性对策，地区型大学能够促进当地经济社会的持续发展，教学研究型大学主要培养社会实用性人才，开放大学主要为了提升社会大众文化水平，为他们提供均等的受教育机会。从横向来看，不同类型的大学虽然发展战略目标不同，但是它们存在一个共同点，即在每一种类型中公立大学占多数，并且在教学质量上也要更胜一筹。这是泰国高等教育的发展现状之一，即以发展公立大学为主，因为公立大学的教学质量更稳定、贯彻国家教育政策法规更及时、培养的人才更符合社会所需。

1. 教学质量稳定

公立大学作为泰国高等教育的主体，发展历史悠久，在泰国高等教育系统中起着举足轻重的作用。在教学方面，公立大学具备传统稳定的教学理念，成熟完善的教学条件，优质高效的师资队伍，扎实浓郁的教风学风氛围和持续深入的教学学术研究。泰国很多大学学科领域比较健全，下设多种专业课程供学生选择修习，并且与时代和国际接轨，如开设国际伦理道德、法律规范、人文素养、科学技术、社会热点、语言习得等相关课程。公立大学持续推进教学改革和教学水平的提高，已成为泰国高等教育的主力军。在科研方面，公立大学也是学术研究的中坚力量。私立大学虽然也获得了快速发展，且二者招生总量相差不大，但是公立大学拥有 1205个专业，而私立大学只有 74 个专业。① 总体上，在泰国高等教育系统中公立大学发挥着主导作用，引领泰国高等教育国际化的发展方向，能够集中体现泰国高等教育的发展水平和核心竞争力。

2. 落实国家政策法规

泰国作为发展中国家，地区经济发展不平衡，占全国人口 1/3 的广大东北地区经济和社会发展依然落后，城乡贫富差距明显。为了缩小经济社会发展的区域性差距，泰国政府制定了相关的政策法规，努力使泰国经济社会发展由高度集中的模式转变为多样化和分散化发展模式，在教育领域努力推进区域高等教育均衡化和高等教育国际化，使其作为缓和经济和社会发展矛盾、打破地区发展不平衡局面的润滑剂。公立大学积极贯彻落实国家促进区域经济社会均衡发展的政策法规。公立大学在学校性质、经费来源、师资队伍、硬件设施、招生方式等各方面都利于国家政策法规的执行，而成为实施国家经济社会发展政策法规的首选和排头兵。

3. 人才培养符合社会需求

公立大学培养的人才大多是复合型人才，具有扎实的理论基础和一定的实践能力，基本能够胜任社会经济发展需求，是学术型和应用型人才培养的主阵地。公立大学持续培养农、教、工、文、管、理、医、法等领域的毕业生，为社会的长远进步和经济的持续发展培养各种类型、各种层次的人才。开放大学和私立大学主要开设一些实用性较强、技术性较强、技能性较强、操作性较强的专业，培养技术性、技能性、技职性人才。② 公立大学复合型人才的培养模式有利于持续培养政界、商界、学界等各领域的骨干型、中坚型、领军型和领袖型人才，促进全国各区域经济社会协调发展，奠定泰国高等教育的国际地位。公立大学、私立院校人才培养定位互补、公私兼顾、各有侧重，也为泰国高等教育国际化发展提供了有利条件。

---

① 张廷朝：《泰国发展高等教育的特色与不足》，《今日南国旬刊》2009 年第 6 期。
② 赵守辉：《泰国发展高等教育的经验》，《国际高等教育研究》2000 年第 5 期。

（二）私立大学异军突起

1969 年以前，泰国高等教育资源基本上被政府垄断，目的是培养国家需要的精英人才。1970 年泰国创办了第一批 6 所私立大学，1970~1976 年又相继建立了 5 所私立大学。早期私立学校的发展为泰国私立大学的迅速发展奠定了一定基础，政府根据私立高等教育不同发展阶段变换角色，即对私立大学逐渐由早期的限制、控制转为后期的引导、监督。20 世纪 80 年代私立大学迎来历史上的绽放春天，主要表现为大批私立学院经过批准升格为大学。① 20 世纪 90 年代至今，私立大学仍旧呈现朝气蓬勃的发展态势，政府也逐渐放宽私立大学的准入机制，甚至个人也可以办大学。政府的积极引导和政策优惠使得私立大学在短时间内异军突起，撑起了泰国高等教育的半壁江山。私立高等教育管理体制机制也逐渐成熟和完善起来，政府对私立大学在宏观管理层面逐渐放开，给予私立大学一定的独立处理问题的资格。微观层面，政府要求每所高校设立董事会，负责学校内部的事务管理和应急处置。为了保证私立高等教育的办学质量，泰国政府采取了建立第三方独立质量评估体系的办法，设立校外考试监察委员会，只有随机抽取的某一学科的质量评估结果达到国家标准后，才允许学校设立自己的考试管理系统。泰国一些私立高等学校已经与国际知名大学建立了校际联系，进行跨文化交流、师生互派、合作科研等，开启了私立高等教育发展的新时代。

（三）开放大学促进高等教育大众化

高等教育大众化水平是衡量一个国家发展软实力的集合性指标，既有助于提高全民的科学文化素质和道德修养，也有助于为国家的民主富强和社会经济的协调发展提供精神动力与智力支持。泰国政府很早就深刻认识到了高等教育的巨大作用，提出了高等教育大众化计划，力图为每一个在泰国求学者提供生而平等的受高等教育机会。高等教育大众化的培养目标不再是培养精英的社会人才，而是向社会各行各业输送合格的技能型和应

① 李罡：《泰国私立高等教育的现状、问题及对策》，《教师教育研究》1997 年第 1 期。

用型复合人才，能够胜任社会各界对合格人才的基本需求，这就是大众化背景下的高等教育多元质量观。泰国积极学习和借鉴英国的成熟经验，参考东南亚、南亚等国家的开放大学成功案例，比较本国与别国在办学理念、教学目标、组织结构、教学管理等方面的异同点，寻找差距、结合国情、扬长避短，从而顺利地促发了泰国开放大学的出现和兴起。泰国开放大学的发展和扩张有效地减少了文盲半文盲数量，提高了公民整体文化水平，成为高等教育国际化发展的新兴力量。泰国开放大学的成功不是偶然的，入学自由、教学方式灵活和学费低廉、弹性学制等是其取得良好效果的重要法宝。入学方式自由化，对学生的资质要求并不高，加之学费低廉、学制灵活，使得很多贫苦家庭的学生也能够顺利进入大学。对学生一视同仁、平等对待是开放大学的办学理念，不分年龄、民族、信仰、职业、性别等，只要符合条件就可入学。授课方式灵活，包括网络教学和实地讲授，不再拘泥于传统的固定教室上课模式，这给很多想学习却又没有大段集中时间的上班族提供了方便，而网络教学又为老少边穷地区想学习的孩子提供了机会，因此开放大学吸引了各个阶层、各个群体、各行各业的学生。[①] 此外，泰国政府对开放大学的大力支持，各行各业对开放大学学位、学历的认可，也成为人们提升学历、继续学习的动力。开放大学的成功运行，有效推进了泰国高等教育全民化、大众化的历史进程，补充了公立大学和私立大学招生规模有限、培养学生学制刚性等不足，是泰国高等教育国际化水平的重要体现。

第二节　泰国高等教育国际化发展历程

一　泰国高等教育国际化发展基础

高等教育国际化随着经济全球化的浪潮不断推进，高等教育在国内充分发展后慢慢向着国际化的趋势靠拢。对高等教育国际化的定义，目前尚无统一确定的定义，大体上分为动态和静态两种表现形式。动态上，高等

---

① 赵守辉：《泰国发展高等教育的经验》，《国际高等教育研究》2000 年第 5 期。

教育国际化是一种过程，并不是指高等教育发展的结果或者目的。高等教育国际化是把不同国家的高等教育的文化内涵、办学特色、教学方法等通过国际交流与合作使其相互融合、相互催化、相互反应的过程。而静态上的高等教育国际化更注重高等教育国际交流与合作的结果，即高等教育机构在教学、科研、社会服务等过程中完成的国际性的交流与合作行为，以及开展的与之相关的各种跨国（境）活动。总体来看，不管动态还是静态的定义，都能够表现出高等教育国际化的特点，能够呈现高等教育国际化的重要理念，即高等教育国际交流与合作。我国学者结合这两种观点也提出对高等教育国际化的看法，指出"高等教育要面向世界，以具体多样的高等教育国际交流与合作为载体，吸收、借鉴世界各国先进的高等教育办学理念和办学模式，从而达到提高人才培养质量、推动本国高等教育现代化进程、促进本国和世界经济发展、实现人类相互理解与尊重的目的"①。

在某种程度上，泰国高等教育国际化也是实现高等教育大众化的需要，随着经济全球化的深度发展，国与国之间的联系日趋紧密，竞争也日趋激烈。泰国政府认识到必须合理利用经济全球化趋势这把双刃剑，坚定走高等教育国际化、大众化之路。高等教育大众化在推进的过程中，要在服务体系上下功夫，即提供优等的高等教育服务。私立高等院校是泰国高等教育大众化的主力，高等教育国际化还要弥补私立高等教育发展的不足，即鼓励和支持私立大学的发展与"走出去"，为私立大学教育教学质量的进一步提升制定相关政策。高等教育国际化正是顺应大众化的趋势，在 WTO 的教育体制中教育服务贸易开放程度越来越大，各国积极参与各种国际性教育活动，这为高等教育的国际合作与交流开拓了更广阔的发展空间。泰国政府非常重视高等教育国际化发展战略，努力创造各种机会，提供各种资源扩大教师和学生的国际交往，比如泰国与其他国家进行交换学生和教职工等方式，政府提供专项资金支持教师和学生去其他国家学习交流，特别是借鉴西方发达国家的先进高等教育管理体制机制，与泰国的国情、习俗、文化和礼仪相结合，从而打造更加符合泰国实际的高等教育国际化模式。泰国政府制定并不断完善高等教育政策法规，为高等教育国

---

① 阮韶强：《泰国高等教育的国际化进程》，《东南亚纵横》2009 年第 12 期。

际化提供可循之章和法制保障，同时健全内外质量监督保障体系，为高等教育国际化的高水平发展提供品质维护。

二　泰国高等教育国际化发展历程

泰国高等教育的发展历史比较悠久，这和其相对发达的经济、政治、文化、社会等各方面的支持息息相关。由于泰国未受其他资本主义国家的殖民统治，教育的发展更加独立自主，更加具有泰国的民族文化特色。泰国高等教育的发展历史可以追溯到 19 世纪 90 年代，1889 年斯里拉医学院开始建立，之后陆续建立了更多的高等院校，比如国立政法大学、朱拉隆功大学。1949 年是泰国高等教育发展里程碑式的一年，取得了重大的突破，即加入联合国教科文组织，迈开了泰国高等教育国际化的重要一步。1959 年联合国在泰国创办了亚洲理工学院，这是国际社会对泰国高等教育发展的肯定，对泰国高等教育国际化的重大支持和鼓励。亚洲理工学院为泰国培养了大批经世致用的理工类人才，同时也为世界各国输送了很多优秀的高素质人才。20 世纪中后期，泰国经济发展大幅提速，人们对高等教育的需求也随之不断扩大。泰国政府意识到单凭公立大学已不能满足日益增长的高等教育需求，世界其他国家对泰国高等教育的青睐为泰国高等教育的跨越式发展提供了前所未有的历史机遇。在泰国需求与世界需求的双重促动下，泰国政府对高等教育进行了重大改革，先后颁布了《私立学院法》《私立大学法》等法案，促进了私立大学的异军突起，弥补了泰国公立高等教育资源的不足。私立大学的兴起和迅猛发展，与公立大学形成了并驾齐驱的双轮驱动格局，促进泰国高等教育突飞猛进地向前发展。私立大学的快速发展，已从公立大学的补充转变为国家高等教育的重要组成部分，不仅缓解了政府的压力，促进了泰国高等教育的改革发展，同时也同公立大学形成了相互竞争的对立统一关系，弥补公立大学的一些不足的同时也促使公立大学不得不应对竞争，为泰国高等教育的发展注入了新鲜血液，私立大学的"鲶鱼效应"使泰国高等教育系统的发展充满了活力。

与此同时，公立大学并未停止发展的脚步，在私立大学如雨后春笋般崛起的时候，公立大学更加注重提高自身的办学质量和核心竞争力，清迈大学、孔敬大学和宋卡亲王大学的建立，是国立大学引领高等教育发展趋势、主导高等教育国际化发展方向的重要标志。公立大学、私立大学以及一些开放大学的共同存在和稳步发展，协同促进高等教育水平步步高升，泰国高等教育国际化水平也不断上升。1995年泰国加入WTO，开始逐步走向世界，融入世界经济、政治一体化的进程。泰国高等教育体系也紧紧抓住此机会，逐渐融入高等教育国际化的发展大潮中，促进了高等教育国际化的飞速发展。20世纪90年代末，东南亚经济危机爆发，经济社会的发展前景在危机中浮浮沉沉很不明朗，也影响到了泰国高等教育国际化的发展。因此，泰国政府意识到，必须推行高等教育改革，使高等教育走上自主化基础上的国际化发展道路，使高等教育在经济发展的跌宕起伏中保持自己相对独立的发展态势，尽力降低其受金融危机影响和牵连的程度，从而保证高等教育国际化的顺利进行。因此，泰国政府通过了一揽子保护法案，确保高校具有相对独立的法人地位，允许其按照市场机制进行独立运作，在招生、教学、管理、评价、人事任免等方面都具有自主的决定权。从此，泰国高等教育的独立发展更加迅速，很快取得了质的飞跃，从原来的政府主导宏观调控型逐步转变为政府协助、院校主导型。泰国的高校在教育独立化改革的推动下，纷纷成立了自己的行政职能部门，负责独立地制定学校的招生计划、教学计划、管理方案、评估计划、人事任免方案等，保护法案给予了高校更多的自主权利，使高校有更多的时间和空间推动高等教育国际化的进程。历史车轮转到21世纪初，面对全球经济一体化带来的压力，泰国高等教育国际化的发展也时时刻刻保持创新发展的劲头，努力与国际接轨，与世界其他国家高校加强合作交流，并结合本国国情实行更加有效的高等教育国际化政策。2002年，泰国高等教育进一步实施改革，努力精简行政职能机构，将原来的三大管理机构诸多职能部门简化为教育部、大学事务部、教育委员会，减少了臃肿的管理部门，注重管理效率，提高管理质量。在高等教育国际化发展的历史进程中，各高校都不甘示弱，探索和扩展国际化发展的突破口。孔敬大学、朱拉隆功大学、易三仓大学等在高等教育国际化方面取得很好的成绩，并且享有高度的独立自主权，这是其他高校需要进一步学习和落实的。扩大高校的自主权，推进高校不折不扣实施国际化发展战略政策，不断结合经济社会发展不同阶段的需求，独立制定招生计划和学生管理模式，并根据学生的性格特点进行因材施教，同时加强国际交流与合作，深入学习发达国家的高等教育发展模式、管理方式、评估系统等，使泰国高等教育国际化更加具有国际吸引力和世界竞争力。目前，世界上有 26 个影响力巨大的地区性和国际性的组织总部设在泰国，为泰国高等教育发展提供了近水楼台先得月的先天优势，持续推动着泰国高等教育国际化的高速发展。

第三节　泰国高等教育国际化的核心内容

一　管理国际化

在管理方面，泰国高等教育国际化趋势更加明显。1999 年 7 月，泰国政府通过了一项教育法案，以法律形式保证高校的独立法人地位。因此，泰国高等学校的自主权力不断增加，在管理过程中高等学校自身具有自主招生、财政收支管理等方面的决断权利。另外，泰国高等教育体系善于借鉴发达国家的成熟管理模式，在招生就业、课程安排、师资培训等方面主动进行长期交流，进一步全面提高泰国高等教育国际化水平。[①]

不管是管理理念还是管理制度，泰国高等教育体都在主动贯彻国际化的思想理念。国家、社会、高校和个人在高等教育的教学实践中积极探索国际化改革发展的方向，从管理层面入手，只有把高等教育的管理理念纳入国际化范畴中，才能真正完成课程内容、教学方式、教学过程、管理服务等的国际化。泰国政府对自身的管理体制不断进行改革，改变了以往传统的独断集权的行政管理方式，提倡民主、自由、公正的管理价值取向，提高大学的独立自主权，如设定专门的大学委员会对大学的各项事务进行管理和决策。在管理方式上，更接近于自我管理和自我服务，打造泰国高等教育与国际接轨的平衡点。这也是泰国在学习英国、法国等高等教育强国的先进高等教育管理经验，并且充分结合泰国经济、政治、文化等各方面实际的基础上总结出来的最适合泰国高校的发展道路。

---

① 阮韶强：《泰国高等教育的国际化进程》，《东南亚纵横》2009 年第 12 期。

二 课程国际化

课程国际化是泰国高等教育国际化的一个重要特点和内容，成为关系泰国高等教育国际化质量最为直接的影响因素，是高等教育国际化的必然要求。由于经济全球化的发展，世界成为一个密不可分的整体，各国之间存在共同的利益，同样也面临共有的问题，比如环境污染、气候变暖、资源枯竭等，学生及教职工也不可避免地融入国际化的潮流中。高校人员流动性增强，课程国际化在这样的情势下就显得尤为重要。国际化课程主要为国外学生量身定制，并能结合留学生本国的文化传统、风俗习惯、语言文字等，大多采用英文授课。除了吸引本国及亚太地区留学生，泰国高等教育系统还面向全世界的学生开放，聚焦培养学生的国际视野和国际竞争力。泰国充分考虑到课程国际化的广泛延展，设计了多种实用性、专业性和国际性较强的课程体系，还有一些大学利用"互联网+"加强校际、校企间合作，促进相互间的学习和沟通，提高高等教育国际化的信息化程度。另外，一些大学积极借助"互联网+"向东南亚、南亚国家输送数字化网络课程，同时，泰国也通过"互联网+"的信息化渠道与其他发达国家交流，共享一些课程管理经验以及授课方法和教学内容，如澳大利亚就为泰国提供了很多大规模网络在线课程。① 课程国际化不仅在形式上与国际接轨，更重要的是内容的国际化。泰国高等学校设立的一些课程在国际上都是热门专业，很受外国留学生欢迎。泰国高校大多采用英文讲授的教学方式，能够为大多数学生接受。有些高校直接使用哈佛、耶鲁等名校的教材，既有面向本科生的，也有为研究生专门定制的国际课程，直接在高等教育对外开放中与国际一流大学互动。教学内容国际化使得一些公共理论知识或基础知识得到共享，提高了教师和学生对国际性问题的重视程度和认知水平，在丰富学生的理论知识的同时，促使学生聚焦国际热点问题，提高其分析国际问题和解决实践问题的综合能力。

---

① 詹春燕：《走向国际化的泰国高等教育》，《江苏高教》2008 年第 3 期。

三　教学手段信息化

第三次科技革命的兴起，互联网的飞速革新，大大加快了社会经济发展的速度，各方面呈现出突飞猛进的发展势头。信息时代已经悄然来临，信息技术方便快捷，充分利用教育信息化平台成为泰国高等教育国际化的不二选择。信息化的触角已经延伸到全球的每一个角落，泰国高等院校自然也不例外。泰国高校普遍采用互联网等信息技术加强国际合作与交流，诸如远程教学、在线课程探讨、网络开放理念分享等。大多数高校都建有自己的网络教学基地和网络教学研究中心，鼓励教师和学生自主研发和尝试更加灵活有效的信息化教学模式，不断增加一些能通过"互联网＋"传播的教学内容，使教师和学生之间进行无障碍交流，共同分享学习内容和学习经验，可持续促进泰国高等教育国际化水平的抬升。[1]

教学手段国际化是经济全球化以及信息化发展产生的一个必然结果。在信息时代，教学改革的方向也紧紧围绕"信息化"三字，只有提高高等教育的信息化水平，大力探索和普及"互联网＋"在高等教育中的全面应用，加速知识信息在虚拟空间的快速传播，才能为教师和学生的跨国界交流提供方便快捷的无障碍渠道，降低时间和经济成本，提高教学的实际效益。这就是信息化时代为高等教育国际化发展提供的一条可借鉴道路，即教学手段信息化是加速高等教育国际化的必经之路。信息化教学方式具有表达直观性、传播迅速性、互动智能化、教具电子化、内容数字化等特点，但是，对现代科技的高强度依赖也可能导致信息化教学方式的脆弱性，如停电或多媒体教学设备出现故障。因此，教学手段国际化在信息化优势加持的基础上，还应充分考虑信息化的劣势，并对教师的灵活控场、临场应变能力做出具体明确要求。如一些大学在多媒体教学的同时要求教师必须有一定比例的板书，或者采取公园、实验室、博物馆、突发事件现场等进行实践教学，有的还采用真实物体作为教具进行直观教学，这些都在一定程度上弥补了高等教育教学手段信息化的先天不足。除此之外，教

---

[1]　阮韶强：《泰国高等教育的国际化进程》，《东南亚纵横》2009年第12期。

学手段国际化还表现为教师队伍来源的国际化，因为不同国家的教师的教学方法会呈现出较大的个人差异性，也为教学手段国际化的改革提供了新鲜的素材和思路。

作为高校教学手段信息化的基础即硬件设施，泰国高等教育教学手段国际化就直接体现为教学设备的国际化，包括教室布局结构、多媒体设备、智能终端设备、图书馆、实验室和计算机网络等。这些也是衡量一个国家高等教育国际化水平的重要指标，泰国在这方面深度学习其近邻新加坡的先进教学手段。新加坡作为一个多元文化的移民国家，在东南亚、南亚地区发展水平较快，其对高等教育的重视程度也很高。新加坡国立大学占地面积很大，教学设备十分先进，教学环境清新怡人，图书馆藏书丰富，校园信息化程度极高。泰国高校借鉴了新加坡高校的很多优点，一般院校校园都很大，大都使用互联网作为师生交流、学习讨论、研究提升等的主要工具。[1] 这为高等教育教学信息化提供了丰富的教学资源和学术资源，通过提高教学手段的硬件和软件水平，推动高等教育国际化进程。

四　教育资源国际化

泰国高等教育不断地向西方发达国家"取经"，西方国家高校也经常到泰国"送宝"。泰国高校在行政体制上与法国相似，在院校层面上与英国相似，在组织架构上则与美国相似，因此泰国高等教育国际化分别融合了法国的行政管理体制、英国的大学制度文化和美国的决策过程方法，并且使这些教育理论和实践经验本土化、泰国化、民族化，结合泰国的高校结构和文化特色、政府的地位和作用、社会对人才培养的需求导向等，充分做到了教育资源国际共享、国际教育资源本土共享。教育资源国际化的形式主要有合作办学、远程教育、虚拟大学、海外分校等。其中，合作办学不仅能够及时学习其他国家先进的办学理念和教学经验，同时还能够将自己国家的办学特色通过合作办学的方式推向世界，从而获得更多的国际

---

① 李文长、王晓青、史朝、井美莹：《新加坡、泰国高等教育考察论要》，《外国教育研究》1998 年第 1 期。

关注，提高高等教育国际化程度。远程教育可以通过"互联网＋"对学生进行实时讲授、交流讨论，打破了教学应有的时空物理界限，提高了教育教学的时效性。虚拟大学主要是通过网络办学的方式，向一些社会群体或有共同学习意愿的学生提供相关专业的数字化课程套餐，提高高等教育资源的共享程度，提升全社会的整体文化水平和综合素质。海外分校则是针对一些知名度较高的高校，在国外建立分校或到本国建立分校，进一步提高自己的国际影响力。① 除引进优质的高等教育资源外，泰国政府十分重视本国的高等教育资源输出。泰国力争建设成为亚洲一流的高等教育系统，投入了很大的人力、物力、财力，为泰国高等教育国际化的发展提供了很多便利。泰国高等教育发展到今天，已经获得了国际社会的广泛关注和认可。很多海外学生慕名而来，增加了泰国高等学校在海外的招生数量，经济欠发达的越南、缅甸等国的富裕人家子弟也选择去泰国读大学。据不完全统计，泰国很多高校包括一些私立高校都在大力提升本国教育教学水平，千方百计提高其国际地位和综合声望，积极欢迎海外生源，中国也成为它们重视的招生对象，如易三仓大学等。泰国政府还专门成立面向中国的招生机构——泰中教育促进中心，中国公民可以通过此机构咨询前往泰国留学的相关事宜。泰国高等教育系统注重从"引进来"和"走出去"两个环节入手，一方面推动优质高等教育资源的引进，另一方面积极推动泰国教育资源的对外输出，双管齐下两手抓两手都很硬，使泰国高等教育的国际化水平在国际社会中逐渐被认可、接受。

　　泰国政府从多个层次、多个方面、多个角度制定高等教育发展战略规划，形成宽领域、多层次、全方位的时间和空间网络，构建泰国高等教育及其国际化发展的新思路。第一，改革行政管理体制，使高校变"被动"为"主动"，明确政府为高等教育的服务功能。第二，完善高校内部运行机制，不断提高高校自我管理、自我发展、自我服务的能力。第三，在扩大英语教学课时量的同时保证泰语教学课程的数量和质量，也就是在高等教育充分完成与国际社会的碰撞、结合时必须保有泰国本土的民族特色和传统文化。第四，大力发展私立高等学校，为高等教育国际化增加新的后

① 詹春燕：《走向国际化的泰国高等教育》，《国外高等教育》2008 年第 3 期。

备力量，呈现不同的高等教育特色。第五，创建开放大学，免试入学，宽进严出，扩大高等教育的覆盖面，丰富高等教育的类型，拓宽高等教育的层次，尽力提高高等教育国际化的质量。

第四节　泰国高等教育国际化的发展问题

一　高等教育国际竞争力不强

泰国高等教育的发展取得了良好的成绩，得到国际社会的一致认可和好评。在东盟国家中，泰国高等教育发展成就是名列前茅的，与周边国家相比较，也具有一定的竞争力。但是，从世界范围看，泰国高等教育仍然处于欠发达的水平。在东南亚、南亚区域，泰国高等教育水平还是被普遍承认和接受的，但与欧美高等教育发达国家相比较，泰国高等教育发展水平仍需进一步提高。"泰国的大学一直处于相对弱势，它们没有参与过许多国际高层次的比较研究、基准评估或合作"。[1] 2015 年亚洲百名大学排行榜中，泰国仅有两所大学进入前 100 名，并且都处在较为靠后的名次，泰国国王科技大学名列第 55 名，玛希隆大学排在第 91 名。而相比较其他国家，中国有 21 所大学入围，日本入围 17 所。泰国高校在 2016 年全球排名中也没有明显改善。综合比较，泰国高校在东南亚、南亚地区具有一定影响力，但是发展水平仍不足以代表亚洲最高水平，相比日本、新加坡等国的高等教育发展水平，仍存在很大发展空间。

二　区域分布不均衡

泰国高等教育的发展速度相对较快，但是在区域分布上存在不均衡的情况。20 世纪 60 年代，泰国政府认识到高等教育资源区域分布不均，需要采取积极措施使高等教育资源在地区分布上实现均衡。当然，泰国高等

---

① 〔美〕菲利普·G. 阿特巴赫、〔日〕马越彻主编《亚洲的大学：历史与未来》，邓红风主译，中国海洋大学出版社，2006，第 148 页。

教育资源分布相对不均，和各地的地理条件、地貌特征、城乡二元化体制、资源禀赋等有一定的关系。泰国在地理上将全国分为中部、南部、东部、北部和东北部5个区域，有76个府，府下设县、区、村，曼谷是唯一的府级直辖市。在泰国的地理版图上，高校主要集中在首都曼谷，历史因素和政府因素形成了发展不均衡的高校分布格局，这很不利于泰国高等教育整体水平的提高，阻碍了泰国高等教育资源的协同共享。泰国政府逐步认识到高校分布不均产生的危害，开始在其他地方相继建立大学等高等教育机构。最为明显的是，泰国北部农业较为发达，人口也不少，却没有一所大学，使当地的学生很难享受到优质的高等教育资源。经过各方努力，泰国政府在1964年设立清迈大学，经过多年的发展，清迈大学的办学情况已经持续稳定，开始为北部农业的发展提供科学技术支持和人力资源支撑，不断促进农业农民农村的发展。

如上所述，20世纪60年代，泰国认识到高等教育资源区域分布失衡状况后，就开始致力于使高等教育资源实现区域分布均衡化，尽力保证每个府至少有一所高校（泰国全国共有76个府，府的人口及面积大致相当我国的县）。1960年前，泰国只有首都曼谷有大学，直到20世纪90年代初，外府也只有4所大学。目前，泰国高等教育机构的分布情况如图6-1所示，在全国165个高等教育机构中，曼谷48个、中部区域31个、北部区域24个、东北部区域32个、南部区域22个、东部区域8个。虽然各个府均有了自己的高校，曼谷市拥有的高等教育垄断地位也被打破了，但府属高校规模小、发展相对落后。实力雄厚且具有影响力的著名高校还是集中在曼谷和环曼谷的经济发达城市。

三　高等教育学科与专业分布失衡

综观泰国高等教育的专业分布情况，大多数留学生都会选择商务管理、市场营销、泰语、商务英语等热门专业，而且这些专业在泰国高校中都具有较高水准。这些学科和专业实力较强，大多数学科和专业的质量和标准都较高，基本获得了国际认证，师资队伍建设力度较大，深受留学生的青睐。长期以来，泰国的经济、法律、管理等人文社科类专业建设水平

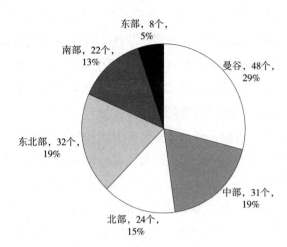

图 6 - 1　泰国高等教育机构分布

资料来源：Commission on Higher Education，Thailand。

都较高，工商管理、商务管理、市场营销、泰语、商务英语等专业的教学水平也获得国际社会认可，而其他理工科的专业在泰国高等教育体系中处于相对劣势地位。近年来，泰国培养了大批博士，但是主要集中在以上人文社科领域，理工科等基础性的学科缺乏优质的高精尖人才。这种情况与泰国的发展历史和政府政策是分不开的。泰国高等教育自产生以来，就具有轻理重文的特点，大多数高等教育机构将自己定位在为政府和社会培养高等优质的公务人员与管理人员，为此，高校更加注重学生管理能力的增强，而往往忽略了学生基本理论素养的养成。泰国政府也逐步认识到人才培养中存在的这一重大问题，开始要求高校加强对自然科学的基础研究。然而，由于市场导向、政府政策的倾斜、经费的限制、历史传统难以突破等原因，各高等教育机构在面临转型的路途中发展并不顺利，对高职教育的发展和应用型技术的推广短时间内很难看到收益。这成为泰国高等教育综合实力提升的一个瓶颈，也是泰国高等教育国际化需要克服的重要障碍之一。

四　外向辐射仍有局限

泰国高等教育吸引了很多留学生，以清迈大学为例，2013 年共招生

1130人，覆盖全世界36个国家，2016年招生亦成倍增长。近几年，泰国留学生的人数不断增长，可选择的高等学校也越来越多，为泰国高等教育国际化发展提供了重要契机。泰国留学生最多的是来自中国，其次是老挝、缅甸、越南等东南亚国家，还有如孟加拉国等南亚国家，由此可见，泰国高等教育国际化的影响范围有限，仅仅局限于东南亚、南亚国家，泰国留学生教育的范围和对象与发达国家相比存在很大差距。欧美国家来泰国学习的留学生主要是短期交换生和部分语言生，很少有长期在泰国留学的学历生。这足以表明，泰国高等教育的外向辐射仍有局限，需要进一步提升本国高等教育的发展质量和核心竞争力，除了吸引东南亚、南亚国家的学生来泰学习，更要面向发达国家"走出去"办学，争取获得发达国家学生的认可，这才是泰国高等教育发展的终极目标，也是衡量泰国高等教育国际化水平的重要标志。

泰国政府正在逐渐完善本国高等教育的辐射体系，加强本国高等教育的对外合作与交流，主动学习西方发达国家高等教育国际化的先进办学运行模式、管理服务方式、招生入学机制、课程考试方法、质量评估体系等，利用国际游学、短期访学、学生互换等形式学习先进的高等教育管理经验和办学要领，学习一流的教学方法和传播方式，学习开放兼容的校园文化传统，融合其他国家的优质教学资源开发技术和课程编制方法，结合本国国情和高等教育的发展现状，建设一流本科教育、一流学科和一流大学，进一步推动高等教育内部改革与外部提升，促进高等教育国际化水平再上新台阶。

第五节　泰国高等教育国际化发展的主要举措

高等教育国际化是指高等教育要面向世界"走出去""引进来"，学习、吸收和借鉴发达国家的教育理念和培养模式，通过反哺来推动本国高等教育质量的逐步提高，高校通过培养人才和研发科技来促进本国经济的发展和社会的进步，从而促进世界范围内教育水平的持续提高，维持全球经济和社会的和谐发展，促进人类社会的进步。高等教育国际化有助于全球理解并促进国际共识，对人类社会的长远发展具有重要的推动作用。从本质上看，高等教育国际化提倡合作、共享，反对故步自封的保守式教育模式，在各国高等教育体系的相互交流与相互合作中取长补短，从而促进世界整体教育质量的提高，促进人类社会向着更真更善更美的方向迈进。推进高等教育国际化，这是事关人类社会命运的"千年大计"，也是具有重大现实意义的积极行动，泰国积极顺应世界高等教育发展潮流，想方设法将泰国民族文化推向世界，同时吸收世界先进文化为泰国高等教育注入发展活力。

一　完善高等教育政策法规

（一）改革教育领导机构

泰国高等教育以公立大学为主，私立大学为辅，同时设有职业院校和开放大学等高等教育机构，不同类型的高校教育目标以及人才培养模式也不尽相同，多样化的高等教育格局使得各高校可以各司其职、各得其所。但是，这种分散化的高等教育结构也带来了管理上的混乱，因此，泰国高等教育国际化首先应该在某种形式上实现教育领导机构统一化，这样在处理具体事务中能够及时传达国家相关政策法规，形成强大的教育合力，更有效地提升国家整体高等教育水平。

2002 年，泰国进行机构改革，也涉及高等教育领域。曾经的大学事务部和全国教育委员会不再独立进行大学事务的行政管理，而是统一接受教育部的领导。教育部负责统一管理和协调泰国的教育工作，高等教育领导机构也逐渐简化，教育部和大学事务部的职能分工进一步明确，互相协调，互不干涉，有利于泰国高等教育的和谐发展。①

（二）提高教育教学质量

为了促使泰国高校与国际社会接轨，加强高校软硬件建设，提高教育教学质量，增强核心竞争力是推进高等教育国际化进一步发展的必然选

---

① 刘莉芳、洪成文：《泰国高等教育的"入世"战略对策》，《比较教育研究》2005 年第 9 期。

择。大学事务部对高校的各项事务进行明确的划分，各个环节进行有效的监督，并制定了一系列发展计划。泰国教育发展计划中不乏针对提升高等教育教学质量而制定的相关举措。可见，提高教学质量是泰国高等教育国际化发展的当务之急，加强有效的内部监控和外部监管是十分必要的。泰国高等教育质量保障系统中便包含了对教学工作的内外监督体制机制，不管是校内监控还是外部职能部门的监管，都推动着泰国高等教育质量的提升。泰国政府和高校不断加速教育理念和教育目标的革新，推动高等教育教学方法和教学设备的改进，提升泰国高等教育国际化的竞争力。当前，泰国各高等教育机构本着质量第一的原则，在招生、管理、教学、评价等各个环节中深入实际，特别是结合国情、校情，注重校风、学风建设，找出适合本校发展的重要道路，推动高校整体教学质量的持续提高，为高等教育国际化创造良好的内部条件和外部基础。

（三）推进大学自治化

泰国初期高等教育实行高度集中的管理模式，教育管理体制僵化，条块分割，协调困难。在专业设置、招生制度、课程设置、职称评定、行政人员职务任免、录取标准等各方面严格统一量化，置于大学事务部统一的控制之下。在这种整齐划一的管理模式下，高等教育发展势必会出现管理僵化、缺乏创新、丧失发展活力的局面。因此，必须推进大学自主化，在一定范围内由大学事务部集中统一管理，其他专业领域大学拥有独立自主办学的权利，比如专业设置、招生取向、工资构成、录取分数等可以在符合大学事务部统一制定的法规政策基础上，授予大学适度弹性和灵活自由度，进行合理创新，因地因时制宜。

1999 年 7 月泰国国会通过了《教育法》，赋予了泰国高等院校以独立的法人地位和办学自主权，并且允许部分高校按市场机制运作。这是泰国高等教育国际化发展迈出的重要一步，泰国高校具有独立决定招生、教学、管理、财务、评估等方面的决定权，较少受限于政府的规定和制约，拉开了高等教育国际化的序幕。另外，获得办学自主权后的大学在功能上更加多元化，定位更加明确，发展更为自由，战略更加清晰。大多数高校除了对一定的教职员工给予固定编制外，还使用合同制的方式增加教职工的危机感和竞争意识，教职工的绩效工资与其能力和工作的成果直接相关，从而提高教职工的工作热情、认真态度和发展潜力。合同制为高等教育机构节约了成本，又增加了收入，促进高校收支平衡，使得高校在制定管理方案和决策时不再受经费的困扰。这对公立大学无疑是一项巨大的挑战。高校实施自主办学和教师评聘制对于大学来讲也是符合市场价值规律的，而且这有助于督促其提高教学质量，增强核心竞争力，使其在全球高等学校中立于不败之地。[①] 公立大学在发展过程中也逐步运行独立自主的办学模式，以自身高效优质的教学资源和教学环境，吸纳更多的留学生生源和世界高水平大学的广泛关注，很快就在高等教育国际化的发展道路上后来居上。

二 推进管理国际化

泰国高校普遍采用欧美国家教育体系，在课程设置、教学模式、教材选用、学分制度、学位资格等方面都与国际教育体制基本保持一致。自2014 年起，泰国高等院校的学期开学时间调整至 8 月或 9 月，与国际高校的学年学期制基本保持一致。泰国高校统一要求本科生每学期修满至少 9个学分，最多 22 个学分，研究生每学期 9 ~ 15 个学分，最多 20 个学分。这样做可以给予学生极大的学习自由空间，提高学生的学习积极性，同时也限制学生学习过度。博士课程的申请者需满足拥有至少 72 个学分的学士学位或者 48 个学分的硕士学位，这与国际标准是一致的。泰国高等教育机构，不管是公立大学还是私立大学，在管理上都努力遵循统一的国际标准，这为高等教育国际化的进一步发展打下了坚实基础。

易三仓大学在泰国高等教育机构中被公认为是优等的学府，该校最早采用全英文教学，努力与世界教育水平接轨。易三仓大学的教师大部分留学于欧美国家，在语言以及思维方式上都具有欧美文化特色，对学生具有一定的影响力和吸引力。该校采用完全学分制计分方法，以修满学分和完成毕业论文为毕业的条件，因此该校的毕业证书和文凭得到世界各国承

---

① 黄茜：《泰国高等教育国际化策略探析》，《出国与就业》2010 年第 6 期。

认。这是泰国高等教育国际化走出的重要一步，即在课程设置、教学方法、学分制度、学位资格等各方面都采取统一的国际标准，以此赢得国际社会、世界高校的认可，获得向外国高校学习和发展的良机。在泰国留学的费用相比欧美国家更为低廉，同样的受教育内容和水平，东南亚、南亚一些国家的学生在权衡之后更加倾向到泰国留学，这也是泰国高等教育需要继续保持和发扬的比较优势。

三　增加师生的国际交流

为提升高等教育国际化水平，增强高等教育国际化竞争力，学习先进的国外教学和管理知识，泰国积极开展高校教师和管理人员的国际交流，政府拿出专项拨款支持教师参加国外交流项目。泰国高校始终认为人员国际交流对学生和教师的发展十分关键，有助于扩大他们的国际视野和认知水平，而这种国际视野和认知水平的提高则关乎他们是否能被同行和世界各地的机构认同或尽快认同，因此泰国政府积极鼓励高等院校与国外机构进行交流与合作，如派出留学生和研修人员等去国外高校特别是国外合作高校。泰国高等教育在经历多年的积淀和发展之后，为本国经济社会的发展培养了大批人才，他们毕业后被分流到各种工作岗位上，另外，高校还为经济社会发展提供科学技术支撑，因此，国家继续对高等教育增加经费投入，为教职工增加出国培训或者访学机会，提供更多的交流平台，进一步提高教师的国际化教学水平和专业素养。另外，泰国高等院校注重对学生能力的综合培养，除了让学生学习专业知识，还注意提升学生的身体、心理和情绪素质，帮助学生形成良好的世界观、人生观、价值观。为此，高校会增设相关课程或者专业，为他们提供更多出国访学的机会，以及与其他国家的学生进行学业和生活的交流，让学生有机会去其他国家感受不同的教育方式和文化传统乃至风土人情，拓宽学生的国际视野，加深他们对所学知识应用性的理解和运用，使之成为具有多元化发展能力的复合型人才。

留学生规模是衡量高等教育国际化水平的重要指标之一，泰国在扩大留学生规模方面做了很多有益的探索。最为突出的一个方面即是利用泰国的区位地理优势，尽力满足东南亚、南亚国家留学生的基本需求。泰国留学生主要覆盖大湄公河流域，包括老挝、越南、柬埔寨等国。另外，泰国还依据本国的经济发展特色吸引东南亚、南亚其他国家的留学生，泰国在东南亚、南亚地区经济发展水平相对较高，对周边欠发达国家能起到榜样和示范的作用，因此在高等教育国际化方面具有一定的话语权，这也是泰国高等教育国际化具有相对竞争力和吸引力的重要原因。

四 推动课程国际化

泰国公立及私立高等院校广泛开设包括本科及研究生阶段在内的多样化课程，并邀请海内外知名的专家学者给学生举办讲座，使学生拥有更好的知识结构和更开阔的国际视野。随着泰国本地学生和外国留学生人数的持续增长，泰国高校每年开设的国际化课程种类在不断增加。2012 年泰国公立及私立高等院校中，开设了 1017 门包括本科及研究生阶段的国际化课程，这些课程均以英文作为授课语言。[①] 2016 年，泰国公私立院校开设的国际化课程相比 2012 年有了大幅度增长。

泰国高等教育国际化的重要内容即课程国际化，在课程内容和课程形式上努力保持与世界发达国家相一致的课程方案，特别是设置一些关乎世界整体发展和人类共同关注的话题的课程，诸如气候变暖、环境恶化、经济发展、文化冲突与融合、人类起源与发展、转基因食品有害与否等相关内容。这些课程内容关系到全人类的生存与发展，关系到人类社会的倒退与进步，关系到世界各国共同面对的挑战和风险，因此国际化课程的设置是推动高等教育国际化、增进全球理解的重要举措。这些国际化课程跨越种族、跨越国别、跨越时空，使各国学生特别是东南亚、南亚学生都会感兴趣。另外，泰国高校在授课形式上也不拘一格，不仅仅局限于实体空间如课堂教学，更可以利用虚拟网络建立虚拟教师空间，通过网络教学的方式使各国学生都有机会学习到相关课程。学习成效的考核也可以通过网络

---

① 资料来源：http://www.thaiembassy.org/xian/contents/files/news – 20150923 – 13558 – 548418.pdf（2016 年 9 月 20 日）。

考试和现场问答等形式实现，这大大缩短了现场教学所占用的时间，通过灵活教学空间和范围，进而提高高校教学实效性和时效性。

五 开展国际学术交流和合作研究

泰国高校特别强调国际化合作与研究，积极鼓励各高校结合国情与世界各国高校建立广泛的校际联系，签订全方位多领域战略合作协议，开展师生交换和学分学历学位互认。广泛深入的国际合作与交流不仅增强了泰国高校的研究实力，也扩大了其国际知名度，形成了不断发展的良性循环。以朱拉隆功大学为例，它与世界上70多所高校签订了合作条约，附属的各个学院也与很多大学签订了交流协议，已在泰国形成了一个国际合作联合网络，先进的网络教学体系和国际学术交流体系已经逐步形成，这无疑是泰国高等教育国际化取得的巨大进步。美国、德国等一些发达国家的知名教授也会通过网络进行在线课程讲授，或者是开展关于热点话题的网络课堂知识讲座，为泰国学生提供方便快捷的在线知识学习平台。此外，玛希隆大学也和世界上30多个国家的高校建立了友好合作的校际关系，并且得到一些国际性机构的支持和帮助，使其教学成果和科研成就得到世界范围内的认可，成为高等教育国际化强校。泰国高等教育在开展国际学术交流和合作方面取得了丰富的成果，积累了相当深厚的理论思考成果和实践经验凝结，在推动泰国高等教育国际化发展的道路上积累了更多经验，推动了泰国高等教育国际化的深化和升华。

他山之石，可以攻玉。泰国高等教育国际化的发展欣欣向荣，逐渐得到国际社会的广泛认可和好评，也吸引了越来越多的东南亚、南亚国家的学生前往泰国学习。这是泰国发展高等教育取得的良好效果，但不可避免的是，泰国高等教育国际化进程中也暴露出一些问题，只有客观地分析和对待这些问题，用发展的眼光和改革的手段去解决制约泰国高等教育国际化的"瓶颈"，诸如高等教育地区分布不均衡、教学质量参差不齐、就业渠道狭窄、创业毕业生较少等问题。泰国高等教育应该继续秉持"引进来""走出去"的发展策略，积极参与国际交流与合作，积极引进优质教育资源，提高自身教学质量，同时努力输出本国教育资源，形成独具一格的泰式高等教育国际化之路。泰国高等教育国际化的发展也为我国高校的教育教学改革提供了可参考的样本，具有积极的借鉴意义。中国高校应以更开放的观念、更广阔的视野、更包容的心态、更具有中国特色的方式推动高等教育国际化的发展，提升高等教育整体竞争力，培养面向世界、面向现代化、面向未来的符合经济发展和社会进步、市场需求的创新型和（或）应用型人才。

第七章

马来西亚高等教育国际化发展分析

"一带一路"倡议是中国与沿线国家（地区）协同打造"人类命运共同体"的重要工程，也是破解世界经济结构性发展困局的中国方案和中国智慧的重大框架。马来西亚是中国"一带一路"重大倡议的重要伙伴和"21世纪海上丝绸之路"的关键枢纽，也是中西方文化交融汇聚的重要通道，其高等教育在实现国家高等教育大众化、普及化、国际化和国家经济社会现代化方面做出了巨大贡献。分析马来西亚高等教育国际化的进程、要素、举措和经验，有助于为我国高等教育系统加速"东学西渐"进程、建设一流高等教育体系和"双一流"大学、更好地服务高等教育强国的"中国梦"提供参考借鉴。

21世纪是中国世纪、中国时代。2013年9月到10月，国家主席习近平同志先后在出访中亚和东南亚国家期间首次提出与相关经济体共建"丝绸之路经济带"（Silk Road Economic Belt，SREB）和"21世纪海上丝绸之路"（21st Century Ocean Silk Road）（以下简称"一带一路"）的伟大倡议，该倡议以实现"五通"（政策沟通、设施联通、贸易畅通、资金融通、民心相通）为目标，"中国时刻"的"习旋风"闪耀欧亚。随后，国务院总理李克强同志在2013年中国－东盟博览会上提出加快"一带一路"建设，推动沿线各国经济繁荣与区域经济合作，打造人类命运共同体。此后，社会各界纷纷就推进"一带一路"倡议的重要议题积极研讨、建言献策、凝聚共识、汇集智慧。为了推进"一带一路"建设，中国在国内成立了推进"一带一路"建设工作领导小组，与"丝绸之路"沿线国家开展了密切协商。2015 年 3 月 28 日，国家发改委、外交部、商务部联合颁布《推动共建丝绸之路经济带和 21 世纪海上丝绸之路的愿景与行动》（以下简称《愿景与行动》），"一带一路"倡议的"中国方案""中国构想""中国智慧""中国主张"有了具体目标和路线指南，进入全球实质性运行阶段，教育全面对外开放成为"一带一路"倡议的桥梁和纽带。2016 年 11 月 17 日，第 71 届联合国大会协商一致通过第 A/71/9 号决议，呼吁各国推进"一带一路"倡议。全面对外开放是中国新三十年可持续发展实现"中国梦"的国家战略，高等教育国际化是 21 世纪世界高等教育的复兴潮流，从东方的鲁国孔子"周游列国讲学"或西方意大利萨莱诺大学/博洛尼亚大学"四方朝学"算起，已拥有数千年的历史传统，可谓"周虽旧邦其命维新"。马来西亚是东南亚"海洋国家"之一，是东南亚国家联盟（Association of Southeast Asian Nations，ASEAN，1961 年在曼谷成立）三大创始成员国之一，也是中国借助"一带一路"倡议打造"全球命运共同体"的真朋友和战略伙伴之一。①"二战"之后，特别是 20 世纪 70 年代以来，马哈蒂尔政府出台了新经济政策，力图维护马族、华族等在教育上的"固打制"（quota 音译，意为定额），而在招生政策方面，政府对非土著子弟严格实施按考分高低划分的 ROSS 录取制（Ranking Order System Selection，按分录取制），但被迫出国留学的华族、印度族学生数逐年增多，留学生规模日趋庞大和后来席卷东南亚、南亚的金融危机迫使政府必须改革高等教育系统。马来西亚高等教育的春天在经济危机的冬天后随之到来，拉开了高等教育国际化大幕，高等教育实力和国际化水平不断提升，特别是 20 世纪 90 年代以来，马来西亚政府采取大力发展私立高等教育、引进海外高水平大学到本国设立分校（如厦门大学马来西亚分校）等成功做法，使得马来西亚高等教育国际化特色日显、个性鲜明且模式多样化。我国学界于 1986 年开始关注马来西亚高等教育及其国际化的发展情况，在 67 篇学术论文（2016 年 12 月 30 日 CNKI 检索）中有部分研究涉及马来西亚高等教育国际化和私立高等教育系统，但基本无人关注在中国"一带一路"倡议和公私

---

① 刘彤、林昊：《专访：中国是马来西亚的真朋友和战略伙伴——访马来西亚总理纳吉布》，http：//news. xinhuanet. com/world/2016－10/30/c_ 1119815332. htm（2016 年 10 月 30 日）。

立院校"二分天下"双重背景下其高等教育国际化问题，因此，系统分析在"一带一路"背景下马来西亚高等教育国际化的历史进程，科学概括马来西亚高等教育国际化的要素和举措，最后从马来西亚经验中归纳可资高等教育后发达国家（地区）推动高校国际化进程的参考，颇具挑战性意义与借鉴性价值。

第一节　马来西亚高等教育国际化历史进程

马来西亚联邦（Federation of Malaysia，前身是马来亚）通称马来西亚（Malaysia），简称大马。马来西亚被中国南海（South China Sea）分为两个部分：位于马来半岛的西马来西亚，北接泰国，南部隔着柔佛海峡（Straits of Johor），以新柔长堤和第二通道连接新加坡；东马来西亚，位于婆罗洲（加里曼丹岛）的北部，南接印度尼西亚，文莱国夹在沙巴州和沙捞越州之间。1957 年 8 月 31 日，联盟主席东姑阿都拉曼宣布马来亚独立。1963 年，马来亚同新加坡、沙巴及沙捞越组成了马来西亚联邦。1965 年 8 月，新加坡退出马来西亚联邦。首都为吉隆坡，联邦政府则位于布城。20 世纪六七十年代，马来西亚国家的变动拉开了高等教育及其国际化的萌芽和初步发展。马来西亚是东南亚国家联盟的创始会员国之一，环印度洋区域合作联盟、亚洲太平洋经济合作组织、英联邦、不结盟运动和伊斯兰会议组织等的成员国。马来西亚是一个多民族、多元文化的开放型、国际化国家。马来西亚面积约有 33 万平方公里，人口约 3033 万（2015 年），经济以工业、农业及旅游业为主，第三产业相对发达。马来西亚高等教育系统在体制结构上由两块组成：（1）公立高等教育体系，主要由国立大学、国立学院、国立高等学院或研究所组成，核心性质是由政府出资或资助，具体包括四个部门：学院教育（政府公立学院、教师培训学院）；职业技术教育（公立职业技术学院）；大学教育（国立大学及国立大学院）；其他形式的公立高等教育。① 目前，马来西亚比较著名的公立院校有马来亚大

① 张宝昆、伊继东、封海清：《东盟高等教育多样化研究》，云南人民出版社，2010，第 203～206 页。

学（Universiti Malaya – UM）、马来西亚国立大学（Universiti Kebangsaan Malaysia – UKM）、马来西亚博特拉大学（Universiti Putra Malaysia – UPM）、马来西亚理科大学（Universiti Sains Malaysia – USM）、马来西亚理工大学（Universiti Teknologi Malaysia – UTM）、马来西亚北方大学（Universiti Utara Malaysia – UUM）、马来西亚沙巴大学（Universiti Malaysia Sabah – UMS）等；（2）私立高等教育体系，主要由私立大学、私立学院、外国大学分校组成，核心性质是由私人或非政府组织出资。经过数十年的曲折发展，马来西亚私立院校类型日益多样化，主要包括五类：公用设施企业的工科大学、工艺大学或是州立大学，医科大学，虚拟大学，外国大学分校。马来西亚在扩大高等教育规模、提升高等教育质量、推动高等教育国际化、办人民满意的高等教育等方面探索了高等教育后发达国家（地区）的新形式、新道路，即根据国家发展战略需要大力引进外国高水平大学设立分校或优质高等教育资源。

为了应对全球化、知识经济的新常态并治愈金融危机带来的各种创伤，在20世纪90年代，马来西亚制定了实现全面工业化目标的国家中长期发展规划——"马来西亚展望2020年"（Malaysia's Vision 2020），计划经过20余年的共同奋斗，将马来西亚建设成为东南亚、南亚领先的工业化国家，成为世界中等发达国家。为了完成这个远景计划，经济社会将是发展的基础，教育科技将是发展的动力，特别是需要众多受过高等教育的合格国民。在高等教育发展战略上，提出努力建设区域优质高等教育中心的计划，力争使马来西亚由留学生的主要母国变成留学生的地主国，输出马来西亚的高等教育资源，这为马来西亚高等教育及其国际化进入快速发展阶段打开了政策方便之门。为实现这一宏伟目标，从20世纪90年代开始，马来西亚重点支持高等教育发展，并很快放开了私立高等教育市场，取消了对私立高等教育的很多政策限制。根据《第八个马来西亚计划（2001—2005年）》（the Eight Malaysia Plan），教育和培训的财政预算总计达60亿美元，其中有40%投入高等教育发展领域。总之，受1998年亚洲金融危机的连带冲击，马来西亚政府难以支撑庞大的公立高等教育体系，持续进行高等教育改革，不断放宽对私立高等教育定额限制，私立高等教育得以快速发展，推动了高等教育体系进化。结果，在马来西亚第二家园计划

（Malaysia My Second Home Programme，MM2H）的刺激下，高等教育容量大为扩充，为马来西亚吸引大量外国留学生提供了基础和可能性，高等教育国际化工作也取得了重大进展。2015 年 5 月 21 日，马来西亚总理纳吉布在国会下议院提交《第十一个马来西亚计划（2016—2020 年）》，宣称该计划是马来西亚历史上一个重大的里程碑，其中，汝来大学城占地上万公顷，计划重点发展跨境高等教育，同时，拟投入近百亿令吉（Ringgit Malaysia，由中央银行 Bank Negara 发行）预算发展教育培训事业。另外，马来西亚政府承诺继续支持并全面配合厦门大学与新阳光集团达成的合作协议，在雪兰莪州兴建厦门大学马来西亚分校，2016 年正式招收首批学生。至此，马来西亚形成公立教育与私立教育并存格局，公立大学一般不招收外国自费留学生，由于马来西亚招收国际学生的多是私立院校（包括各种学历层次的技术学校、专科院校、综合性院校），各类型、多层次、国际化高等院校多达 500 所，其中约有 200 余所能够招收国际学生，而获得中国教育部认可的高校为 80 多所（见表 7 - 1），其中，私立高等院校 34 所，几乎占据半壁江山，马来西亚整体进入高水平的高等教育国际化新阶段。

表 7 - 1　马来西亚院校情况计量（中国教育部认可，未清洗数据）

类型	公立大学 Public Universities	私立大学 Private Universities	大学院 University Colleges	其他学位授予机构 Other Degree Granting Institutions	国外大学大马分校 Foreign Universities Malaysia Campus
数量	20 所	34 所	20 所	2 所	5 所

数据来源：根据《中华人民共和国政府和马来西亚政府关于相互承认高等教育学历和学位的协定》（http：//www.moe.edu.cn/publicfiles/business/htmlfiles/moe/moe _ 857/201301/146812.html）、马来西亚教育部（http：//www.moe.gov.my/index.php/en/）等整理统计。

第二节　马来西亚高等教育国际化要素举措

马来西亚高等教育系统虽然属于后发外生型，但在东南亚、南亚国家中却独树一帜甚至后来居上，其高等教育发展、高等教育国际化水平、影响力和竞争力等仅次于新加坡，其成功的重要因素是将发达国家高等教育国际化的成功经验与本国国情相结合，采取了诸多有效举措，发展高等教育国际化各要素，形成了"公私并行交叉协同"的高等教育新结构。

一 双联学位项目的创设

为了拓展马来西亚大学生的国际视野，引进国外优质高等教育资源，发展壮大本国高等教育系统，培育更多高素质国际化人才，马来西亚政府于 20 世纪 80 年代开始在私立院校推行"双联学位项目"（Twining Degree Programme，TDP）。马来西亚的"双联学位项目"与我国高校普遍实施的"辅修专业学位"有本质性的差异，但类似于我国中外合作办学项目中常见的"双学位"或"联合学位"项目。在"双联学位项目"中，马来西亚私立院校建立了与国（境）外大学合作办学模式，即让马来西亚的大学生先在本地私立学院读两年，然后直接转学到国外合作大学再读一年，或者在本地读一年然后再到国外合作大学读两年，双方学分互认，考核合格后获得国外合作大学颁发的学历学位，该学历学位为马来西亚认可，这种马外合作办学模式也称为"2＋1"（国内 2 年＋国外 1 年）或"1＋2"（国内 1 年＋国外 2 年）模式（见表 7－2）。高等教育系统是政府系统中的上层建筑，受政治经济系统的直接影响，马来西亚私立院校的"双联学位项目"也曾因政府政策变动而遭遇挫折。1997 年，席卷东南亚的金融危机使得马来西亚货币令吉大幅度贬值。为尽可能减少国家外汇的流失，马来西亚政府适时宣布原来对有孩子在国外进行全日制学习的父母实行税收减免的政策即刻失效，同时鼓励更多父母让孩子上国内的大学接受教育，并严格了国外大学学历学位认证的条件和程序。1997 年以后，马来西亚政府组织的赴国外院校获得学士学位的大学生数明显减少，甚至很多已在国外合作院校学习的马来西亚大学生也被迫回国完成他们的学业，其结果无论是公立院校、还是私立院校的国际化工作都进入滞涨状态，也影响到马来西亚高教系统和政府的国际影响与国际声誉。在众多高校和家长的"静默式抗议"下，马来西亚政府不得不采取更积极的举措，推动高等教育国际化复兴，于 1998 年 7 月，间接放松了对"双联学位项目"的控制，即允许 10 所私立学院与国外院校合作提供"3＋0"双联课程。"3＋0"国际化人才模式下，学生要在国内私立院校完成 3 年大学国际课程，无须出国就可获得外国合作大学的学历文凭，其实质是一种"就地国际化"或"形式化马外合作办学"。"3 + 0"双联课程的专业主要涵盖计算机应用、工商管理、多媒体制作、电子工程、时装设计、艺术设计、旅游管理和建筑等工科、文科领域，理科专业阙如。与马来西亚私立院校举办双联课程的国外大学主要来自美国、澳大利亚、英国、加拿大、新西兰、法国等。① 由于马来西亚私立院校的学生在达到一定要求之后就可以在学习的后一两年转入国外联办学校读书，也可借助"双联学位项目"这个跳板，前往英、美、澳等发达国家就读更高学历，因此，截止到 2015 年，有 150 余所院校提供"1 + 2"或"2 + 1"形式的双联课程，另有 30 所学院提供"3 + 0"课程（见表 7 - 3）。"3 + 0"双联学位课程提供给大学生一种变通选择，即 3 年内学生可在就读的马来西亚有关学院完成美、加、澳、英、法等国院校的课程，取得国际公认的文凭，而无须到提供学历课程的国家去学习，从而节省大笔费用（学费约为马国直接修读的 20% ~ 25%），免除签证及托福考试等带来的诸多困难。另外，马来西亚部分高校还提供"1 + 3"（国际本科）和"1 + 3 + 1"（国际本硕连读）项目，为本国学生或外国留学生提供更多高等教育选择和机会。

表 7 - 2　马来西亚私立院校与国外合作的大学情况（部分）

马来西亚私立院校	美 国	英国和苏格兰	澳大利亚	新西兰
英迪学院（1986）	密歇根理工大学，密西西比大学、俄克拉何马大学	格拉斯哥大学、考文垂大学、牛津布鲁克斯大学	昆士兰科技大学	惠灵顿大学、奥塔哥大学、梅西大学
双威学院（1987）	西密歇根大学	格林威治大学、莱斯特大学	西澳大学、维多利亚理工大学	怀卡托大学
国际医药大学（1992）	杰弗逊医学院	斯特拉斯莱德大学、阿伯丁大学、格拉斯哥大学、利物浦大学	墨尔本大学、阿德莱德大学、悉尼大学	奥克兰大学

① 陈爱梅：《马来西亚私立高等教育：全球化、私营化、教育转型及市场化》，广西师范大学出版社，2012，第 84 ~ 117 页。

马来西亚私立院校	美 国	英国和苏格兰	澳大利亚	新西兰
都市学院（1986）		肯塔基大学	皇家墨尔本理工学院、科廷理工大学	
林国荣创意工艺学院（1991）	纽约普瑞特艺术学院、强生威尔士大学	密德萨斯大学、赫特福德大学、亨伯赛大学	科廷理工大学、皇家墨尔本理工学院、堪培拉大学	奥克兰理工学院、惠灵顿理工学院
伯乐学院（1984）	宾夕法尼亚州立大学	密德萨斯大学、曼彻斯特大学	莫道克大学	
泰来学院（1969）	威斯康星大学	西英格兰大学	南澳大学	
亚太科技大学（1993）		史丹福郡大学	南澳大利亚大学	
思特雅大学（1986）	默里州立大学	诺丁汉大学	新英格兰大学	

表 7 - 3   马来西亚私立院校与国外大学合办"3 + 0"课程的情况（部分）

英国院校，马来西亚院校	澳大利亚院校，马来西亚院校
布拉德福德大学，利马学院	埃迪斯科文大学，萨尔学院
威斯敏斯特大学，国际音乐学院	查尔斯特大学，精英学院
谢菲尔德大学，泰莱学院	拉筹伯大学，汝来学院
斯塔福德郡大学，亚太资讯工艺学院	肯迪大学，立达学院
胡弗汉顿大学，萨尔学院	卧龙岗大学，英迪学院
东伦敦大学，精英学院	莫道克大学，伯乐学院
诺丁汉特伦特大学，万达学院、林登学院	南澳大学，雪邦工艺学院
安格利亚理工大学，伯乐学院	西悉尼大学（麦克阿瑟），国际学院
赫特福德郡大学，英迪学院、林登学院	皇家墨尔本理工大学，林国荣创意工艺学院
考文垂大学，英迪学院	科廷理工大学，林国荣创意工艺学院
牛津布鲁克斯大学，汝来学院	维多利亚科技大学，萨尔学院和双威学院
林克斯汉鲁克斯大学，伯乐学院	悉尼科技大学，泰莱学院
新港威士尔大学学院，国安学院	
纽卡斯尔诺桑比亚大学，史丹福学院、思雅特学院、二元商业学院、雷特经济学院	新西兰院校，马来西亚院校 纳尔森理工学院，国安学院

二　外国大学分校的开办

马来西亚高等教育体系脱胎于前殖民地大不列颠及北爱尔兰联合王国高等教育体制，到 2012 年已先后吸引英国、澳大利亚、荷兰等国的十几所高校在马开办分校，逐渐形成了欧美与马来相结合的混合式高等教育结构。实施"双联课程项目"加速了马来西亚私立高等教育的国际化进程，为提升高等教育国际化质量，马来西亚教育部于 1998 年出台了《教育法》，授权国外高水平大学可以在大马开办分校，因涉及国家教育主权故要经过比较严格的评审。由于马来西亚属于英联邦成员国，所以英国与澳大利亚的一些大学率先积极做出了回应，于 20 世纪 90 年代末相继在马来西亚设立了四所分校，到了 21 世纪初，马来西亚有关方面又邀请中国厦门大学开办分校，总计 5 所，包括诺丁汉大学马来西亚分校（The University of Nottingham Malaysia Campus）、莫那什大学马来西亚分校（Monash University Malaysia Campus）、科廷大学马来西亚沙捞越分校（Curtin University Sarawak Campus Malaysia）、斯威本科技大学沙捞越分校（Swinburne University of Technology Sarawak Campus）、厦门大学马来西亚分校（Xiamen University Malaysia）等。马来西亚较早邀请外国高校开设分校的比较成功的做法，在我国也是中外合作办学的新形式，比如宁波诺丁汉大学（2004 年）、西交利物浦大学（2004 年）、上海纽约大学（2011 年）、广东以色列理工学院（2015 年）等十余所，既可引进优质高等教育资源，又可以给本国学生提供更多深造机会。通过政策鼓励扩展私立院校（国外大学在马来西亚兴办分校）和双联课程的开设，马来西亚在减少本国学生留学海外和吸引外国学生两个方面都取得了比较显著的效果①，马来西亚前往外国就学的人数由 1995 年的 5 万余人下降至 2015 年的 2 万余人，前来留学的外国学生则由 1995 年的 5000 余人增加到 2007 年的 4.5 万人再到 2015 年的 11 万余人，1 名外籍生在马来西亚每年平均消费为 4.6 万令吉（约 6.75 万元人民币），这包括学费在内，而偕同家人来马的留学生，在马来西亚年均消

---

① 洁安娜姆、洪成文：《马来西亚高等教育国际化策略分析》，《比较教育研究》2005 年第 7 期。

费为 8 万 8000 令吉（约 13.6 万元人民币）。另据马来西亚联邦政府统计的数据显示，2002 年至 2013 年，马来西亚近 500 所私立院校总共招收了近 51 万名国际学生，平均每年招收的本科层次国际学生占全体国际学生的比例约为 70%。① 2015 年，马来西亚总理纳吉布说，在马来西亚留学的外国学生人数过去 8 年来增幅超过 100%，预期到 2020 年，将吸引 20 万名外国学生留学，为国家带来 150 亿令吉的经济收益。②

中国与马来西亚历史交往源远流长，两国是全面战略伙伴关系，中国主导的"一带一路"倡议和"亚洲基础设施投资银行"（Asian Infrastructure Investment Bank，简称亚投行，AIIB）得到了马来西亚的认同和参与。2009 年 11 月 11 日，中马两国在普特拉贾亚签署了《中华人民共和国政府和马来西亚政府高等教育合作谅解备忘录》，2011 年 4 月 28 日又在吉隆坡签订了《中华人民共和国政府和马来西亚政府关于相互承认高等教育学历和学位的协定》，这为中马两国高等教育合作铺平了道路。受马来西亚各方邀约，2012 年 2 月 28 日，厦门大学正式对外宣布在马来西亚设分校，这是第二所中国知名高校在海外开办分校（第一所是 2011 年 7 月成立的老挝苏州大学）。2013 年，根据中国国家开发银行、厦门大学与马来西亚新阳光集团达成的相关合作协议，厦门大学马来西亚分校地处雪兰莪州沙叻丁宜，坐落在马来西亚联邦行政中心布特拉贾亚城和吉隆坡国际机场之间，距离吉隆坡国际机场约 15 公里，距离行政中心布城约 20 公里，占地约 910 亩，总建筑面积 47.55 万平方米，首期建筑面积 26.64 万平方米，总耗资约合人民币 16 亿元。2014 年 10 月 17 日，中国电力建设集团承建厦门大学马来西亚校区破土动工，2015 年 9 月投入使用，2015 年 12 月开始面向中国大陆 14 个省份招生，接受学生和家长的咨询和报名，首期招生计划 500 名。2016 年 4 月和 9 月，分校开始分别招收预科生和学位生，远期教育层次包括硕士和博士研究生。厦门大学马来西亚分校开设 12 个专业，除中文和中医之外，其他专业全部采用英文教学。这些专业的学制采

---

① 〔马来西亚〕MOHD ISMAIL ABD AZIZ：Finding the next 'wave' in internationalization of higher education：focus on Malaysia，Asia Pacific Education 2014 年第 15 期。

② 中新社：《大马外国留学生将达 11 万人 年平均消费近 7 万元》，光明网 http：//life. gmw. cn/2015 – 09/23/content_ 17142782. htm（2017 年 1 月 20 日）。

用当地惯例，汉语言文学、新闻学、会计学、金融学、国际商务等 5 个专业学制为 3 年，中医为 5 年，其余为 4 年。除了中医学专业的学生最后一年要回厦门大学学习外，其余专业学生全部在马来西亚完成学习计划，由厦大授予学位，得到中国和马来西亚双方承认。厦门大学马来西亚分校是中国"985"工程高校在海外设立的第一所分校，已在 2016 年 2 月 22 日正式开学，主要是马来西亚当地学生和大陆学生，在校生人数达到 1300 人左右。[1] 到 2022 年，厦大马来西亚分校预计全球学生规模将达 5000 人，最终学生规模达 10000 人，努力建成中国高校在马来西亚乃至东南亚、南亚水平最高、影响最大、声誉最好、公益性最强的私立"万人大学"。2016 年 11 月 3 日，在中国总理李克强和马来西亚总理纳吉布的共同见证下，中国与马来西亚在北京签署的《中华人民共和国和马来西亚联合新闻声明》宣称，双方欢迎两国续签《教育合作谅解备忘录》，此举将进一步加强并推动中马教育交流取得重大进展，厦门大学马来西亚分校是两国高等教育合作新的里程碑，为当地社会培养优秀人才，继续巩固并深化中马两国友谊。[2]

三　留学生政策的进化

作为接近发达国家水平的东南亚、南亚国家之一，马来西亚在努力实现现代化、国际化、工业化、市场化的同时，如何传承、延续马来文化传统并不断提升教育教学质量，进一步提高本国院校对国外学生的吸引力是马来西亚政府长期关注的焦点，也是马来西亚政府的国家优先发展战略。早在 1991 年，马来西亚就出台了"愿景 2020"，计划到 2020 年取得"高收入"地位，初步建设成为较发达的工业化国家，而高等教育改革对于实现"愿景 2020"至关重要。1996 年，马来西亚联邦政府颁布《第七个国家五年计划》，宣布致力于成为亚太地区教育枢纽，实现由留学生母国向亚太地区主要的高等教育出口国的转型。2007 年马来西亚高等教育部

---

① 佘峥、欧阳桂莲：《厦大马来西亚首届大陆生报到》，《厦门日报》2016 年 8 月 3 日。

② 李静：《中马联合新闻声明：厦大马来西亚分校是两国高等教育合作新的里程碑》，ht-tp：//news. xmu. edu. cn/71/f6/c1552a225782/page. htm（2017 年 1 月 21 日）。

（Ministry of Higher Education，Malaysia）发布《面向 2020 年国家高等教育战略规划》，将"区域教育枢纽"更明确地称为"区域卓越高等教育枢纽"，将高等教育国际化确立为建设区域卓越高等教育枢纽的基础，完成了对马来西亚中长期高等教育国际化的顶层设计和整体谋划。为了加速吸引外国留学生并扩大外国留学生规模，特别是中国、泰国、印度尼西亚等国的留学生，马来西亚政府不断进化留学生政策，提高马来西亚高等教育系统在东南亚、南亚国家（地区）的核心竞争力。马来西亚政府出台的主要措施包括降低入学门槛、放宽签证条件、允许留学生打工、提供奖学金、允许私立高校采用英语教学等，这些举措对于扩大留学生规模十分有效，特别是对东南亚、南亚欠发达国家（地区）的留学生更富吸引力，一是能节省不少开销，二是可以避开直接去申请欧美大学的很多限制并将此作为跳板，"曲线救国"进入欧美高校。同时，为了不断提升马来西亚高等教育系统的知名度和美誉度，马来西亚政府主要采取了在外国举办教育展、成立招生组织和教育促进中心三个重要举措。马来西亚私立高等教育机构善于利用一切机会"走出去""引进来"，比如积极参加"东盟 +"（10 + 1/10 + 3/10 + 6/10 + 8）、中国 - 东盟博览会（China - ASEAN EXPO，CAE）、中国 - 东盟自由贸易区（China - ASEAN Free Trade Area，CAF-TA）、中国 - 南亚博览会（China - South Asia EXPO，CSAE）、中国 - 东盟教育交流周（China - ASEAN Education Cooperation Week，CAECW）、中国 - 东盟（南宁）国际教育展览会等（China - ASEAN International Education Exhibition，CAIEE）、中国 - 南亚商务论坛（China - South Asia Business Forum，CSABF）等国际化活动，在"一带一路"构想的大框架下，积极发挥文教搭台经济唱戏的软外交作用，大力推动马来西亚与外国深化教育与人文交流合作，输出教育资源的同时扩大留学生教育规模，为实现本国持续稳定繁荣做出积极贡献。特别是在 1998 年末，马来西亚专门成立了一个包括教育部、国内各私立院校、移民厅、地方政府、人力资源部及对外贸易促进局等在内的教育咨询委员会（Advisory Committee on Education，ACE），以协调解决私立院校在招收海外学生时面临的各种困境，增强它们在国际、区域留学生市场的核心竞争力。另外，马来西亚政府还资助从事国际教育文化交流的国际性团体开展对外交流与合作工作，如马来西亚教育联盟。

总体而言，半个多世纪以来，马来西亚推进高等教育国际化并不断进化，促使其高等教育生态系统可持续发展：一是通过高等教育国际化扩大高等教育资源总量，特别是优质高等教育资源的存量和增量，推进高等教育大众化转向普及化过渡阶段；二是以高等教育国际化作为获得海外高等教育优势资源与先进经验流入的主要制度平台和沟通渠道，进而推动本国高等院校课程教学、科技研发、人才培养、社会服务、文化传创的国际化以及师生素质结构的优化乃至教育思想、办学理念、运行机制、治理体制的升级，普遍提升马来西亚高等院校的全球排名。

第三节　马来西亚高等教育国际化发展困境

一　马来西亚高等教育国际化主要困境

（一）国际化与本土化的冲突

高等教育国际化关乎国家（地区）教育主权，虽说越是民族的越是世界的，但高等教育国际化与本土化仍是高等教育改革发展中必须处理好的一对关系。作为一个有被殖民历史的发展中国家，马来西亚在推动高等教育国际化时也有犹豫和曲折，其根源是如何在国际化的同时保持本土化的民族特色，避免全盘西化，即在"西学马渐"的过程中确保马来西亚本土民族文化的主体地位。马来西亚政府充分认识到全球化中有实质西方化，但国际化不等于全盘西方化，为此采取了一系列防范措施确保"两个均衡"："引进来"与"走出去"的均衡、经济全球化与文化多样性的均衡。如在开放私立大学、向西方发达国家学习先进高等教育经验的同时，也放宽教育签证政策、开拓海外市场、提供奖学金吸引外国学生到马来西亚高校学习，特别是在课程中加入马来西亚元素，即"马学西渐"，输出马来西亚民族文化，培养亲马的世界朋友。这些"组合拳"虽然取得了较好的落地效果，但是，现实中也存在国际化与本土化的冲突问题，例如，马来西亚政府规定所有私立高等教育机构必须以马来语作为教学语言，除非经过教育部批准可以用英语授课才能例外，但事实是，大部分私立院校为迎合教育市场和留学生需求仍采用英语授课。① 可以预见在未来很长一段时间，寻求"本土化"与"国际化"之间的"度"即平衡，马来西亚政府和高校等还需继续探索。

（二）高等教育市场化的纠结

在 WTO 框架下，教育服务贸易是全球服务贸易和教育国际化相结合的产物，它已成为国际贸易重要而新兴的领域，越来越受到许多国家尤其是发达国家和教育界的强烈关注。马来西亚作为东西方文化交融汇聚的跨越区，长期重视发展教育服务贸易，其高等教育市场化程度非常高，公私立高校都非常注重"投入-产出"效益。在马来西亚，从事教育服务贸易的教育集团如雨后春笋，越来越多的高校被视为"营利中心"而非"象牙塔"，趋向企业化治理与运营行为。冰冻三尺非一日之寒，马来西亚高校从"学术轴心"走向"社会轴心"，经历了一个先渐变后蜕变的魔法过程。在 20 世纪六七十年代以前，高校办学往往以学术标准为首要考量，而 20 世纪八九十年代以后，采取什么招生政策、为哪一级学生市场服务、是否给奖学金、教什么课程、如何考核等，则变成了商业化的"成本-收益"标准来算计，有点舍本逐末。虽然数十年的高等教育市场化给马来西亚带来了巨大的经济效益，但近年来马来西亚政府却开始纠结，因为市场为主而不是学术为首决定大学办学方向，企业和公司文化渗透到大学教学过程中，这可能导致自然科学研究、应用科技研发与人文社会科学研究的分道扬镳和低水平化，前沿引领作用被降低，科技贡献能力被削弱，拔尖创新人才被埋没，世界一流大学和世界一流学科建设困难（马来西亚高校世界排名较低），国家的科技实力和核心竞争力也受影响。所以，在推进高等教育市场化的进程中，如何应对第五次工业革命和第七波科技浪潮的冲击，让大学自主创新、趋利避害，在发挥大学的边际效应时继续保持较高的学术水准，已成为马来西亚各界必须考虑的重大问题。

---

① 张兴：《马来西亚高等教育发展的趋势、问题及对策》，《江苏高教》2002 年第 1 期。

二 马来西亚高等教育国际化受困缘由

（一）法规政策的推动

高等教育是实现政治目的的软工具，马来西亚高等教育国际化绕不开政府的"2020 愿景"。1996 年，马来西亚联邦政府颁布第七个《国家五年计划》，宣称致力于建设亚太地区教育枢纽，实现由留学生母国向亚太地区主要高等教育出口国的历史转型。2007 年马来西亚高等教育部发布《面向 2020 年国家高等教育战略规划》，提出建设"区域卓越高等教育枢纽"的愿景。2015 年，马来西亚政府提出建设国际留学生中心，支撑国家经济腾飞。与此同时，马来西亚联邦政府先后颁行并不断完善《教育法案修订案》《大学与大学学院法案修订案》《高等教育全国理事会法案》《私立高等教育机构法案》《国家认证委员会法案》五项教育法案。[①] 相关配套政策的出台，虽为马来西亚私立高等教育国际化的快速推进铺平了道路，但也留下了办学基础不牢、质量参差不齐、高校鱼龙混杂等隐患，因此，相关政策还需继续完善。

（二）经济政策的调整

以经济建设为中心是众多有梦想国家的基本国策。为鼓励国内学生赴外国留学，深造后回国建设家乡，马来西亚政府制定了对有孩子在国外进行全日制学习的父母实行税收减免的优待政策，结果赴海外留学的马籍学生数量在短期内大幅增长。面对 1997 年的东南亚经济危机，马来西亚政府被迫取消了上述出台不到两年的优待政策，反过来鼓励家长把孩子留在国内高校接受教育，规定凡是本地高校能够提供的科系专业，学生应该留在本地高校（含双联课程、外国大学国内分校等）就读，只有那些本地大学无法提供的科系专业，才会提供公费让学生到国（境）外高校深造，希望通过稳定并持续扩大本国高等教育规模为复兴经济增加动能（中国 1999

---

① 李静、陈立：《马来西亚高等教育国际化：概念的本土化分析》，《宁波大学学报》（教育科学版）2015 年第 3 期。

年的大学扩招与此类似），高等教育亦借此从精英化坚定走向大众化。此后，马来西亚政府组织的赴国外学习获得第一级学位的学生人数逐年锐减。同时，马来西亚国内的合作办学高校或分校和双联制课程项目则进一步增加，"走进来"的留学生很快超过了"走出去"的学生。由此可见，经济形势的瞬息变化、经济政策的调整优化等严重影响着马来西亚政府对高等教育国际化的管控，常给人"朝令夕改"的感觉。

（三）民族文化的开放

文化的多样化是文化传承的自然生态，竞合性发展才是保护民族文化生存的第一生产力。高等教育国际化实质是文化的国际化，异族文化的交流与碰撞，在文化的氛围中推动观念的变革、人力资本的聚集、科技的进步、经济社会的发展、国际理解的增加。国际师生跨国流动、国际合作项目跨境运营可以推动本土民族文化与其他国家文化的交流，也有助于培养更多具备宽阔国际视野、掌握国际交往规则、理解民族文化习俗的新马来西亚人。马来西亚联邦政府坚持对外开放的民族文化立场，鼓励推动私立高等教育的国际化进程，甚至默许部分私立院校用英语替代马来语授课。马来西亚政府支持私立高等教育全面开放主要表现在两个方面：一是鼓励国内私立院校引进国外优质教育资源，实施国外一流大学本土化。例如，汝莱大学（Nilai University，1996 年）就先后和澳大利亚的 8 所高校、英国的 15 所高校以及加拿大、美国、新西兰五国共 33 所院校长期开展双联学位项目；二是鼓励本土高校大胆"走出去"，身体力行向全球传播马来西亚民族文化。比如亚太科技大学、思特雅大学、双威大学、林国荣创意科技大学等相继在国（境）外建立分校或基地，对外输出马来西亚高等教育资源的同时潜移默化地输出马来文化。

第四节　马来西亚高等教育国际化经验镜鉴

综合审慎评估显示，马来西亚高等教育国际化特别是私立高等教育国际化取得了比较明显的进展，也积累了非常多的经验教训，可供高等教育后国际化国家（地区）借鉴。

一　引入优质高等教育资源

马来西亚本国高等教育综合实力和核心竞争力不强，与曾经的附属国新加坡相比差距明显，新加坡国立大学办学水平高于马来西亚国立大学。从理论上看，马来西亚想凭借其本土高等教育资源在国际教育服务贸易竞争中获得巨大成功并不占优势。但是事实上，马来西亚在激烈的国际留学生教育市场竞争中却取得了较大份额。成功的原因是马来西亚私立高校在政府的大力支持下主动加强与英国、澳大利亚、美国、加拿大、新西兰、爱尔兰等高等教育强国的双向或多向合作，积极与国外大学合作开办多类型课程项目（含双联学位项目）。马来西亚政府立法允许国（境）外高水平大学在马开设分校，进行实质性马外合作办学，即充分利用国外优质高等教育资源，借此提升本国高等教育办学水平和综合竞争力。马来西亚私立学院利用发达国家著名大学良好的国际声誉，通过灵活的招生政策、弹性的学制、多样化的合作课程项目以及国际认可的国外大学的学历学位等"组合拳"，吸引了大批留学生包括中国学生到马来西亚留学，成为全球著名的留学生目的地国家之一。

马来西亚高校与国（境）外院校经过多年的有效合作，国外优质高等教育资源持续输入，高等教育对外开放水平显著提升，国际影响力稳步增强。马来西亚经验启示：一是中央政府要充分发挥宏观调控与引导作用，做好顶层设计和中长期规划，完善高等教育国际化的相关政策法规，促进本土高校与国外高校的深度合作，坚持教育对外开放路线不动摇。二是地方政府要关注区域性高校合作办学的进度，出台更优惠的政策措施，吸引国外名牌高校到本地开设分校，刺激地方高校在区域教育国际化过程中发挥更大作用[1]，以增强区域高等教育核心竞争力。三是建立完善的高等院校资格认证体系，坚持引进优质高等教育资源，提高合作办学层次（本硕博），对于引进的国（境）外高等教育资源要进行资质认证。四是健全合

---

[1]　刘继祥：《地方高校在区域经济一体化过程中的作用及影响》，《唐山师范学院学报》2016年第 5 期。

作办学监管体制和质量保障机制，兼顾公益性与营利性，使各方能在合作办学机制下各有所得皆大欢喜。对于中国而言，马来西亚在引进、管理和运营、利用国（境）外高水平大学分校方面有比较长的发展历史和比较多的经验教训，而国（境）外高水平大学分校在我国尚属于一种新事物，有必要强化中马高等教育合作与交流，马来亚大学孔子学院（北京外国语大学与马来亚大学 2009 年共同建立）、厦门大学马来西亚分校等已经做出了有益探索。

二　建立透明质量保障制度

马来西亚非常重视跨国高等教育的质量保障。私立高等教育机构作为马来西亚高等教育系统的重要组成部分，占据半壁江山，是其开展教育国际合作与交流的主渠道、主平台和跨国高等教育主载体。马来西亚政府对私立院校的设立、管理以及运营等方面制定了较为严格的法律法规，以保证其健康绿色发展。在质量保障机制建设方面，马来西亚先期成立了国家学术鉴定局（LAN）、马来西亚高等教育部（MOHE）、马来西亚公共设施局（JPA）、马来西亚私立教育局（JPS）等组织机构。2006 年马来西亚政府拟定了大马学术资格鉴定机构（Malaysian Qualifications Agency，MQA）法案，计划合并国家学术鉴定局（LAN）及国立大学品质保证局（Bahagian Penjaminan Kualiti，BPK），以统一监督国立和私立高校的质素。大学是大师的大学，大师是大学的灵魂，教师特别是大师也是大学的根基，保障了教师队伍的质量就为保障高校的教育教学质量奠定了坚实的基础，MQA对私立院校不同层次任职教师的学历学位、任职资格、配额、职称、全职教师所占比例等都有严格而明确的规范。MQA 制定的透明质量保障制度：第一是对私立院校教师的学历学位和教师资格证书进行规定，私立院校教师的学历学位必须至少比其任职层次高一个层次，比如专科院校教师必须取得本科学历学士学位；第二是全职教师的比例，提供文凭和学位层次课程的全部私立高校的全职教师比例必须达到 60%；第三是详细规定了教师担任的课程门数，如获得证书和文凭层次的教师最多只能主讲 4 门课程，而获得学位层次的教师最多只能主讲 3 门课程。质量是大学的第一生命线，好质量与好声誉往往呈正相关关系，而这两点又是招好生的重要保障，这些细致的规定为保障私立高校维持高水平的教育教学质量提供了法理依据，很多私立院校也努力按照这些标准来规范学校的办学行为。同时国外有关大学也会按照协议派代表定期到马来西亚考察与其合作的私立大学及其分校，对合作院校和分校的各个方面进行标准化考核和年度评估。

马来西亚的马外合作办学模式运营已经比较成熟，一个重要因素是严格挑选国外高水平大学作为合作高校，积极借鉴高等教育国际化的英德模式并探索应用英国的住宿学院制。^① 在《中华人民共和国民办教育促进法》《中华人民共和国中外合作办学条例》等法规政策保驾护航下，中国数十所中外合作办学机构和数百个中外合作办学项目虽然取得了一些成就，比如提供了更多入学机会选择、扩大了高等教育规模、引进了一些优质高等教育资源（世界一流大学的资源）、初步形成了"南深圳北青岛"国际高等教育中心（深圳、青岛近3年来先后引进了10余所国际名校的优质资源，已成为我国南方、北方的国外高等教育资源集聚地）等，但是也出现了一些问题，比如教育对外开放的水平不够高。^② 在质量管理方面，主要表现为中外合作办学的中方院校有意或无意地降低合作外方院校标准，中外合作办学的项目或分校涉嫌向市场投放虚假广告（虚假招生）误导学生和家长的志愿选择，同时一些院校降低入学标准和毕业标准、教学设施缺乏和师资水平低下以及乱发文凭（卖文凭）等，还有杜之不绝的"野鸡大学"或"皮包大学"等，扰乱了我国的中外合作办学市场，严重影响了我国中外合作办学的整体水平、国际声誉和发展环境。^③ 我国应吸取马来西亚在马外合作办学质量保障方面的主要经验：首先，国家教育监管机构要坚持严格审批制度，在此基础上简化合作办学的审批程序，建立世界一流大学来中国合作办学的绿色通道；其次，组织专业力量对合作办学机构和项目进行第三方调查（抽查）、评估等，严查弄虚作假、虚假招生、买卖

---

① 何毅：《高等教育的"英""德"模式博弈——住宿学院制在哈佛大学的发展与变迁》，《教育与考试》2016年第2期。

② 国务院：《国家教育事业发展"十三五"规划》，国发〔2017〕4号，2017年1月10日。

③ 赵雪、冯用军：《中外合作高等教育的监管体制机制研究》，《云南农业大学学报》（社会科学）2017年第1期。

文凭等违法行为，从重从快依法查处，维护好国际化教育市场的良好秩序；再次，各级教育管理部门应成立专门监督管理机构对合作办学机构或项目的课程内容、教学过程、考核方式等进行备案审查，加大中外合作办学入口、过程和出口监督管控力度；最后，推动建立第三方行业监督协会，用行业自律来规范中外合作办学组织或项目的良性运行，保证中外合作办学组织或项目的运营质量。

三　妥善处理传承开放关系

作为曾经被殖民的发展中国家，在国际化、市场化的同时，如何传承、延续和创新本国民族文化传统（土著文化）并将其核心基因高质量高保真在教育体系内，是马来西亚政府长期关注的焦点和首先考量的议题。马来西亚政府为了保存本国的民族文化传统，从政策上优先扶持马来人办学入学，尤其是在教学语言上，采取了严格的语言准入政策，规定公私立高校入学必须用马来语进行水准考试（类似中国的汉语水平考试 HSK），高校教学语言也必须用马来语，但是这种排外性保护措施在 20 世纪 90 年代遇到了新挑战。受世界经济一体化的影响，全球人力资源市场上，受聘人员的英语及国际化能力在社会各行各业上都显得非常重要，而且华语和英语在马来西亚的使用范围和使用人群也非常广泛，还要考虑到一些特殊背景的留学生实际（如伊斯兰国家留学生）。正是基于此，马来西亚政府先后出台了 5 部与私立高等教育密切相关的重要教育法规：《1996 年教育法》《私立高等教育机构法》（Private Higher Education Instruction Act，PHEI Act）《国家认证委员会法》《国家私立高等教育机构法》以及重新修订的《大学和学院法》，对原有的排他性保护措施进行了修改完善。该法规定，所有私立院校必须采用国语（马来语，下同）讲授课程，由教育部许可的高校，某些课程可以采用英语或者阿拉伯语进行教学，如可以采用英语、阿拉伯语讲授伊斯兰教课程；用非国语授课的学生，必须接受国语教育，而且对马来人的国语有更高要求。外国学生也必须学习马来语，但是分数不限制。虽然这一政策在当前也面临巨大挑战，但它在保护马来西亚民族文化方面一直发挥着重要作用。

　　中国中外合作办学甚至高等教育国际化，国家核心文化利益不能谈判，必须坚定不移地贯彻"中学为体西学为用"原则，即坚持中国特色社会主义主流思想文化统领意识形态领域，将中国特色、中国风格、中国气派贯彻到国家文化生活的方方面面。我国的中外合作办学组织或项目作为中外不同文化交融窗口，各种不同文化不可避免地处于交汇、碰撞、融合、竞争状态，竞争性交融主要是指外来文化与我国民族文化在非零和博弈下的竞合。除了文化的竞合之外，中外合作办学中也出现了办学理念、管理模式、教学方法等方面的相互渗透和反渗透、相互冲突和反冲突。但可以肯定的是，中国在发展跨国（境）高等教育方面可以考虑借鉴马来西亚的经验，注意融合中华传统文化，特别是注意弘扬中国优秀传统文化，要把中国少数民族文化"复合基因"融入学校教育的方方面面[①]，将中华文化大观园融入世界文化大观园。只有坚持中国原则和世界标准，才能使中国高等教育国际化在发展过程中实现双赢或多赢，既全面对外开放引进外国优质高等教育资源，又合理有效地保存中华传统文化并建设中国文化软实力。[②]

四　提高学生语言学习能力

　　马来西亚高教系统是服务国家战略的支点，其私立院校已成为接受国外留学生的主体，最主要得益于 PHEI Act 颁布后，为了尽快扩大留学生教育市场获取更大收益，政府一改过去对语言限制的排外政策，几乎所有私立学院的课程都采用英语教学。马来西亚所有的跨国教育课程也是将英语作为教学媒介语言，尤其是近年来，伴随着高等教育国际化进程的加速，马来西亚的马外合作办学分校为了应对国际化压力，也放宽了语言限制，纷纷推出全英文授课专业和课程，这种做法波及了坚守马来语的公立高校，对教学语言的限制也出现了松动。可以说，高等教育机构进行双

---

①　何夏彪：《民族文化认同"复合基因"的内涵成因及当代教育传承策略——以大理白族为个案》，《贵州师范大学学报》（社会科学版）2016 年第 2 期。

②　范周、周洁：《"一带一路"战略背景下的中国文化软实力建设研究》，《同济大学学报》（社会科学版）2016 年第 5 期。

（多）语教学是马来西亚高等教育国际化顺利推进的重大法宝。目前，中外合作办学是我国高等教育办学体制改革的重要创新之一，实践中也积累了许多成功的办学经验。中国已充分认识到引进国外优质高等教育资源、实施双（多）语教学是提高留学生获取本专业国际信息能力的有效途径，但是在具体教学中也遇到了诸多语言障碍。到 2015 年，中国只有 50 余所高校拥有开设多门全英语授课的学科专业，高水平双（多）语课程还比较稀少。一方面是留学生本身的接受能力和英语能力的高低不同，很难因材施教；另一方面，专业课教师的综合素质和实施双语教学能力水平的高低存在差异，很难教学相长。同一课程中，中外两种教材的内容体系和安排次序都存在明显差异、同一班级中的留学生外语水平参差不齐等，这些都给中国高校的双（多）语教学实施带来了极大困难。在"十三五"期间，中国有志于建设中国特色、世界一流的高校应努力提高双（多）语授课学科、专业、课程和教师的比例和质量，提高留学生的外语和中文学习运用能力，加速推动中国由高等教育国际化大国迈向高等教育国际化强国，早日建成外国留学生首选目的地和世界留学生教育中心。

总之，高等教育国际化的马来西亚经验或马来西亚模式充分说明，这个最坏的时代也是最好的时代，虽然高等教育国际化面临着这样那样的困境和障碍，特别是新一轮贸易保护主义抬头导致教育服务贸易和教育全面对外开放遭遇挫折，但世界必须改变，我们都必须改变。在地球村内，"一带一路"上的任何一个国家都应该努力秉持这样的理念——我决定，成为这个世界的一部分。新时期教育对外开放工作，新政策、新思路、新战略、新模式，必须"共担时代责任，共促全球发展"①，高等教育国际化的状况才能真正地改变，高等教育国际化的未来才能变得更加美好，才能全球携手开创更有质量、更高水平的教育对外开放新局面。高等教育国际化推动了通识性知识、换位性意识、多元文化理解力的全球普及，拉近了地球村不同文明的时空距离，有助于让地球村村民敞开心扉，利用"一带一路"让"朋友圈"不断扩大。"一带一路"构想发端于中国，正引领着

---

① 习近平：《共担时代责任　共促全球发展——在世界经济论坛 2017 年年会开幕式上的主旨演讲》，《人民日报》2017 年 1 月 18 日。

世界发展①，高等教育国际化是"一带一路"的纽带和桥梁，这双重进程中一系列重大项目落地生根、开花结果，持续促进各国教育的发展与相互合作，培养了大批国际化人才，在未来，他们将形成更多共识，共商合作大计，共建合作平台，共享合作成果，为解决全球和区域经济社会面临的问题寻找帕累托最优方案，进而为建设全球命运共同体与和谐世界注入新的正能量，让我们不忘初心撸起袖子加油干，"一带一路"建设正造福地球村村民，在实现"中国梦"的道路上逐步实现"地球梦"。

---

① 胡德坤、邢伟旌：《"一带一路"战略构想对世界历史发展的积极意义》，《武汉大学学报》（人文科学版）2017 年第 1 期。

第八章

印度尼西亚高等教育国际化分析

印度尼西亚（简称印尼）是东南亚最大的国家，面积 190 万平方公里，人口有 2.58 亿，也是世界上岛屿最多、面积最大的群岛之国，被称为"千岛之国"。600 年前郑和（1371~1433 年，明朝航海家、外交家）七下西洋的传奇之旅带动了中印两国经贸文化的交往，600 年后的今天，伴随着"一带一路"两国海洋战略的对接，中印两国关系更加紧密融合的前景令人期待。作为"21 世纪海上丝绸之路"的首倡之地，印度尼西亚有着自身独特的区位优势。[①]

第一节　印度尼西亚高等教育概况

一　印度尼西亚教育的基本情况

印度尼西亚是一个多民族的国家，统一的语言是印度尼西亚语，英语是第二语言，此外还有其他民族语。印度尼西亚的教育历史可分为三个时期：一是宗教教育为主时期，约公元 100~1522 年，佛教与伊斯兰教的宗教学校占统治地位。二是殖民化教育时期（1522~1945 年），葡萄牙、西班牙、荷兰、英国及日本等国先后入侵，印度尼西亚先后沦为多国的殖民地，也使教育殖民地化。三是教育独立化发展时期，1945 年印度尼西亚共

---

① 黄斗等：《东南亚各国高等教育改革与发展分析》，《东南亚纵横》2008 年第 9 期。

和国成立以后，政府采取综合措施来改变殖民地性质的教育，建立新型的印度尼西亚的教育制度，并为此做出不懈的努力。

印度尼西亚教育与文化部主管全国教育行政系统。教会学校自成体系，受宗教事务部领导。印度尼西亚教育与文化部分为 6 个主要机构：全国总教育秘书处，负责部长职责内的日常事务；全国总教育视察团，负责调查研究全国教育现状和问题；全国教育发展总局，负责协调教育计划、发展方案及教育评价；全国教育总理事会，负责各级各类中小学教育与大学教育的行政管理；全国青年与体育运动总理事会，负责各种非正规教育的行政事务；全国文化总理事会，负责文娱活动及科普教育。每一省的教育与文化部有一个省级代表组成的办公室，管理省立世俗学校。省代表的职责是视察小学的考试与课程。另有省政府首长直属教育办公室，其主要职责是提供学校各种教学设备与发放小学教师薪金。省级代表办公室拥有众多视导员，他们分别视察学前教育、小学教育、普通初中与职业初中教育等，负责监控教育质量。大学与其他高等院校及师范教育机构则由印度尼西亚教育与文化部直接领导。各级教育行政机构都设有专职的视导人员，分别视察相应层级的学校教育。印度尼西亚教育经费有三个主要来源：国家预算，市级政府开支，家长社会捐献。中央级、省级和地区级的教育费用通过各方面协商解决，高等教育经费以中央预算为主，普通教育经费以省和地区统筹为主。政府还允许私人按国家教育政策开办各级各类学校。①

在 1997 年亚洲金融危机之前，印尼高等教育一直发展比较快，亚洲金融危机后，政府投入教育的经费大大减少，高等教育发展慢了下来。近年来，印尼经济慢慢复苏，印尼的高等教育也得到了较快发展。印度尼西亚规定大学学制 2~3 年，研究生院学制 2~4 年，特殊情况年限有一定弹性。高等院校分公立与私立两类。经大学学习 3 年，成绩合格者可获学士学位。其后，可攻读硕士学位，学制一般为 2 年。最高学位为博士，学制亦为 2 年。印度尼西亚要求高等教育既要增加数量，又要提高质量，使高等院校的教学与科研更好地适应国民经济发展的需要。小学教师专门由 3 年制中

---

① 何莎、李和谋：《东南亚主要国家高等教育评估研究》，《广西财经学院学报》2008 年第 1 期。

等师范学校培养，中学教师一般由高等师范院校培养。教育行政部门专设社区教育培训中心来完成扫盲教育、成人教育的任务。印度尼西亚教育与文化部、高等教育总局、宗教事务部和财政部共同负责管理高等教育的经费投入。①

二 印度尼西亚高等教育状况

（一）高等院校数量和类型

2000 年前，印尼国立高等院校已发展到 49 所，私立高等院校 950 余所。2000 年后，印尼国立大学已发展到 80 余所，私立高校 1300 余所。2016 年后，印尼高校又有新的发展和变化。著名的国立大学有设在雅加达的印度尼西亚大学、设在万隆的班查查兰大学、设在日惹的加查马达大学、设在泗水的艾尔朗卡大学、设在登巴萨的勿达雅纳大学以及设在乌戎潘当的哈沙努丁大学等。这些大学都是综合性的文理科大学。此外，较为闻名的高校有万隆的万隆科技大学、雅加达附近的印尼工学院和茂物农业大学等。主要的私立大学有雅加达的印尼基督教大学、万隆的天主教大学、伊斯兰大学等，这些大学也是综合性的文理科大学。雅加达、万隆和玛琅的三所师范教育学院，是印尼的三大教师教育中心。这三所师范大学师资力量雄厚，教学设备充足，教学计划和组织管理比较完善，教学质量较高，而且与国家和地区经济发展社会进步结合得比较紧密，被誉为"印尼教师教育摇篮"。根据办学形式和办学性质的不同，可以把印尼高等院校分为以下 5 类。

综合性大学：包括至少 4 个不同学科的院系，即人文科学院系、社会科学院系、自然科学院系和工程技术科学院系。印尼现有 100 多所公立和私立综合性大学，如巴厘的乌达雅纳大学、棉兰的苏北大学、乌绒潘当的哈山努汀大学、巴东的安达勒斯大学等。

---

① 搜狗百科：《印度尼西亚教育》，http：//baike. sogou. com/v83124224. htm？fromTitle = % E5%8D%B0%E5%BA%A6%E5%B0%BC%E8%A5%BF%E4%BA%9A%E6%95%99% E8%82%B2（2016 年 12 月 10 日）。

专门性学院：是专门学科的高等院校，学制 3～5 年，也有培养硕士和博士学位的授予权。著名的专门性学院有：印尼工学院、万隆科技大学、茂物农业大学、泗水工学院、雅加达航海学院、泗水海军学院、雅加达文秘管理学院等。部属的高等院校多属此类型。

高等学校：指只有一门学科的高等院校，如日惹的印尼造型艺术高等学校、万隆的社会福利高等学校等。

综合工业大学：这是印尼近年来发展起来的工业高等院校，印尼现有十多所综合工业大学。虽然名为大学，但是只开设土木、机械、电子、电机 4 个专业，学制 3 年。

宗教大学：主要是指私立宗教大学，著名的有雅加达的印尼基督教大学、万隆的勃良安大学（天主教）和伊斯兰教大学，沙拉笛加的沙笛亚·瓦渣纳大学（基督教）。

（二）高等教育的层次和教学计划

印度尼西亚高等教育系统拥有不同类型和不同水平的高校，因此形成了多层次办学体制和分阶段培养人才的计划。

印度尼西亚高校自 1978 年起实行学位教学计划和非学位教学计划。学位教学计划分为两个阶段，一是专科生和本科生阶段，学生经过几年的学习并取得一定的学分，获得副学士或学士学位；二是研究生阶段，学习结束后通过学位论文的答辩，可获得硕士学位、博士学位。学位教学计划主要是培养高级管理人才和学术研究人才。学生入学后，如果学业成绩不佳或者没有培养前途，就授予副学士学位，可提前毕业。因而副学士学位被看成是筛选高级人才的一个关卡。非学位教学计划是为了让更多的青年学生有机会受到高等教育、掌握更多的知识和技能而制定的教学计划。学生入学后，学习期限短则一两年，长则 10～11 年，学业结束后取得文凭，得到社会承认，便于寻找工作。对高等院校来说，非学位教育计划主要是为了限制大学取得学位的人数。

此外，还有证书教育计划，这是为了使非师范毕业的大学生、副学士和学士有机会在各级学校教书而制定的教学计划。证书教学计划分为 5 级。另外，印尼高等院校已普遍实行学期学分制，不再实行学年制。

印度尼西亚学位教学计划具体要求如下。

副学士：主要培养中级人才，学制 3 ~ 5 年，取得 110 ~ 120 个学分，可以再攻读学士学位或到更高一级的文凭教学计划中就读。

学士：主要开展全面性的教学，为个人学术和职业上的发展打下基础。大部分毕业生毕业后就投身社会，有 25% ~ 30% 的毕业生选择攻读硕士学位。学制 4 ~ 7 年，需取得 144 ~ 160 个学分，或副学士再取得 30 ~ 42 个学分。

硕士：主要培养科学技术和专业知识更高深的专门人才。为满足高等院校对高层次教学人才的需要，有 20% ~ 30% 的硕士毕业生选择攻读博士学位。学制 6 ~ 9 年，需取得 180 ~ 194 个学分，或学士再取得 40 ~ 50 个学分。印尼只有几所大学有权授予硕士学位。

博士：主要培养高级人才和高等院校师资，只有少数几所大学有权授予博士学位。学制 8 ~ 11 年，需取得 228 ~ 233 个学分，或硕士再取得 48 ~ 53 个学分。

非学位教学计划的性质是面向已参加工作的人员，由于不需要进行新的教育投资，仅利用现有的教学设施及师资就可以培养高级人才，故被大力提倡。这种高等教育是终止性的，具体要求如下：

一类文凭（DIPLOMAI/D1）：终止性教育，学制 1 ~ 2 年，需取得 40 ~ 50 个学分。

二类文凭（DIPLOMA II/D2）：终止性教育，学制 2 ~ 3 年，需取得 80 ~ 90 个学分。

三类文凭（DIPLOMA III/D3）：终止性教育，学制 3 ~ 5 年，需取得 110 ~ 120 个学分。

一类专家文凭（SPESIALIS I/S1）：学制 6 ~ 7 年，需取得 180 ~ 194 个学分，与硕士学位同级。

二类专家文凭（SPESIALIS II/S2）：学制 8 ~ 11 年，需取得 228 ~ 233 个学分，与博士学位同级。

证书教学计划具体要求如下：

一级证书：培养初级中学和小学教师，需取得 20 个学分。

二级证书：培养初级中学教师，需取得 60 个学分。

三级证书：培养初级中学和高级中学教师，需取得 90 个学分。

四级证书：培养高级中学教师，需取得 120 个学分。

五级证书：培养高等院校教师，需取得 160 个学分。

（三）高等教育发展问题分析

1. 学生毕业率低

据统计，印尼国立高等院校的毕业率仅为 20%～30%，就是说考上国立高等院校的新生中只有少数人能够修完全部课程，私立高等院校毕业率就更低了。毕业率低的原因很多：有的是经济因素造成的，如被生活所迫、中途辍学，或者是交不起昂贵的学费；有的是入学时的水平不高，不适应竞争激烈的学分制；有的是由于高校师资水平不高，教学态度马虎，学生主动退学；有的是由于高校教学设备太差，如图书馆、实验室赶不上发展需要，学生退学。毕业率低造成了高等院校大批人力和物力资源的浪费。目前，印尼教育与文化部采取了一系列措施以提高高等院校的毕业率。

2. 师资不足且水平不高

印尼高等教育底子薄弱，师资人数严重不足。据 2003 年统计，全国高等院校教师大约有 19 万人，而学生则大约有 290 万人，教师与学生比例约为 1∶15。并且在高等院校的教师中，大部分只有学士学位，具有硕士、博士学位的比较少。在私立高等院校里的师生比例就更高了，而具有硕士以上学位的教师就更是凤毛麟角了。到 2016 年，印尼高校师资不足、水平不高的问题仍未得到较好的解决。由于师资严重缺乏，印尼每年都极力从国外引进优秀人才充实高等院校教师队伍。我国每年也要派出几百名教师去印尼从事汉语教学和汉文化推广工作。

3. 师资分布不均且教师生存状况不理想

印度尼西亚大部分教师集中在爪哇岛，特别是首都雅加达，外岛及其他地区的师资比较缺乏。政府鼓励和选拔教师到外岛任教，多数教师不愿意去，一些教师甚至工资再高也不愿意离开爪哇岛。

印度尼西亚高等院校不但缺乏师资，而且教师外流现象也很严重。许多教师被吸引到政府机关和私人企业，去当官员、专家顾问或厂长经理，因为大学里的工资和福利待遇比较低。据印尼财政部 2015 年度财政开支说明，印尼总统月工资大约是 29000 元人民币（1 元人民币约合 1926 印尼卢比），部长月工资大约是 8000 元人民币，国会议员月工资大约是 15000 元人民币，国企高管月工资大约是 90000 元人民币，而教师月工资平均为 1500~1800 元人民币，如果持有相应的资格证书，月工资可提高到 2700~3000 元人民币。大学青年教师月工资大约是人民币 250 元，在政府或私企工作月工资大约是人民币 500 元；高级讲师、教授月工资大约是人民币 780 元，在政府或私企任职月工资大约是人民币 1500 元。在高校工作和在政府、企业工作收入差距如此之大，难怪教师会外流。一些教师把高校的工作当作副业，忙于去外面兼职，因为一个家庭每月开支大约需要人民币 520 元，仅凭高校这一份工资难以维持家庭正常生活开支。

4. 教育经费不足

印尼教育经费主要来自政府预算、社会上的捐款和国外的资助，一般认为政府预算负担了 60%~80% 的教育经费，其余 20%~40% 是由社会负担的（包括学杂费）。2001 年，印尼教育预算额占国家总预算（315.7 万亿印尼卢比，2000 年 1 美元约合 9000 印尼卢比）的 4.4%（13.9 万亿印尼卢比），教育经费仍满足不了办学需要。据专家估算，如要满足教育经费需求，其比重应占国家预算的 10%。但是这个理想比例到 2016 年也未实质性实现。可见，办学经费缺乏是个严重问题，私立院校更是举步维艰。

5. 高等教育发展不平衡

首先，高等院校分布不平衡。印度尼西亚全国 50% 的高等院校集中在爪哇岛，而且著名的高等院校也集中在此岛。由于爪哇岛集中了大部分的高等院校，又是文化教育水平比较高的地区，所以外岛学生纷纷到爪哇岛来求学。在 1992 年，国立高等院校共 49 所，分 A、B、C 三类，其中 A 类 10 所全部都在爪哇岛。到 2016 年，这一状况也并未有很大改变，优质高等教育资源仍然集聚在爪哇岛。

其次，学科专业选择不平衡。印度尼西亚是发展中国家，国家需要人才的顺序是：教育、工程技术、自然科学、管理科学、农业、医学和社会科学。而据调查，学生对学科专业的选择顺序是：工程技术、经济、师范、法律、会计、医疗、文学、社会科学等。国家经济建设和社会发展对人才的需要同高考学生的志愿选择和修读专业还存在一定的距离，换句话说，高校培养的人才并不能完全满足国家发展战略的需要。[①]

第二节　印度尼西亚高等教育国际化历程

一　殖民阶段（1831～1945 年）

印度尼西亚高等教育国际化的起源可以追溯到 16 世纪，许多印尼学生到中东求学。到了荷兰殖民时期，有许多国家领导人如穆罕默德·哈达进入荷兰学校学习。荷兰的影响直到 20 世纪 50 年代末，荷兰学者返回荷兰后才逐渐消退。取而代之的是，许多印尼年轻人由联合国开发计划署和福特基金会赞助去美国留学。另一些人在科伦坡计划（Colombo Scheme）的资助下选择去澳大利亚和其他地区留学。这些人回国后，很快成为本国高等教育改革的领军人物，尤其在推动本科生课程体系结构化方面产生了明显的影响，一改之前课程非结构化的弊端，逐步消除了学习年限较长等欧式教育的不足。

二　独立初期阶段（1946～1974 年）

20 世纪 50 年代前的教育国际化是单向的国际化，主要是派出留学生到外国学习深造，待他们回国后再提高国内的科学研究和技术研发水平。从印度尼西亚独立到 20 世纪 80 年代，其高等教育发展的基本方向是民族主义高于国际主义。自国家独立开始，就用印尼语取代荷兰语作为高等教育的官方教学语言，但印尼语并不是印尼任何一个民族的母语。同时还用印尼语编写学校和大学的课文，坚持将印尼语作为公共场合交流的唯一语言。在这一阶段，从国家的政策到具体的高等教育实践，高等教育的主要

---

① 出国留学网：《扫描印尼高等教育》，http://www.hbrc.com/news/view_7562400.html（2016 年 12 月 12 日）。

责任是为国家的经济发展和社会进步培养人才，高等教育的本土化高于其国际化。

在 20 世纪 80 年代，也有许多印尼学生被派到苏联和其他国家求学。许多信仰伊斯兰教的学生被送往西方大学继续深造，他们求学的学科专业领域不仅仅局限在宗教领域。而且许多国际知名大学如美国哥伦比亚大学、加拿大麦吉尔大学、荷兰莱顿大学、澳大利亚悉尼大学等高校与印尼伊斯兰教学院合作，现代历史学、社会学和人类学等被逐步融入传统的伊斯兰教育体系。比较突出的一个例子是，印尼前总统优素福·哈比比在万隆技术学院毕业后，前往联邦德国亚琛技术学院即后来的亚琛工业大学深造，1965 年获得工程学博士学位。伊斯兰大学及其他九所伊斯兰学院均从海外获得资金资助，包括来自阿拉伯国家如沙特阿拉伯的经费资助。

三　开放发展阶段　（1975～1995 年）

印尼高等教育经过独立发展阶段后，高教国际化更加开放，印度尼西亚政府通过设立留学生奖学金的国际通用方法来吸引外国留学生，借以扩大本国教育和文化的国际影响力。

提高高等教育质量是推进高等教育国际化的关键中的关键，为实现本国高等教育的国际化，尽快与国际高等教育体系接轨，印尼政府不断出台各种各样的政策以提高高等教育质量。最不寻常的政策之一就是要求所有大学教师接受一门关于教学与课程发展技术的正式课程，该课程由外国高校提供，这项措施实行了三年之后被废止。政府还强制性地要求（仍在强制实行）所有大学教师都要修习"潘查希拉"课程。教师素质被认为是提高高等教育质量的基础，而印度尼西亚高校的教师质量却令人担忧。根据官方统计，1984 年公立高校只有 13.9% 的教师拥有高级学位，而拥有博士学位的教师则更少，只有 4.5%。印尼政府虽然采取了很多办法，但改善这一状况的工作进展却较为缓慢，主要是印尼很少有高校能自己培养博士。印尼政府设法筹措款项提供给大学教师，以资助他们可以在国内或国外进修硕士或博士课程。

为了发展海外的教育市场，扩大教育服务贸易，印尼实施了吸引外国留学生到印尼学习的综合性政策，如设立了为外国留学生提供非学历教育的奖学金。为了扩大留学生的规模，印尼政府除了为外国留学生提供奖学金项目外，还设有印尼政府奖学金和发展中国家伙伴奖学金。同时，印尼政府还设立了国际学生基金，资助外国学生进行双学位学习；部分大学还为交换生提供合作学习项目。

四 战略发展阶段 （1995 年至今）

高等教育系统发展的不完善及教学语言的限制，加上印尼经济发展较慢，使印尼并没有像新加坡、马来西亚等国那样凭借自身的区位地域优势获得发展高等教育服务贸易的比较优势。但这并不意味着印尼对全球高等教育国际化趋势无动于衷。这一时期印尼把国际化视为国家高教发展战略之一，从战略高度来促进高教国际化，以适应国家经济全球化的需要。

印尼政府于 1998 年颁布《政府 61 号规定》，规定公立学校转变成为一个省属的、自治的合法实体。从高等教育国际化方面来看，高校拥有自治权就意味着高等教育能更好地参与市场竞争。市场竞争的优点是增强高校的灵活性和办学弹性，也就意味着高校能根据国内与国际局势的变化及时调整自己的策略。这种灵活性和弹性在很大程度上能加快高等教育国际化的进程，特别是灵活的课程设置和弹性学制，使高校在促进与国外大学的合作上，以及引进国外优质课程资源上都更为灵活。

1999 年《高等教育条例》的第 125 条规定，只要与印度尼西亚院校合作，其他国家的高等院校可以在印度尼西亚建立新的高等院校。这意味着印度尼西亚开始允许他国在印度尼西亚办高等院校。高等教育总司在 2003 年 4 月 1 日公布了《高等教育长期战略 （2003—2010 年）》。这一战略的出台既有国际性因素，又有本土性因素。前者指的是世界各国正面临着全球化，而后者指的是印度尼西亚国内面临社会多样化的事实。同年，印度尼西亚政府通过了《国家教育制度法》。令人瞩目的是，该法第 65 条明确写入"政府允许他国教育机构在印度尼西亚创办教育"。

国际化是印尼国家教育战略规划和 2003～2010 年高等教育中长期发展战略的一项基本任务。第一个规划提到了教育对实现印尼的国家目标、使命和竞争力的重要性。第二个规划指出，高等教育国际化意味着能够提升国家核心竞争力，印尼政府希望每所大学都能够扮演"国家教育外交代言人"的角色，最终增强国家文化软实力，以应对全球化所带来的消极影响。在印尼高等教育第四个发展规划（2010～2013 年）中，国际化被视为提升国家竞争力的重要策略之一。印尼高等教育国际化战略可概括为：一是培养世界性的公民，即毕业生能很好地理解全球生存和环境问题，成为不抛弃本国传统和文化的世界公民；二是区域性和国际化的高等教育质量标准；三是减少高等教育办学差异，包括降低印外教育合作的障碍，缩短与合作伙伴之间的质量差距；四是增加在公平和相互尊重基础上的学生和教职员交换次数；五是促进区域高等教育合作，加速国内不同区域高等教育体的国际化。

2010 年后，印尼政府已采取了许多措施来支持高等教育国际化，如举办国际研讨会、设置国际合作网站、提高留学生奖学金额度等。许多大学利用"互联网＋"信息技术（数字图书馆、在线学习、研讨会、虚拟人工智能等）、人员流动、开放课程等策略来促进高等教育国际化发展。

第三节　印度尼西亚高等教育国际化内容

为加快高等教育国际化步伐，印度尼西亚从以下几方面推动高等教育国际化战略的落实：一是与外国高等院校开展交流合作，互派留学生或教师。二是派遣教师到外国高校攻读硕士、博士学位，并大力引进海外优秀教师加盟，壮大本国高校的师资力量。三是设置学术充电计划项目，包括培养研究生管理人员的 A 项目、教授跨国（境）学术合作的 B 项目和博士学位者之间国际学术合作的 C 项目。从 2008 年起，公立和私立高校都允许在读博士生或拥有博士学位的青年教师在海外大学从事 4 个月的实验分析、文学研究或参加短期课程学习（三明治奖学金项目），并向硕士研究生提供在海外大学从事研究的机会（双姐妹结对项目）。四是设立外国高校教育服务计划。该计划不仅必须通过印尼政府机构认证，与印尼的国家教育标准和法规制度保持一致，还必须与印尼本国大学合作，并投资基础设施和接受本国人员参与办学。五是开展高校跨国（境）合作，印尼高校与荷兰、美国、澳大利亚等国高校的合作领域不断拓展、合作程度不断深化。

一　学生国际化

印度尼西亚是一个传统的留学生生源大国，大多数印尼人把教育看成是经济与社会阶层垂直流动的唯一选择，因此，许多富裕家庭都选择让孩子去海外留学。印尼学生占全球国际流动学生的 1%。2013 年，印尼出国留学生总人数为 39098 名。出国留学生的主要留学目的地为澳大利亚、美国、中国、马来西亚、德国、日本等。2012 年，来印尼的留学生达 7235人，主要是来自东南亚、南亚地区的学生，马来西亚留学生最多。还有中欧和东欧、撒哈拉以南的非洲地区、北美和西欧、阿拉伯国家的学生。印度尼西亚驻华大使馆最新数据显示，目前有 400 多名中国学生在印尼高校学习理工、教育、印尼语言文学、医学等专业。来印尼的留学生就读的主要学科领域是医学和文学，首选是印度尼西亚大学、加札马达大学和爱尔朗加大学的医学院。

在东南亚、南亚国家国际学生流动方面，2009 年马来西亚、印尼和泰国三国创立了东盟国际流动学生计划（AIMS）。该计划最初是为促进东南亚教育部长组织下政府之间的合作，发展目标是为所有东南亚教育部长组织成员国公民提供一个充满活力的学生流动计划。该计划现已成长为包含马来西亚、印度尼西亚、泰国、越南、文莱、菲律宾及日本 7 个介入国的标志性留学生项目。项目覆盖了旅游与酒店管理、农业、语言文化、国际商务、食品科学与工艺、工程、经济 7 个学科领域，经过各会员国甄选及推荐，有近 40 所高校获选加入。另外，印尼政府也实施了许多吸引外国留学生到印尼学习的奖学金政策，如为外国留学生提供非学位奖学金和"发展中国家合作伙伴奖学金"。

由于国力的限制，印尼学生公费留学的机会很少，多数出国留学的学生必须依靠国际组织、外国政府或国外大学提供奖学金。因此，相比其他东南亚、南亚国家，印尼出国留学的学生人数较少，但依然呈现逐年增长的趋势。目前，中国是印尼学生第三大留学目的地国。2013 年，共有

13492 名印尼留学生来华留学。2013 年 10 月 2 日，中国国家主席习近平对印尼进行国事访问，中印两国教育部长签署了相互承认高等教育证书协议，时任印尼驻中国大使馆教育参赞安瓦尔曾说："印尼留学生在中国数量的剧增是因为汉语正在逐渐成为世界性的语言。"

二　教师国际化

为了增强师资力量，提高教师科研能力，印尼政府设立了资助教师出国留学的奖学金，提供专门经费资助教师到海外攻读硕士学位、博士学位，同时，积极引进海外优秀教师加盟印尼高校，以提高本国高校的师资质量。印尼政府每年派出大量的高校教师到澳大利亚、美国以及新加坡等国参加培训，以增加教师队伍中拥有博士学位的人数。具体途径有以下几种：教师取得奖学金，到国外进修一段时间；与外国大学合作，由其集中培训教师；派教师到美国高校攻读硕士学位、博士学位，美国大学派教授来印尼讲学，并为其提供教学设备和教学资源。

印尼的著名大学注重引进外籍教师，如印尼总统大学的教师基本具有博士学位或工商管理硕士学位，除了本国国籍的教师，还有来自英国、美国、澳大利亚、菲律宾、印度等国的外国教师。又如印度尼西亚大学 2010年就有 95 名外籍客座教授，主要来自美国、澳大利亚、德国、日本。印尼高校外籍教师的具体来源国详见表 8 - 1。

表 8 - 1　印度尼西亚高校外籍教师国籍及数量

单位：人

国　家	数　量	国　家	数　量	国　家	数　量
日　本	24	中　国	5	新加坡	2
澳大利亚	13	英　国	5	法　国	2
美　国	10	荷　兰	4	菲律宾	1
德　国	10	马来西亚	3	加拿大	1
俄罗斯	5	韩　国	2	其　他	5

资料来源：根据印尼各大学官网整理得出（2014）。

三　课程国际化

印度尼西亚高等教育课程国际化主要体现在派遣出国学生参加"三明治奖学金项目""双姐妹结对项目"和双学位学习的课程安排上。在印尼排名前 50 名的大学中，72% 的大学与海外大学开展了国际化课程合作，且私立大学（77%）开设国际化课程指标要比公立大学（68%）高。印尼的大学在课程国际化方面也有不少成功实践。如位于首都南部的印尼雅加达国民大学（UNAS）的数字图书馆与筛选过的全球图书馆互联互通，为师生提供方便的开放渠道来阅览书籍、报刊、会议论文集和观看视频。印尼高校提供开放注册，允许本国学生及外国学生注册，包括东南亚、南亚国家的学生。教师和学生利用智能终端可以在任何地方、任何时间访问所有的在线开放视频和电子阅读材料。数字图书馆对开设开放课程和在线阅览文献至关重要。又如印尼总统大学（PU），是印尼第一所全英文教学的综合性本科大学，因此该校毕业生具备英语和印尼语的双语言优势，就业范围十分广阔。

四　学术国际化

印尼高校的学术国际化主要体现在由 A、B、C 三种项目组成的学术充电计划。学术充电计划 A 项目指的是印尼高校研究生管理人员与国外高校的合作研究，以增进在研究生管理方面的学术合作；学术充电计划 B 项目旨在提升具有较强科研能力或潜力的教授的学术能力，需要教授通过参加国际学术活动以出版学术专著或在国际期刊上发表学术论文；学术充电计划 C 项目是加强具有博士学位的学者之间的国际合作项目或联合建设实验室。

五　国际合作与交流

国际合作是印尼高等教育国际化的一个重要方式。截止到 2016 年，印尼有两所海外分校，分别是与法国的 ESMOD Jakarta 和荷兰的 Stenden University 联合开办的分校。2002 年，印度尼西亚教育部与荷兰教育部签署了两国关于印尼高校与荷兰高校就科学与文化方面的合作协议。两国政府承诺不断拓展高校的合作领域，尤其是在教育与培训、科学研究与技术研发等领域进行合作。2004 年，印度尼西亚驻美国大使馆发起的"印度尼西亚与美国高等教育国际化合作伙伴"会议在华盛顿召开。印尼教育部高等教育局方面建议，为了增加印尼高等院校教师队伍中的博士学位获得者人数，每年应派遣 1000 名学者到美国留学。2005 年，在雅加达召开了第二届"印度尼西亚与美国高等教育国际化合作伙伴"会议，与会学者和专家针对印尼高等教育国际化存在的主要问题提出了大量建议。概括起来，主要有以下几点：一是进一步促进两国高校之间的合作，包括联合开设管理课程、双联课程、双学位课程以及开展联合研究、学生互换等；二是在印度尼西亚直接设立外国大学的分校；三是加强对总统学者奖（Presidential Scholars）课程的投入等。

2013 年，美国－印度尼西亚海外学习能力合作计划（简称 USIPP）联盟成立。联盟由 6 所美国高校和 6 所印度尼西亚高校组成，开展包括各种层次的国外学习项目、联合研究、学生互换以及教师交换等学术交流与合作。该联盟是美国－印度尼西亚海外学习能力合作计划的直接产物，也是由美国国务院教育与文化事务局赞助的一个两年计划，由国际教育协会国际高等教育伙伴关系中心负责执行。美国教育与文化事务局拨款的最初目标是促进美国学生到印度尼西亚留学。该联盟有 3 个主要框架性目标：支持美国－印度尼西亚高等教育伙伴关系，加强两国的学生流动；促进美国和印度尼西亚高等教育机构互惠学术伙伴关系的形成；加强两国家高校教师之间的学术合作。通过强化美印两国高等教育战略合作伙伴关系，最终巩固美印两国全面战略合作伙伴关系，为美国的战略目标服务。

第九章

新加坡高等教育国际化进展分析

　　新加坡是世界闻名的"海岛型城市花园国家"，不仅经济发达、文化繁荣，而且科教先进、人才辈出。新加坡高水平大学博采东西方文化精华，采用灵活的教学方法使学生的潜能得到精心培养和充分发展，因此它的高等教育系统特色鲜明、自成体系、非常成功，表现之一就是新加坡政府利用30余年时间将新加坡国立大学（简称"国大"）、南洋理工大学（简称"南大"）建设成为全球排名前50的高水平、国际化大学。高水平、国际化大学建设伴随并支撑着新加坡"亚洲四小龙"之首的崛起进程。新加坡的高水平、国际化大学对国家民族的高度责任感，大师群体所体现的兼容并包、学术自由、科学严谨、注重实干的大学精神，"完人培育"的教育目标和通识人才培养模式、广开自选的课程体系和国际化办学方针等，是其打造高水平、国际化大学的"新加坡模式"、创造"新加坡教育奇迹"的主要因素。高等教育开放化、大学国际化是21世纪世界高等教育发展的重要潮流，区域高水平大学国际化研究是学术界的一支"潜力股"。新加坡高水平、国际化大学建设模式虽然不可复制但可借鉴，对此进行专题研究，既可以学习和了解在东亚儒家文化圈内的国家建设高水平、国际化大学的经验教训，也可为依次开展东南亚、南亚不同类型国家的高水平、国际化大学及东南亚、南亚不同国家的高等教育系统的全面对外开放研究打开思路、积累经验、奠定基础，进而为云南省乃至中国建设区域性高水平、国际化一流大学，面向西南开展高等教育国际合作与交流，面向东南亚、南亚"走出去"支撑"一带一路"建设等提供有益的参考和借鉴。

中国与新加坡同属东亚儒家文化圈，两国的政治、经济、文化、教育等有许多相似相通之处，尤其是两国的高等教育国际化发轫时期相近，但发展路径和结果稍有不同。新加坡高校总数较少，能颁发正规学历文凭的高校不足20所，但政府和高校长期坚持国际化办学战略，新加坡国立大学创校100年就跻身世界一流大学阵营、南洋理工大学建校50年就进入世界50强高校行列，双双成为世界一流学科高水平、国际化大学。作为中西文化交流荟萃之地，新加坡在很多领域都创造了具有其自身特色的"新加坡模式"，其在政府管理和高等教育国际化方面的成功做法被中国有关方面广泛学习和深入借鉴，中国政府特别是教育部经常性组织行政管理人员前往新加坡集体学习或培训。本章采用钱学森院士创立的从定性到定量的综合集成研究法（M-S法），在梳理新加坡高等教育国际化研究相关背景文献资料的基础上，定性分析了新加坡部分代表性高校的国际化现状，同时采用定量分析的技术从三个维度比较了新加坡高水平、国际化大学建设的成就，特别探究了新加坡政府和高校根据国际形势和产业结构适时调整高教结构并形成政府-高校-产业良好互动机制的成功做法，最后归纳了新加坡建设高水平、国际化大学取得成功的主要策略，以及对于我国创建世界一流大学、世界一流学科高水平大学等的诸多启示。

第一节　新加坡高等教育的发展现状

教育观念决定教育发展的方向和前景。树立国际化观念，制定相应的国际化行动规划和政策是大学国际化行动的首要之举。新加坡高等教育树立国际化办学观念，致力于发展"无墙"文化，即"思维不设墙、概念不设墙以及知识的发掘、转移和应用不设墙"。"无墙文化"为新加坡国立高校推行国际化战略奠定了思想理论基础。正是得益于包容性极强的"无墙文化"，新加坡高校国际化水平逐渐提高。从招收学生、招聘教师、教学科研、行政管理直到后勤服务等都围绕"无墙"理念展开，新加坡呈现出全方位的开放办学模式，吸引了众多国际学生、教师和科研人才。

位于东南亚的新加坡土地面积仅720平方公里，自然资源比较匮乏，长期以来处于英国殖民者的统治下，直到 1965 年才正式建国。新加坡仅用了短短三四十年就一跃发展成为亚太地区金融、贸易、航运、资讯中心，进入发达国家之列，成为亚洲"四小龙"之一；2016 年，GDP 达到4102.7 亿新加坡元，人均 73000 新加坡元（约合人民币 360000 元）。综观新加坡的跨越发展，可以发现因地制宜的发展战略和全面开放的人才培养是新加坡经济腾飞的关键。在国际化人才培养方面，新加坡的大学发挥着关键的作用。新加坡国立大学、南洋理工大学及新加坡管理大学等是培养新加坡经济社会发展所需人才的摇篮。这 3 所大学都采取国际化的发展模式，走国际化的道路办高水平的大学。培养外向型、国际化的人才是新加坡高校办学的根本出发点和最终归宿。[①]

第二节　新加坡高等教育国际化概论

一　新加坡高等教育国际化历史

20 世纪 90 年代，世界各国在大力推动高新技术开发与前沿基础研究的同时，加快改革与发展高等教育以培养适应新时代挑战的、具有综合良好素质的、国际化视野开阔的高新技术人才。历来秉持人才立国、科教强国，靠人才素质取胜的新加坡迅速投入了这一世界性高等教育的大改革和大发展的潮流之中，努力追求高等教育的优异与卓越。随着新世纪的迫近，为配合国家 21 世纪的国际化发展战略，新加坡政府明确了高等教育的国际化战略，要求努力提高高等教育质量，充分利用国际资源和人才，增强国际学术交流与合作，提升高等教育国际化竞争力，培养有国际理解意识、国际交往能力、国际竞争能力的复合型人才，以使新加坡发展成为国际学术文化中心。1985 年，以李显龙为首的经济委员会在制定经济社会发展长远规划的过程中，确立了新加坡国际教育服务贸易的理念。该委员会认为"教育具有巨大的增长潜力、对经济发展具有完全正面的影响、具有

[①] 张安平、张小燕：《新加坡高等教育国际化建设的特点与启示》，《世界教育信息》2008 年第 12 期。

巨大的出口创汇潜力"。在这个时期，新加坡的高等教育国际化政策促使政府不得不积极利用国际教育资源，培养适应本国经济发展和社会建设的高水平人才。1993 年修订的《新加坡教育法》提出了教育的目标：充分发挥每一个学生的潜力，培养每一个学生的健康道德价值观，使学生具备雄厚的基本技能基础，以适应飞速发展的世界需求。1997 年，时任新加坡总理吴作栋宣布将新加坡建设成为"东方波士顿""区域人才培训中心和教育枢纽"，把当时新加坡的两所大学——"国大"和"南大"建设成为世界一流的高等教育机构，并要求两所高校分别以哈佛大学和麻省理工学院为榜样。同年，新加坡政府邀请了来自美国、日本以及欧洲高校的 11 名专家到新加坡，为如何达到这一目标提出咨询建议。专家组提出了以下四方面建议：第一，建立更灵活的录取标准，考虑学生支付能力设立学费标准，从而吸引世界各地优秀人才来新加坡就读；第二，在科研与研究生教育上，加强与世界知名科研机构的合作与联系；第三，拓宽本科生的课程内容范围，使学生对非技术问题具有更广泛的兴趣、对自然科学和社会科学形成更深层次的理解；第四，创造更优良的科研和教学环境，从而使两所大学能够聘请到世界一流的教授和研究者。1998 年，新加坡政府开始实施"TOP10"计划，新加坡的教育国际化开始进入跨境教育时代。[1] 经过近 20 年的快速发展，新加坡已成为东南亚、南亚高等教育国际化强国，"国大""南大"已挺进世界一流大学、世界一流学科高水平大学前列。

二 新加坡高等教育国际化内容

（一）办学目标的国际化

"国大"和"南大"两所大学均在国际化视野下设计培养目标，并以哈佛大学、麻省理工学院为参照，力求使培养的人才适应全球化经济发展的需要。与此同时，两所大学均要求自己承担国际化方面的社会责任，都把促进社会、经济和技术发展增值作为自己的使命，立志为新加坡、整个

---

① 李有文：《高等教育国际化的新加坡经验——以新加坡国立大学及南洋理工大学为例》，《嘉应学院学报》2012 年第 1 期。

区域和以外的地区做出贡献。如"国大"的办学愿景是"跻身全球知识企业的行列，成为一所立足亚洲、放眼世界的一流世界级大学"，立志影响未来，以独特而开朗的亚洲观点为新加坡和其他国家的学生提供不同凡响的国际教育。它强调自己与众不同之处在于：成为全球教育的领导者，把世界带到"国大"，把"国大"学生引向世界。"国大"提倡"无墙"文化：思维不设墙、概念不设墙、人才不设墙以及知识的发掘、转移和应用不设墙①，给本国学生和外国留学生提供国际化的学习环境和生活方式，协助学生充分发挥潜能，使之具备扎实的专业基础，能够做到知己知彼，成为熟悉国际经济环境的复合型人才。其目标是为学生提供全方位的大学教育，使他们成为自信的全球性公民。为此，"国大""南大"推出了许多独特的全球性计划，如学生交流计划及 60 多个双学位和联合学位计划，让学生有机会在一些世界名校进行学习，确保其毕业生能够在跨文化环境中高效而自信地开展工作。

（二）办学形式的国际化

1998 年 9 月，新加坡经济发展局提出 10 年内吸引至少 10 所世界顶级大学到新加坡来设立分校，新加坡仅用 5 年的时间就完成了 10 所著名大学的引进。另外，"国大"与美国商业机器公司（IBM）合作创立了系统科学学院，2002 年又与中国的北京大学、清华大学、复旦大学、上海交通大学、西安交通大学等 10 所大学签署了共同培养资讯通信产业人才的协议；"南大"和美国康奈尔大学开展了在通信教学和研究方面的合作活动，2000 年又与瑞士圣加勒大学共同举办亚洲第一个双硕士学位的商业课程，并与美国麻省理工学院联合举办"制造系统与科技的创新"课程；"国大"和"南大"的学生所积累的课程学分在一些国外大学也获得了承认。"国大"与美国耶鲁大学合作成立的"耶鲁 - 新加坡国大学院"于 2013 年开始招生。"南大"生物科学院与北京中医药大学联办双学位课程，以培养一批有生物科学基础的中医药专家。整个课程为期 5 年，前 3 年的课程会

---

① 卢艳兰、胡杨：《新加坡国立大学国际化人才培养的"无墙文化"理念探析》，《学校党建与思想教育》2015 年第 19 期。

在"南大"生物科学院进行，最后两年的课程到北京中医药大学完成，完成课程的学生能同时获得"南大"理学学士文凭和北京中医药大学理学学士学位。上海交通大学新加坡研究生院开设的工商管理硕士（MBA）教育项目，是由上海交通大学安泰经济与管理学院和"南大"商学院合作，在新加坡招生，完成全部课程修满相应学分者，由上海交通大学授予工商管理硕士学位，专为在新加坡任职的具有工作经验的企业管理人员设计，旨在培养具有全球视野和国际竞争力的工商管理精英。

（三）课程设置的国际化

课程设置的国际化是实现高等教育国际化的重要途径之一。为推动课程设置国际化，新加坡高校采取的具体措施有：一是开设国际性课程，培养拥有国际知识的高水平复合型人才，如新加坡管理大学开设了亚洲经济发展、海外商务研究、跨国管理、亚太地区发展变化与东亚经济等课程；"南大"开设了国际商务、国际建筑管理等学位课程，以提升国际化人才的素质，造就具有国际眼光、国际态度、国际活动能力、熟悉异国文化环境、拥有国际知识的高水平复合型人才。二是根据世界前沿课题的研究，不断更新学科专业设置，使教学科研适时与国际接轨。"国大"不断更新课程内容，以便提供最先进的、与时俱进的知识和信息。其融合了多个跨学科、跨领域的教育模式，能够让学生敢于跳出自己的安逸圈，在其所选择的学习领域和相关方面获得全球化视野。三是加强与国外高校的交流、合作，联合开办课程，如"南大"与美国麻省理工学院合办"制造系统与科技的创新"课程。四是对于耗资大、周期长、见效慢的基础性学科，实行直接从国外引进的策略。五是设立海外学院，"国大"分别在美国硅谷、费城，中国北京、上海、苏州，瑞典斯德哥尔摩，印度，韩国，以色列等地设有海外学院，支持学生赴海外创业或教育中心进行学习或工作。①

---

① 李有文：《高等教育国际化的新加坡经验——以新加坡国立大学及南洋理工大学为例》，《嘉应学院学报》2012 年第 1 期。

三　新加坡高等教育国际化特征

（一）鼓励学生流动

新加坡自 1965 年独立后，输送了大量学生出国留学，并鼓励国人留学后回来建设新加坡，这个时期新加坡向国外输出留学生多于国外向新加坡输入留学生。1991 年新加坡政府制定了名为《新的起点》的跨世纪战略，政府明确了高等教育的国际化发展战略，采取了一系列措施吸引更多外国留学生来新加坡学习。新加坡高校专门为留学生提供政府津贴、奖学金、学费贷款等优惠，同时减少大学学费中外国学生应交纳的其他费用；政府在政策制定、招生宣传上为高校提供资金支持和政策支持。大力发展交换生项目，1998 年，"国大"的 100 多名学生到美国康奈尔大学、加拿大不列颠哥伦比亚大学等 98 所大学交换学习；2000～2001 学年，有 300 多名学生到国外学习，并吸引了 335 名国际交换学生到新加坡国立大学学习，使得新加坡国立大学外国研究生占研究生总数的比例达到 60% 以上。到新加坡私立高校学习的外国研究生增长也很迅速，从 1997 年的 3756 人增加到 2000 年的 6010 人，增幅达 60%。到 2016 年，新加坡高校中出国留学或交换生超过 5000 人，而到新加坡高校求学或深造的外国学生达到 20 万人。大学中学生流动率超过 30%，即三分之一的大学生有跨国（境）学习或实习经历。

（二）开办国际分校

新加坡政府积极采取措施引进世界一流大学在新加坡开办国际分校，同时提倡本国大学到国外开设分校。1998 年 9 月新加坡经济发展局宣布"TOP10"计划，即在 10 年内吸引 10 所世界一流的大学在新加坡设立分校，以增强新加坡高等教育的全球竞争力。2003 年，10 所世界顶级大学的分校已经在新加坡落地生根，这些大学的分校主要从事科研及研究生教育。在"TOP10"计划实施之后，来新加坡留学的国际学生一直处于上升趋势。从 2002 年的 5 万人上升到 2006 年的 8.3 万人。2003 年新加坡又推行环球校园计划,该计划旨在使新加坡发展成为全球首要的教育服务枢纽。具体目标包括:在随后的 9 年,吸引 20 万海外学生和企业员工到新加坡接受教育或培训;2012 年,在新加坡的留学生人数增加到 15 万人。2016 年新加坡拥有的中国留学生超过 4 万人,其中本科生、研究生近万人。新加坡推行的这一政策初见成效,以新加坡国立大学为例,"国大"与 14 所国家级、20 所大学级和 80 所学院级的研究院、研究中心拥有密切的教学与研究合作关系。新加坡国立大学设立了 7 所海外学院,其中包括苏州研究院、硅谷分校等。

(三) 教师队伍素质高

新加坡为了提高本国高等教育的核心竞争力,从世界各国大量吸引优秀人才,充实高校师资队伍。新加坡各高校从学科专业建设的实际需要出发,面向世界公开招聘教师和中高层管理专家,对应聘者的学历、资历、经验、论著等方面进行考察,有些高校还实行试用制,以保证招聘到最优秀的专家。例如,新加坡国立大学在纽约、伦敦等地设立教师招聘办事处,派专人到欧美、日本、澳大利亚的知名大学招聘教师,并重金聘请知名学者和专家到新加坡任教,招聘的教师大部分都有博士学位。新加坡政府鼓励教师从事科研活动,为教师提供大量的科研经费,不断提高教师的科研能力。新加坡鼓励本国教师到国外攻读研究生课程或参加人员交换项目,积极支持并定期资助教师参加国际学术活动。例如,新加坡政府专门设立了总统奖学金和公共服务奖学金,每年选派优秀教师到世界一流大学深造。新加坡政府还为教师提供优厚待遇,高校吸引并留住了大量优秀人才,大大提高了教师队伍的综合素质。

(四) 教学设施现代化

新加坡是个弹丸小国,自然资源非常匮乏,所以,新加坡政府非常重视发展教育事业,不断增加教育投资,投资速度超过了其国内生产总值的增长速度。新加坡将国内生产总值约 4% 投入教育。新加坡 2006 年预算中,教育开支达 65 亿新元,占政府总开支的 21%,仅次于国防开支。2016 年,新加坡政府拨款 2 亿 5000 万新加坡元 (约合人民币 12.3 亿元)

在科尼岛兴建第二所外展学校，为学生特别是大学生提供户外教育专业场地。新加坡政府对教育的高投入使得高校在教学中能广泛采用各种高新技术，如国际互联网、多媒体技术、人工智能、云计算、大数据等，不断提高教学效率和人才培养质量。南洋理工大学建设了新加坡第一个数字化图书馆。新加坡国立大学校园内的互联网主干速度可达每秒24GB，有3.5万个有线网络插口和400个无线网络发射器，让师生能够在校园的任何地点即时获得历史文献和最新资讯。[①]

第三节 新加坡高校国际化典型案例

一 新加坡国立大学国际化案例分析

新加坡国立大学成立于1905年，是新加坡历史最悠久且最负国际声望的大学，也是亚洲首屈一指的高等学府，更是世界级顶尖大学。"国大"的前身可以追溯到1905年设立的英皇爱德华七世医学院和1927年设立的莱佛士学院。这两所学院于1949年合并为马来亚大学，并在1962年改名为新加坡大学。1980年8月，新加坡大学和1956年成立的南洋大学正式合并成立新加坡国立大学。大学拥有16个提供本科和研究生学位课程的学院。新加坡国立大学是AACSB和EQUIS认证成员，也是亚洲大学联盟、国际研究型大学联盟、环太平洋大学协会等成员。

新加坡国立大学，东濒南波那维斯达路（South Buona Vista Rd），有肯特岗、武吉知马和欧南3大校区，肯特岗校区占地150公顷，前身是殖民地时期英军驻新加坡巴西班让（Pasir Panjang）空军基地。校区被肯特岗大致分为前后两部分，前部为教学区、行政楼和康乐设施，后部主要是研究所和学生公寓。校区毗邻新加坡科学园（Singapore Science Park）和"国大"医院（National University Hospital），科研条件十分便利。校区南邻巴西班让集装箱港口，可以俯瞰港区风光。

新加坡国立大学学科门类齐全，设有人文和社会科学、理学、工学、

---

① 胡丽娜：《新加坡研究生教育及启示》，《世界教育信息》2008年第9期。

商学、法学、建筑学、计算机学、杨潞龄医学院和杨秀桃音乐学院。另有李光耀公共政策学院、东亚研究所等研究机构。校园内还分布着淡马锡生命科学研究所（TLL）和属于新加坡科技研究局（Agency of Science, Technology and Research）的数据存储研究所（DSI），材料研究和工程研究所（IMRE），分子细胞生物研究所（IMCB）等高级研究机构。据 2015 年"国大"官网数据，学校设有 3 个卓越研究中心（RCEs）及 30 所研究机构与中心，并与 16 所国家级研究机构与中心合作。在世界主流大学排名中，基本都在前 30 名。

到 2015 年，"国大"设有 17 个学院，共 60 多个本科专业，培养全面发展并具有渊博学识的本科毕业生。"国大"设有 7 个研究生院，提供高水准的研究生课程。除此之外，"国大"还设有多个国家级和校级研究院和研究中心，从事研究开发工作。17 个学院和 7 个研究生院是：文学与社会科学院，测绘、建筑及地产学院，商业行政学院，法学院，理学院，工程学院，医学院，牙医学院，电脑学院，文学与社会科学研究院，商科研究院，理科研究院，工程研究院，建筑环境研究院，医学研究院，牙医研究院，音乐学院等。2015～2016 学年，新加坡国立大学拥有 38000 名学生，其中本科生 28000 名，研究生 10000 人；2016 年毕业班有学士学位毕业生 6491 人，研究生学位 3904 人；2017 年，教学人员 2400 人、研究人员 3500 人、行政与专业人员 3100 人，其他员工 2300 人。

新加坡国立大学的教学语言是英语，并采用英美式的通才教育模式。第一年学生被分到各个所属学院接受公共课基础教育，第二年以后才根据自身爱好和特长划分专业。"国大"采用了学分制和投标选课制，会根据学生的兴趣提供选课搭配的专业指导。同时，"国大"采用了英式的 5 分制和荣誉学位制，根据学生的综合累积分（CAP）授予不同等级的本科学位。除了工科、医科等少数专业外，本科阶段学制一般为三年，成绩优秀的可以加读一年以获得荣誉学位。本科学位分为一等荣誉、二等甲级荣誉、二等乙级荣誉、三等荣誉、及格等。一个优秀的荣誉学位通常与更高的就业起薪挂钩，这也极大地提高了学生的学习积极性。"国大"鼓励学生在本科三年级参加实习或交换生计划，为今后就业或深造打下基础。研究生通常有两个导师，一个在所属院系，另一个在相关的研究所甚至私人企业。理论和实践的紧密结合，使得新加坡国立大学的各个院系的毕业生在就业市场上广受欢迎。除了学习和科研外，"国大"还鼓励学生参加各种课外活动，例如社团、义工、兴趣小组等。在新加坡，课外活动积分（CCA Point）的高低和课业表现优劣同为雇主招聘时的参考标准。①

总之，新加坡国立大学非常注重教育国际化战略，全方位贯彻国际化发展模式，取得了重大成就。"国大"千方百计地从国外聘请优质教师，实施先进的教育理念和适切的教学模式，大力开展教学学术研究，持续培养国际化人才。② 另外，"国大"从进口上严格把关，在大量招收海内外优质学生的同时，积极开拓国际合作办学新道路，大力建设海外分校，实施多种形式的国际交流项目，已成为世界级的高等教育国际化强校，其发展经验值得中国高校学习和借鉴。

二　南洋理工大学国际化案例分析

南洋理工大学是新加坡政府于 1991 年在原南洋大学校址"云南园"上建立起来的，它的前身是 1955 年民办的南洋大学，倡办人是陈六使先生，也是新加坡最知名的科研密集型大学之一。"南大"是国际科技大学联盟发起成员、AACSB 认证成员、国际事务专业学院协会（APSIA）成员。"南大"有云南园、卫星 2 个校区，其中云南园校区占地 200 公顷。经过不懈努力，"南大"从一个以工程为主的理工大学迅速发展成拥有文、理、工、商 4 大学院，包括理工、商科、通信与传播、教育、人文与社会科学等多个学科的综合性大学。现在，"南大"已成为世界闻名的高等学府之一，它与全球 300 多所重点学府建立了合作关系，为超过 35000 名本科生和研究生提供国际一流的高品质、跨学科全球教育，吸引着来自东南亚、南亚区域内及世界其他地区的众多精英学生。"南大"与伦敦大学帝国学院联办李光前医学院，并在 2013 年录取第一批学生，2016 年已有部分学生毕业或深造。"南大"多年来一直秉承着优良的传统，本着科技创

---

① 王喜红：《高等教育国际化策略探析》，《观察视角》2012 年第 6 期。
② 李铭霞：《新加坡国立大学学生国际化培养的经验和启示》，《人才资源开发》2016 年第 14 期。

新、培养跨学科博雅人才的办学理念，"致力于培养具备科技知识、人文素养、创业精神和国际视野的全球领袖"。

经过 30 多年的建设，"南大"已是一所科研密集、名列全球前 50 名的世界顶尖大学。作为新加坡主要的科技大学，"南大"在生物医学、环境与水资源技术和互动与数码媒体科学等领域确立了强大优势，特别是科学和工程学科的优势享誉国际。"南大"南洋商学院的工商管理硕士课程荣登全球 MBA 百强排行榜，更是新加坡唯一连续两年被英国《经济学家》智库（Economist Intelligent Unit，EIU）列为世界前 100 名的 MBA 课程，在亚洲名列前 5 名。"南大"校园内设有 4 所世界级的自主研发机构，如拉惹勒南国际关系研究院、新加坡地球观测与研究所、新加坡环境生物工程中心和成就备受国际认可的国立教育学院。"南大"还设有许多顶尖的研究中心，如扬名亚洲的传播与信息学院、南洋环境与水资源研究院、能源研究所，以及走在新加坡生命科学发展最前沿的生物科学学院。另外，"南大"的国防与策略研究所更是全球权威的研究智库。

2004 年，"南大"在英国《泰晤士报高等教育专刊》的全球 200 所顶尖大学排名中位列第 50 名，在亚洲排第 7 位；2005 年，"南大"在英国《泰晤士报高等教育专刊》中排名第 48 位；2006 年的排名又比 2005 年晋升了 11 位；2007 年，"南大"荣登英国《泰晤士报高等教育专刊》全球顶尖科技大学排名前 25 名。2017 年，QS 世界大学排名"南大"位居第 13 位、THEs 世界大学排名第 54 位。这些排名显示，"南大"正以雄厚的实力和拼搏的精神向着世界顶尖大学的前列迈进，2017 年 THEs 亚洲大学排名第 4 位，仅次于新加坡国立大学、北京大学和清华大学。

"南大"有许多学生可以自由选择的国际合作计划，如国际学生交流计划、全球教育计划、海外实习计划、全球暑期学习计划等，通过参与这些计划，学生可以获得多国学习和工作的机会，接受不同文化的熏陶，体验不同的生活与学术氛围，开阔自己的视野，丰富自己的阅历，在全球环境中培养锻炼成为未来的顶尖人才。国际学生交流计划（INSEP），主要让学生在一个相对固定的时期，到外国的大学完成部分学业，让学生放眼全球，开阔视野，与不同种族、不同文化的人们进行交流。"南大"与全球 30 多个国家超过 150 所大学合作，让学生用一个或两个学期的时间，在这些参与计划的大学内进行交流学习，同时可以互换学分。INSEP 由 "南大" 国际关系处负责，并获得各个学院的支持。全球教育计划（GIP），作为 "南大" 全方位教育体验的一部分，GIP 超越了传统的以技能和知识为中心的单一学术教育模式，为学生提供独特的多国学习、工作和创业经验的机会，在全球环境中培养、锻炼未来的顶尖领导人才。[①] 根据 "南大" 主页介绍，在 "南大" 每 10 名学生当中就有 8 名学生到海外的高校修读相关科目、参加交流活动或国际竞赛等。同时，学生们也能在企业机构和工业园区实习并进行研究。

"南大" 十分重视国际交流与合作，坚持走国际化道路。它从世界各地招收优秀学生，迄今有 50 多个国家和地区的学生来 "南大" 求学。2016 年，"南大" 本科阶段的留学生比例是 20%，研究生阶段的留学生比例则高达 60%。"南大" 的教师实行全球招聘，现有 5600 余名专任教师，来自世界 40 多个国家和地区，外籍教师的比例超过 50%，绝大多数具有博士学位。学校在各方面积极支持教师和博士研究生到国外参加学术会议或开展合作研究。"南大" 还积极建设强大的国际关系网络。一方面，"南大" 的合作伙伴和国际联盟不断增加，为学生制造更多机会前往顶尖企业进修实习，如劳斯莱斯公司、洛克希德·马丁公司和宝马公司等。另一方面，"南大" 努力与各地优秀学府机构建立战略联盟，携手开展跨国项目。"南大" 的国外顶尖大学合作伙伴有麻省理工学院、加州理工学院、北京大学、剑桥大学、斯坦福大学等。另外，"南大" 在北京中关村和上海张江高科技园区设立了办公室，以推动 "南大" 在中国的教育交流活动，直接为中国高校提供学习样本。

三　新加坡其他高校的国际化进程

受英国开放大学的启发，1994 年 1 月，新加坡政府委托新加坡管理学院开设开放课程，面向全社会招生。这是新加坡历史上第一所开放型大学，也是新加坡高等教育史上的重要里程碑。它标志着世纪之交的新加坡

---

① 何崇军：《新加坡南洋理工大学国际化办学发展探析》，《教育视野》2010 年第 8 期。

高等教育正向着更为开放和多样化的方向培养跨世纪人才。开放型大学实行学分制，修读 4 年课程，修满 120 学分后可获得普通学士学位，并且不限制最长修读年限。所有就读者一年可修 40 个学分，如果三年内没有进展，院方会考虑劝其退学。就读者也可以把在其他高教机构已修过且受承认的课程转换成开放大学的学分。新加坡的开放大学开设三种学位课程，分别是文学学士学位（英语及文学）、理学学士学位（数学）和理学学士学位（电脑科学）。目前，申请就读开放大学者，年龄须满 21 岁，须有两年实际工作经验，还要有两科"A"级水准会考科目合格证书，拥有其他受承认学府的证书者也可报名就读。学生报名时，不必一次缴清学费，可根据每次所报读的科目多少分科交费。新加坡管理学院的开放课程原计划招生 500 人，后因报读人数高达 3152 人，首届扩大招生至 1000 人。这种灵活和富有弹性的高等教育办学形式在新加坡社会受到普遍欢迎和接受。新加坡人力资源培训学院还与中国上海交通大学合作开办工商管理学硕士学位课程班，面向新加坡全社会招生。学位课程历时两年，修满课程毕业考核合格者将获得上海交通大学颁发的、国际上普遍承认的管理学硕士学位。该课程班主要是为了向新加坡企业界人士提供进一步深造的机会，学习当今国际上通行的高级管理理论和技术知识与技巧，并且将西方现代管理技术和东方传统价值观有机地结合起来。所有课程有助于学员深入了解中国的商业环境和实务，培养学员在中国市场的适应力和竞争力。调查显示，获得学位的学员们在新的工作岗位上发挥着领导和骨干作用，收到了良好的社会效益。

此外，新加坡管理大学、新加坡科技设计大学等公私立高校积极探索和推进国际化办学进程，也取得了比较显著的国际化办学成果。

第四节　新加坡高等教育国际化启示

新加坡高等教育面向 21 世纪的改革与发展，使人力资源得到了充分而合理的开发，为新加坡的持续发展不断输送高素质人才。在 1994 年至 1996 年连续三年的全球竞争力排行榜中，新加坡在"全民素质"一项荣居榜首。全民素质的提高极大地推动了经济的飞速发展，1996 年，国际组织将新加坡列入发达国家行列。新加坡在高等教育国际化方面的改革与发展，对我国的高等教育现代化、国际化、高水平化和一流化有着重要的启示和借鉴意义：

第一，新加坡高等教育系统的发展规模始终保持在社会生产和经济需求所能容纳和充分利用的水平内，尽力把人才浪费降低到最低限度，有效地杜绝了人才短缺和人才过剩现象。新加坡政府依据人力资源市场的调查和对经济社会未来发展的预测确定各高校各学科专业的招生人数，灵活增加实用学科的加修和选修，使各大学毕业生在社会上"适销对路"，很少有失业和转行的情况发生。因此，人力资源不但得到了充分的开发，同时也得到了充分的利用。"小国寡民"的新加坡经受不起人才浪费与损失的冲击，因此人力资源的充分开发和合理利用为治国法宝。因此，以"人口众多"著称的中国在人力资源的开发方面应加大力度，特别要重视人力资源的潜力挖掘和人力资源充分与合理利用，切实尊重知识、尊重人才，既不拘一格降人才，更不拘一格用人才，实现"中国梦"才有坚实的人力资源支撑。

第二，新加坡高等教育系统高度重视科学技术的研究和应用，并与政府、企业等建立起紧密合作关系，及时把科研成果迅速转化为生产力，不断推动社会和经济的持续发展。新加坡政府采取了一系列得力措施，充分利用高校的人才优势，鼓励和帮助政府、企业大力开展科技研发和产品开发工作。如南洋理工大学实施教学工厂模式，双元制办学落地，招生即招工，上学即上岗，毕业即就业创业，产学研用一体化协同办学卓有成效，政府－企业－高校－市场协同创新系统运行良好。新加坡高校90%的科技人员身处企业第一线，"教学、科研、生产、应用"一体化收到了良好的社会和经济效益。在中国，科研成果转化体制机制、法律法规、政策措施等亟待完善，"教学、科研、生产、应用"一体化中时常有"脱节"现象，绝大部分发明专利、科技奖励和研究报告被"束之高阁"，产业化程度较低、总的转化率不高、转化效益较差。相当数量的科研成果因种种原因寻求不到合作的企业伙伴；不少科研人员未能真正走出自己的"围墙"去直面现实发展问题，最终误入了科研与生产不协调、理论与实践脱节的怪圈，使得科研成果应有的社会经济效益打了折扣，造成了不小的浪费。所以，建构中国特色的"产学研用"一体化协同创新机制是我国高等教育服务"一带一路"建设中必须破解的难题。

第三，新加坡高等教育系统密切跟踪世界发展潮流，在推进经济现代化、全球化的同时，高等教育自身也进行着现代化、国际化的发展变革。进入 21 世纪，随着经济全球化的发展和国际形势变化，新加坡高等教育积极做出反应，借鉴哈佛大学"核心课程"理念并加以改造，对传统课程进行大刀阔斧的改革与优化，加快知识更新频率，紧跟并引领时代潮流，努力培养出"心智发达""有思考力和创造力""人格高尚"的"新加坡人"。① 中国高等教育系统同样面临着知识更新较慢和大学生人文教育偏弱等问题。中国高校要努力改革课程结构、继续加强对大学生们的人文教育、道德教育、价值观教育，建设一流新文科，以提高他们的核心素养，使他们不仅具有过硬的专业知识，同时也具有更高的思想品格、道德情操、社会责任感和共建人类命运共同体的使命感。换言之，21 世纪的中国高等教育要把大学生们培养成"21 世纪世界中的中国人"。

---

① 胡庆芳：《新加坡高等教育面向 21 世纪的适应性改革与发展》，《苏州大学学报》（哲学社会科学版）1999 年第 2 期。

第十章

南亚国家高等教育国际化发展分析

　　中国与南亚各国在教育领域的合作富有成效，高校互访与人才交流日趋频繁。同时，中国与南亚国家教育领域的合作还缺乏一定的针对性和广泛性，须提高合作内容的"精准"程度、合作范围的广度和合作层次的高度（高点定位），比如，在教育促进经济社会发展方面，就应当增加法律、商贸规则、产业状况、民族文化等方面课程的开发设计与资源交换。斯里兰卡凯勒尼耶大学、尼泊尔加德满都大学等南亚高校均支持提高教育交流合作"精准性"和"覆盖面"，虽然此前在东南亚、南亚区域人才交流和联合培养方面进行了不少有益的尝试，但多是框架性、意向性的合作，在持续深入和扩大更符合各方实际需求的教育合作方面仍有不足，"一带一路"沿线高校对陆上、海上"一带一路"倡议的支撑明显不够。中国与南亚各国高校间须进一步确立清晰的合作理念，率先建立"一带一路"大手联盟，在国家层面的教育合作协议下建立有效的教育合作机制，更好更精准地开展国际教育交流与合作。在持续推进高等教育国际化进程中，南亚各高校先后融入全球化的浪潮，不断完善高校硬件设施，充分利用"互联网＋"信息技术，加快高等教育信息化步伐，培养高素质现代化人才，从而实现科教发展带动经济社会发展的目标，进而推动南亚地区经济繁荣、政治稳定、社会和谐，反过来为南亚地区高等教育国际化水平的进一步提高奠定经济社会基础。

第一节 南亚国家高等教育概况

南亚各国地处亚洲的南部，和亚洲其他国家以及发达国家相比，在经济、政治、文化、科技、教育等方面还存在较大差距。从地理版图上看，南亚包括不丹、尼泊尔、印度、孟加拉国、巴基斯坦、马尔代夫、斯里兰卡、阿富汗8个国家。这些国家在气候特征、地形地貌、饮食习惯等方面有较大差异，在教育制度、人文素养、社会教化等方面也各有千秋。总体来看，南亚8国自然风光比较秀丽、人口较多，动植物资源丰富、民族文化多元多样，具备优厚的发展条件。随着经济全球化步伐的加快，南亚各国及时把握发展机会，利用当地得天独厚的地理条件和资源优势，快速发展特色经济，取得了骄人的成绩，从而不断缩小与东南亚发达国家的差距，主动融入世界经济政治新格局，部分国家还积极加入中国的"一带一路"倡议。

高等教育发展水平作为衡量一个国家教育水平的重要指标，关系到国家综合实力的提升。在知识经济时代，各国都将发展高等教育作为提升国家地位和形象的重要方法。为此，南亚各国充分结合当地的民族文化传统，完善教育发展战略顶层设计，优化教育资源配置机制，扩大高等教育规模，提高高等教育国际化水平，取得了一定进步。但是，由于南亚各国经济社会发展水平相对落后，高等教育发展水平和进度都受到经济基础的限制，南亚各国高等教育国际化水平还有待进一步提高。综合比较，南亚8国中，印度的高等教育国际化水平相对较高，与印度政府投入较大的人力、物力、财力有关。巴基斯坦高等教育发展水平仅次于印度，不丹和尼泊尔高等教育发展水平较为落后，孟加拉国、斯里兰卡、马尔代夫3国高等教育发展空间较大，阿富汗长期战乱高等教育发展艰难。总体而言，南亚8国高等教育系统当下的主要任务还是大众化、现代化，国际化虽是发展的题中之义，但政府和社会需求并不强烈。

第二节　南亚各国高等教育国际化进展

一　印度高等教育国际化

印度作为四大文明古国之一，具有悠久的历史，也孕育了源远流长的文明。印度高等教育系统发展水平在南亚地区相对较高，积累了较多的发展经验，有很多地方值得学习和借鉴，但是，印度高等教育发展存在诸多先天不足，这与印度的民族文化传统和高校办学理念有一定的关系。

（一）高等教育国际化发展迅速

中印友谊源远流长，"玄奘取经"享誉全球，印度和中国在很多地方有相似之处，其高等教育国际化的发展历程可以为我国高等教育系统提供分析范本。印度在历史上曾经辉煌过，也曾经衰落过，到了 21 世纪，在和平与发展成为时代主题的大背景下，印度抓住了全球化的历史机遇，经济发展突飞猛进，政治秩序恢复稳定，全民教育文化水平有所提高，整体情况得到大幅改善。印度高等教育取得了长足的进步，这很大程度上得益于印度的强国思想和悠久的民族文化积淀。印度历史上遭受过帝国主义的欺压，英国对印度实行殖民化的教育政策，教育的目标在于培养完全服从英国统治者的顺民、愚民，这对印度高等教育的翻身和革新都是巨大的阻碍。印度人民不满于被欺压和被冷落，通过努力抗争扭转了局势并获得了民族独立，成为国际社会中举足轻重的一员。事实上，经过 60 多年的发展，印度用自己的实际行动证明了其蕴藏的巨大潜力，印度人的聪明才智得到充分发挥，印度的科技创新产业尤其是软件开发行业很发达，在印度理工学院（India Institute of Technology，IIT）等高教的大力支持下，"印度硅谷"班加罗尔的软件外包产业在某些领域逐渐跻身于世界主流。

印度经济、政治、文化的发展为高等教育国际化水平的提高创造了有利的内外部环境，从 1950 年独立到 2016 年的 66 年间，印度政府高度重视发展高等教育，高校的国际化水平迈上了一个新的台阶。美国比较教育学家阿尔特巴赫（Philip G•Altbach，1941 –）研究了印度高等教育后认为

"印度独立后高等教育的特征是增长速度"①,其发展速度之快与发达国家相比有过之而无不及,高等教育发展规模呈现膨胀式、发酵式地扩大和增长。印度实行积极的高等教育发展政策和制度,鼓励加大教学和科研投入,增加教师收入、提高教师社会地位,大大提高了学生、高校和教师的教育积极性。在经济全球化浪潮的催化下,印度高等教育系统进一步整合国际资源,推进课程国际化、教学手段国际化,开设了国际互联网课程,进一步加强国际交流与合作。同时,印度还积极借鉴别国在高等教育国际化方面的有益经验,通过信息化的传播方式宣传印度的高等教育,如印度特色的瑜伽教育、佛学教育等,吸引更多优秀的外国学生到印度留学。另外,科技的发展促进了高等教育国际化,高等教育国际化反过来又为科技的进步提供人才资源,特别是为各行各业输送高精尖的领军人才,科技和教育又成为"科教兴国"战略的两把利剑,共同推动印度的崛起和"印度梦"的实现。

(二) 高等教育教学系统化

印度高等教育国际化的另一特点体现在教学内容系统化、教学形式系统化、教学规模系统化、教学评估系统化。印度高等教育国际化的发展速度之快是有目共睹的,同时,还具备规模相对庞大、系统比较完善的特质。印度政府积极对高等教育系统进行持续不断的改革,以促进高等教育国际化水平的稳步提升。首先,高等教育教学内容广泛,大学除设置一些常规的专业课程外,还专门针对世界上很多国家和地区共有的困难和问题,提出一些具有前瞻性、基础性的理论和意义重大的选修课程,供学生学习和探究。这种做法使印度高等教育国际化水平的提升获得立竿见影的效果。在教学形式上,印度高校不再拘泥于单一枯燥的讲授方法,不再提倡死板乏味的教学模式,而是鼓励教师积极探索灵活多样的教学方法,同时学会善用"互联网+"、多媒体等信息时代的现代化教学工具,丰富课堂教学活动,增加教学和研究工作等的趣味性与吸引力,使老师寓教于乐、因材施教,让学生自主学习、快乐成长,教、学融为一体,师生相互

---

① 刘明伟:《印度高等教育的发展现状、改革和启示》,《民办教育研究》2005 年第 5 期。

促进。印度高等教育在办学规模上不断扩大，表现在高校数量、学生人数、教师人数增加，毕业生数量也相应增加，大学生数量增加可以帮助高等院校从中获得稳定的经费来源，从而为高等教育国际化提供经费支持。印度高等教育国际化水平的提高还依赖于教学评估系统化。印度政府对高等院校的各个环节、各项要素设置了严谨的监控流程和监测标准，针对不同等级、不同性质、不同理念、不同目标的高等院校设定了相应的评估标准和具体指标，并且严格执行。高等教育质量监控评估的执行部门大多是专门成立的，执行人员是能够把握印度高等教育整体发展概况的专业人员，他们负责对高等院校的发展全流程进行外部监督，严把印度高等教育国际化的质量关，提升印度高等教育的核心竞争力。

(三) 高等教育发展以牺牲基础教育为代价

印度高等教育的发展在历史上就是不健全的，在英国殖民期间，就将印度的教育分裂开来，侧重高等教育的投入和发展，而忽略基础教育和初等教育的投入，从教育的起点就开始灌输英国文化和生活方式、价值观和做事立场，目的是通过此手段泯灭印度人民的民族意识和自我意识，摧毁印度人民的信心和意志，使他们一心一意服从殖民者的统治，甘愿受剥削和压迫而不思反抗。印度获得国家独立和民族解放之后，仍旧存在以发展高等教育为重心的情况，直到今天这种状况也没有实质性改变，整个印度教育系统的"蘑菇形"特征犹在。因此，印度高等教育国际化的发展是以牺牲基础教育、初等教育、职业教育等其他教育形态的发展为代价的，这使印度的高等教育逐渐成为无源之水、无本之木。在经济全球化、社会竞争日益激烈的时代，印度政府充分认识到了这一问题的严重性，在维系高等教育的办学质量时，慢慢把工作重心放到发展基础教育、普及初等教育、壮大中等教育、实行义务教育，文盲半文盲的人数逐年减少，基础教育得到一定程度的恢复，中等教育得到了一定程度的提升。

综上所述，印度高等教育国际化发展日新月异，但必须看到印度高等教育发展的不足，即其国际化水平与发达国家相比还相对落后，高校国际交流与合作整体质量不高。另外，私立大学、高等职业院校的兴起，出现了高等教育教学机构良莠不齐等问题，很多高校为了获取更多办学经费而扩大招生规模，盲目降低入学门槛，导致学生质量下降。印度教育资源严重不均衡，城乡教育水平差距明显，一些贫困落后山区的学生无法获得和城市同等优质的学习条件，同时还面临严苛的入学机制的考验。另外，印度高等教育体制官僚化严重，这是沿袭印度历史传统所形成的一大弊端，使得高等教育缺乏创新，少有新鲜血液的注入，很难培养出适应全球化趋势的高精尖人才。部分高校的高端师资的潜能在官僚体制的束缚中不能得到有效发挥，导致很多优秀教师外流，这是印度高等教育国际化进程中的重大损失，也是影响印度建设高等教育国际化强国的最不利因素。

二 不丹和尼泊尔高等教育国际化

不丹和尼泊尔是邻国，在自然条件和社会环境方面存在诸多相似之处，二者在经济社会发展上都相对落后，高等教育国际化水平较低。

（一）不丹的高等教育国际化

不丹作为发展中国家，在经济、政治、文化等领域整体发展水平上都表现欠佳，如何突破旧有的发展模式，找到适合国家和社会持续发展的科学道路，从而为不丹的高等教育国际化奠定坚实的发展基础，是不丹社会各界必须思考和破解的问题。2003年6月，不丹建立了第一所高校，即不丹皇家大学，实行双语教学，不丹语"宗卡"为必修课。不丹的高等教育主要体现为分布式教育系统，即力图通过网络的广泛使用，使不同高校、不同院系、不同专业的教师可以根据学生的特点因材施教，同时又能保持相对一致的教育教学质量标准。由于不丹的互联网普及率较低，很多高校无法实施分布式教学。因此，不丹高等教育的分布式特点并不具有代表性，很大程度上受到教学环境和教学设备的限制，进而束缚了高等教育国际化水平的稳步提高。对于落后国家而言，没有比较强大的综合国力，高等教育国际化是一件相当困难的事情。促进高等教育国际化，必须首先发展经济，提高国家综合国力，优化国家的国际地位和国际形象，使高等教育在良好的内外环境下获得发展的希望和生命力，在完成高等教育大众化、普及化的过程中完成国际化。

（二）尼泊尔的高等教育国际化

尼泊尔作为南亚地区最为贫穷的国家之一，其公民受教育程度相对较低，受教育群体范围小，文盲半文盲人数比例还很高。它与不丹的情况有所不同，不丹分布式的高等教育国际化特点使其在教育资源和教育结构上存在形式上的公平性，而尼泊尔的高等教育资源分布则相对集中，最有名的大学是特里布文大学，位于首都加德满都。该大学聚集了尼泊尔高等教育的最优质资源和最优秀的学生群体，并通过网络教学、虚拟大学等形式推进高等教育大众化和国际化。由于互联网普及率较低，一些课程虽然内容丰富多样，但无法利用现代信息技术将之推广到边远贫困地区。学生在基础教育阶段辍学比例居高不下，使高等教育的继续发展因合格生源有限而难以维持，高等教育国际化没有坚实的基础。因此，尼泊尔高等教育国际化应首先健全中等教育和高等教育的顺利衔接体系，减少基础教育的辍学人数，提高高等教育的生源数量和品质。据 2016 年统计，尼泊尔共有 5所大学，除了特里布文大学外，还有马亨德拉梵文大学、加德满都大学、博卡拉大学和普尔阪查尔大学。因此，尼泊尔政府应出台政策使高度集中的高等教育资源逐渐分散，在全国合理配置高等教育资源，促进优质高等教育资源共享，尽力确保教育机会均等，大力改革考试招生制度，使贫困落后地区的优秀学生能够顺利进入大学。近年来，尼泊尔政府加大了对教育的投入，特别是对高等教育机构实施倾斜政策，同时，加速完善互联网体系的建设，为高校推动国际交流与合作提供强有力的外部条件支撑，从而提高高等教育国际化水平。

三　孟加拉国和巴基斯坦高等教育国际化

（一）孟加拉国高等教育国际化

孟加拉国是南亚次大陆中历史最古老的国家之一，经历多次动荡后脱离印度、巴基斯坦成为一个独立的国家。孟加拉国人口稠密，经济发展却相对落后，教育水平也不高。孟加拉国政府针对高等教育发展迟缓的问题，制定了相关的刺激政策，并给予专项经费支持，以配备和完善相关教学设备，促进高等教育整体水平的提高。截至 2014 年，孟加拉国有国立大学 21 所、私立大学 53 所、国立医学院 13 所、普通学院 1225 所。代表性高校有达卡大学、孟加拉工程技术大学、拉吉沙希大学等。由于国力条件以及自然灾害等外在因素的影响，孟加拉国高等教育国际化的发展存在很多问题，需要有针对性地加以解决。首先，孟加拉国对高等教育国际化发展的资金投入不足。虽然近年来孟加拉国在初等教育、中等教育及高等教育的经费支出上有所增加，但是相比南亚其他国家和东南亚发达国家，高等教育经费严重不足。其次，高等教育受众群体数量少、质量不高。由于孟加拉国的初等、中等教育投入不足，人们对教育的重视程度不高，适龄儿童辍学率居高不下，造成高等教育生源相对不足。初等教育环节的滑坡现象导致高等教育发展链条破裂，高等教育国际化就失去了赖以存在的基础。再次，孟加拉国高等教育国际化受自然灾害影响较为严重。孟加拉国是自然灾害频发的一个国家，教师上课、学生学习经常受到自然灾害干扰，这是影响外国学生来孟加拉国留学的不利因素。另外，孟加拉国高校互联网等现代化教学设备不足、质量不高，无法提供正常的高等教育国际化发展条件。最后，孟加拉国长期以公立大学为主，私立大学也占有一席之地，高等教育毛入学率逐年提高。孟加拉国的私立高等院校学费高昂，贫困人家的孩子望尘莫及，影响了高等教育的大众化和普及化。因此，孟加拉国高等教育国际化发展仍然任重道远。

（二）巴基斯坦高等教育国际化

巴基斯坦地处南亚次大陆北部，是一个多民族的伊斯兰国家。1956 年以来，在发展教育方面，巴基斯坦加大经费投入和政策倾斜力度，如实行免费的义务教育，改善大中专院校的教育设施和教学条件，改善师资培训平台，在校注册大学生人数持续增长。著名的高等学校主要有旁遮普大学、卡拉奇大学、伊斯兰堡大学和白沙瓦大学等。互联网设备的应用，虚拟教学空间的建立，留学生人数的增加，说明巴基斯坦高等教育国际化正在稳步推进。巴基斯坦政府积极学习别国的先进技术和管理经验，重视对高等教育的扶持和投入，支持高校参与国际交流与合作，力争通过大力发展教育以提高国民素质。尽管巴基斯坦在高等教育国际化道路上孜孜不倦，仍旧存在很多问题，这些问题在南亚各国较为普遍，即国际化发展受到经济落后、贫富差距等因素的影响，高等教育资源分配不均，教育教学质量不高。互联网等新技术的普及速度慢、覆盖范围小，因此在推动高等教育国际化方面受到很大制约，无法广泛有效地进行高等教育普及工作，国际化发展速度也非常缓慢。

四 斯里兰卡和马尔代夫高等教育国际化

（一）斯里兰卡高等教育国际化

斯里兰卡位于印度洋海上，是个热带岛国，风景秀丽，资源丰富，经济发展速度持续加快。在经济全球化、贸易自由化的形势下充分利用了自身宝石资源丰富、茶叶资源品质优良的独特优势，以及凭借宜人的自然风光吸引越来越多来自世界各地的观光客，发达的旅游业、服务业等促进了经济的快速发展，国家收入持续增加，人民生活水平明显提高，国家对教育的投入力度也相应加大。斯里兰卡从 1945 年起就实行从学前教育到高等教育的免费制度，这大大促进了教育水平的持续提高。斯里兰卡高等院校主要有佩拉德尼亚大学和科伦坡大学，高等教育国际化水平也随着经济的发展、网络的普及日益提高。斯里兰卡的大学是由中央政府资助的，并成立专门的董事会负责大学的决策事务。斯里兰卡政府长期重视发展教育，不遗余力地推动高等教育改革，大力促进高等教育国际化，高等教育的发展促进了斯里兰卡的经济发展、社会进步，二者相互促进相得益彰，形成了良好的互动体系，是南亚其他国家可以学习的典范。

（二）马尔代夫高等教育国际化

马尔代夫位于印度洋中，是世界上最大的珊瑚岛国，也是亚洲最小的国家，被誉为"上帝洒落人间的项链"，经济主要以旅游业、渔业为主。其中旅游业对 GDP 的贡献所占比重最大，成为马尔代夫经济发展的支柱产业。马尔代夫于 2016 年 10 月 13 日决定脱离英联邦，走上独立自主发展的道路，教育独立也得到了更多的发展机会。随着旅游业发展突飞猛进，马尔代夫与别国的交流和联系不断加强，在"引进来"与"走出去"的过程中，马尔代夫人意识到了自己与发达国家的差距，大大激发了当地青少年的学习意识和竞争意识。马尔代夫政府审视教育对国家经济发展、社会进步的重要作用，大刀阔斧推动教育改革，实行文化教育全部免费制度，为学生提供最为便利的学习条件。马尔代夫的高等教育较之以往也取得了一些进步，马尔代夫国立大学是马尔代夫唯一的一所高等教育机构，是其进行高等教育国际化发展的试验基地。马尔代夫旅游业的发展使流动人口增加，观光客的涌入使这个国家充满生机和活力，为当地带来更多的就业机会和就业岗位，也为高等教育国际化水平不断提高奠定了坚实的经济基础。马尔代夫国立大学顺应时代潮流，主动加入国际交流合作的大潮中，成为南亚地区冉冉升起的一颗新星。2015 年 9 月 16 日，时任中国驻马尔代夫大使王福康访问马尔代夫国立大学，会见了拉帝夫校长。双方就进一步加强"马国大"与云南开放大学等国内高校合作办学、深化两国教育领域交流等问题交换了意见，并就在"马国大"设立孔子学院事宜进行了深入探讨。拉帝夫表示愿加强与中国高校在合作办学、师生交流领域的合作，更加重视汉语教学，并积极研究扩大该校汉语教学规模情况。但是，受制于地理位置、群岛特性和人口因素，马尔代夫很难形成大规模系统化的高等教育体系，因此，高等教育国际化的发展并不能突破自然、社会和人口条件等的种种限制，这反过来说明高等教育发展并不能超越经济社会发展阶段，违反高等教育发展规律必然遭受损失。

五　阿富汗高等教育国际化

阿富汗伊斯兰共和国（The Islamic Republic of Afghanistan），简称阿富汗，是一个位于亚洲中南部的内陆国家，坐落在亚洲的心脏地区。阿富汗的位置有不同的定义，有时候会被认为处在中亚或者南亚，甚至被归类于中东地区（西亚）。阿富汗与大部分比邻的国家有着宗教上、语言上、地理上相当程度的关联。阿富汗的北部和土库曼斯坦、乌兹别克斯坦以及塔吉克斯坦接壤，东部与中国以及部分巴基斯坦控制的查谟－克什米尔地区

（有争议）接壤，南部与巴基斯坦接壤，西部与伊朗接壤。阿富汗在普什图语中的意思就是"普什图人的地方"，而普什图人亦是现时国内人口最多的族群。阿富汗领土中的五分之三交通不便。农业是主要的经济支柱，但可耕地还不足农用地的 2/3。2015 年 GDP 为 193.31 亿美元，人口约为 3255 万，人均 GDP 约为 594 美元，是世界上最贫穷的国家之一。

阿富汗实行 12 年义务教育制度。从 2001 年美军入侵阿富汗到 2014 年撤军这 14 年间，阿富汗教育事业受到战争的严重破坏，教育水平落后，师资力量薄弱，缺少基本教育设施和经费。截至 2003 年年底，阿富汗全国共有 7029 所初等教育学校，其中只有 48% 的学校有供水和卫生设施。在国际社会的大力援助下，阿富汗教育事业逐步取得进步。适龄儿童中有 600 万人入学，其中 38% 是女生。因塔利班残余势力的威胁和破坏，2005 年以来已有十几万学生被迫弃学。截至 2014 年，阿富汗共有十余所高等院校。喀布尔大学（Kabul University）是全国最高学府，1932 年创建，位于阿富汗首都喀布尔，长期的战争和动乱严重影响了学校的正常教育教学、科学研究、社会服务、文化传承和国际交流与合作，使得学校一直处于重建进程中。学生 1.5 万人，女生约占 20%；教职工 1200 余人，包括来自中国、美国、法国、德国、英国、土耳其和印度等国的老师；设置有 15 个学院，分别为农学院、经济学院、工程学院、美术学院、地球科学学院、伊斯兰研究学院、新闻学院、文学院、法学院、药学院、理学院、社会科学学院、兽医学院和心理学院、喀布尔大学孔子学院，下设经济、农业、社科、医学、法学、文学、艺术等学科专业，提供中、英、法、德、西、俄、土、阿拉伯、普什图和达里 10 种语言课程。在国际化方面，作为重建计划的一部分，喀布尔大学与 5 所外国大学建立了合作关系，其中包括普度大学、太原理工大学国际教育交流学院等。2008 年初，中国孔子学院总部与喀布尔大学签署了共建孔子学院的协议，由太原理工大学主办，正式启动阿富汗第一所孔子学院——喀布尔大学孔子学院的建设。2016 年 10 月 24 日，喀布尔大学孔子学院与阿富汗知名学校玛利法特（Marefat）举行仪式，庆祝孔子学院在该校设立教学点，这是喀大孔子学院在阿其他教育机构中设立的第一个中文教学点，进一步推动了阿富汗汉语教学，促进了中国文化在阿富汗的推广。赫拉特大学是阿西部教育中心，2002 年 8 月复校，有学生 3100 多人，包括 700 余名女生。赫拉特大学也深受战争之害，2006 年 7 月 3 日，赫拉特大学校园发生爆炸事件，造成 1 名女大学生死亡，另外 8 人受伤。国际社会也提供了持续的帮助。据《阿富汗每日瞭望报》报道，2016 年 12 月 22 日，美国国际开发署资助在赫拉特大学举行毕业生招聘会，20 家企业参会并面试了 60 余名学生，20 多个毕业生获得实习机会，十多个毕业生被聘用。2016 年以来，美国国际开发署已向阿富汗 1098 名毕业生提供培训机会，304 名毕业生获得实习或工作机会。

总之，处于战乱中的阿富汗，高校的日子类似抗日战争时期的国立西南联合大学，师生经常在"跑警报"中进行教、学、研，导致高等教育的发展很不顺利，高等教育国际化步履维艰，还需要国际社会特别是高等教育强国的大力援助。

第三节　南亚高等教育国际化发展对策

随着经济全球化、区域一体化，战争慢慢远去和平渐渐到来，南亚高等教育国际化的发展速度不断加快，但是相比其他发达国家和地区，南亚的高等教育发展及其国际化仍处在较低水平。南亚 8 国在历史传统、文化教育等方面虽有不同，但国家发展大致处于同一层次，在高等教育国际化发展的大格局中，南亚地区正在奋起直追，通过大力引进高等教育强国的优质资源，密切政府与高校的合作关系，通过师生齐心协力的不懈追求，南亚各国的高等教育国际化发展逐渐形成了一股合力，共同推进南亚各国高校与其他区域的高校之间的交流与合作，进而提升南亚诸国高等教育的办学质量和国际影响力，加速区域融合发展，重建南亚命运共同体。

推动南亚各国高等教育国际化，可以从以下几方面进行。一是增加高等教育办学经费投入。高等教育国际化离不开政府的大力支持，最重要的支持就是办学经费的高强度可持续投入。南亚 8 国综合国力大都不强，经济发展水平相对落后，对教育的经费投入明显不足，难以支持高等教育的快速发展。因此，南亚各国的首要任务是以经济建设为中心，大力优化生产关系，发展生产力，提高经济社会发展水平，增加人民收入和国家财政收入，增强政府和人民对教育的重视程度，才能为高等教育国际化提供坚实的物质基础。二是健全高等教育国际化制度法规。南亚国家在高等教育国际化方面有很大的发展空间，建立健全制度法规体系有助于保障高等教育发展。当前，南亚 8 国共同面对的问题是高等教育法律法规不完善和执行力度不够，对高等教育国际化的需求不强烈、政策倾斜力度不够，因此，需要加快完善高等教育法规制度，落实高等教育法规，特别是不折不扣执行支持高校开展国际合作与交流的政策，从而为高等教育国际化的进一步发展提供完善的法律保障和政策支持。三是完善高等教育国际化软硬件设施。由于经济发展较慢，思想观念比较保守，南亚国家在高等教育国际化的各个方面与发达国家相比还存在较大差距。众所周知，南亚 8 国的经济状况并不理想，直接结果是综合国力不强，教育经费预算有限，教育教学设施设备相对不足且比较落后，因此，配套高等教育国际化的软硬件设备并不断更新，才能保证高等教育能够在世界范围内顺利开展交流合作。南亚各国应该从基础设施建设着手，提高国家基础设施建设水平，推动互联网技术的研发和应用，扩大国家的互联网覆盖范围，提高互联网设备的接收信号强度，建设"数字化、信息化大学"，在高等院校建立国际交流合作的专门机构，提高高等教育的质量、知名度和影响力。四是强化公民的教育认知和价值观念。由于改革开放相对较晚，再加上民族文化相对保守，南亚国家公民的教育观念也相对封闭，人们对教育价值的认知也不太理想，整个社会对教育优先发展战略的理解和共识不高，但在经济全球化浪潮的带动下有所转变，政府不断加大对高等教育的经费投入，提升高校的软硬件质量，以为公民提供良好的受教育环境和公平的教育机会，但是高等教育毛入学率和生源质量并不高，说明人们对高等教育在人生发展中的重要价值的认识还不理想。因此，必须强化公民对教育重大价值的认知，转变公民的教育观念，增强他们对教育的重视程度，提高学生的学习热情，是南亚各国提高高等教育毛入学率和国际化水平需要首先解决的问题。从基础教育到高等教育，不断传播教育的意义和价值，用成功的案例让人们深切体会到教育对改变家庭落后现状以及获得幸福生活和实现人生价值的重要性。通过逐渐改变人们对教育的冷淡态度，提高全民学习的积极性、主动性和创造性，为南亚各国高等教育大众化、普及化和国际化奠定广泛的群众基础。

综上所述，南亚国家在各方的共同努力下，高等教育国际化已经有了很大的进展，印度、巴基斯坦、斯里兰卡、孟加拉国等积极借鉴高等教育国际化强国的先进经验，结合本国教育现状和国情，制定了中长期高等教育发展计划，增加了高等教育国际化的经费投入和硬软件设施投入，全民的科学文化水平和教育理念都有很大程度的改观。但是，由于历史条件、文化传统、经济水平等因素的限制，南亚国家在高等教育国际化方面还存在许多未能很好解决的问题，为此应从经费投入、制度法规、硬件设施、教育观念等方面进行改革和完善，从而缩小南亚国家与其他区域的发达国家在高等教育方面的发展差距，促进南亚地区教育质量的提高，改善南亚8国的国际地位和国际形象，为世界高等教育的整体进步贡献应有的力量，通过高等教育国际化推动"人类命运共同体"的形成。

余　论

　　高等教育国际化是世界的潮流，"一带一路"倡议是中国的方案。无论是高等教育国际化还是"一带一路"倡议，必须秉持共商、共建、共享、共通等原则，以交流合作、开放包容、互学互鉴、互利共赢的古代"丝绸之路"精神为指引，以打造"人类命运共同体"和全球利益共同体为发展战略目标，各国携手实施提供安全保障环境，加强全球治理与协调合作，促进全球互联互通，更好地造福全球各族人民，共建和谐世界。

　　高等教育国际化、中外合作办学和高等教育对外开放是政府、学界和社会非常关注的重要议题。高等教育领域的跨境支付、境外消费、商业存在、自然人流动的历史非常悠久，到近现代越发频繁。学界很早就开始关注高等教育领域的合作与交流问题，包括高等教育服务贸易，并开展了大量的研究。关于高等教育国际化、中外合作办学、留学生教育等的论著较多，甚至出现了中外合作办学教育学，但是关于高等教育对外开放，特别是民族地区、省域高等教育对外开放的研究还不够。据 Springer、EBSCO、NLC（中国国家图书馆）、CALIS（中国高教文献保障系统）、CNKI（中国知网）等的联合检索报告发现，国内外学者关于高等教育全面对外开放特别是东南亚、南亚高等教育国际化选题的研究非常有限，绝大多数是关于高等教育国际化理论、课程或项目等的著作或论文。国外相关权威研究机构关于中国高等教育对外开放的书籍并未见有正式出版，国内关于中国云南省和东南亚、南亚高等教育对外开放的出版物还较少，代表性著作如下：（1）《中国民族高等教育对外开放的历史回顾与发展研究》（民族出版社，2010），是第一部对我国民族高等教育对外开放的历史和发展进行全面回顾及系统梳理的专著，理论研究和实证分析不足；（2）《云南省高等教育国际化战略研究》（科学出版社，2008），是第一本关于云南省省域高等教育国际化研究的理论性著作，部分内容陈旧过时，分析不够全面，基本未涉及东南亚、南亚的高等教育国际化；（3）《面向东盟的云南高等教育国际化发展战略研究》（中国社会科学出版社，2015），是一篇博士学位论文修订后出版的著作，内容框架结构较单一，在省域高等教育国际化的理论探新与实践探索上并未有较大突破；（4）《大学国际化：理论与实践》（北京大学出版社，2007），是一本有关高校国际化工作总结的论文集，理论分析和案例分析水平都一般；（5）《桥头堡战略背景下云南与东南亚高等教育合作研究》（云南人民出版社，2011），部分内容分析不够深入，也未涉及南亚高等教育国际化的分析。除了这些代表性著作外，国内还有《东南亚高等教育》《东南亚教育改革与发展》《东盟高等教育多样化研究》《21 世纪初东盟高等教育》等著作，以及《国际背景下东南亚、东盟高等教育的问题与挑战》《中国–南亚高等教育合作发展途径的理论思考》等论文。上述成果为我们拓展东南亚、南亚高等教育国际化的研究提供了非常有价值、有启示、有借鉴的智慧之光，我们心怀感恩。

中国云南省、东南亚、南亚高等教育国际化研究作为国家级项目重大研究成果和高等教育国际化研究最新成果，其研究的核心对象——高等教育对外开放——已成为当代社会的一个热门词汇。高等教育国际化是 21 世纪世界高等教育发展的重要潮流，高等教育对外开放是中国国家战略的重要内容。我国高等教育对外开放已经有数千年的历史，其源头可以追溯到孔子的列国游学甚至更早，西方国家的高等教育对外开放亦有千余年历史，其源头可以追溯到意大利的波隆那大学或萨莱诺大学。在中国近现代，为了富国强民，开眼看世界、师夷长技以制夷，晚清政府拉开了高等教育对外开放的序幕，外国人不断涌进中国，而中国留学生逐渐遍布世界。在 21 世纪这个"地球村"和"全球化"时代，高等教育对外开放无时无刻不在发生着，全球亿万人参涉其中，国家和人民受益于高等教育对外开放，在国外优质高等教育资源"引进来"的同时，中华传统文化也借助"一带一路"国策"走出去"。可以说，高等教育对外开放已经融入普通人的生活、影响着普通人的言行，甚至已经成为一种生活方式，高等教育对外开放获益者成千上万、高等教育对外开放研究者成千上万、高等教育国际化论著成千上万、高等教育相关研究机构成百上千，相信该研究有较大的学术价值和社会影响。

中国利用"一带一路"倡议参与和引领全球治理进程。2016 年是中国全面落实"一带一路"倡议的开局之年，中国与世界主要国家的关系已进入历史新阶段。"一带一路"倡议与"亚洲基础设施投资银行"等重大中国倡议、中国方案、中国样本、中国智慧等已经进入联合国有关决议，为云南省与东南亚、南亚等区域各国在高等教育国际化方面开展宽领域、深层次、高水平、全方位合作注入新的强大动力。面向未来，加强教育交流与合作，是打造中国与"南向"国家关系新支柱的优先方向，是开辟中国与太平洋、印度洋国家友好合作关系新的不竭动力。时至今日，以高等教育交流为平台，以高校合作为发端，中国高等教育全面对外开放已经取得重大进展，学生跨国（境）流动、人才跨国（境）联合培养、产学研跨国（境）合作、教师跨国（境）交流、科研网络跨国（境）成立等，都成为中国与世界高等教育国际化发展的重要途径。在对外交流的不断深化中，中国高等教育系统博采众长、优势互补，逐渐走向全面改革开放的更前沿。中国大学积极顺应世界各国教育发展和国际化的需求，在促进学生和教师交流等方面正在发挥建设性、引领性的积极作用，主动参与全球教育治理，世界各国高等教育机构也借助中国的发展而获得跨越式发展。在 21世纪，只有开放才能共享发展，"壁垒"在圈禁自身的同时，也会把发展机会隔之门外。世界各国只有秉持开放合作、互利共赢理念，与中国协商共议，才能共同构建多元化高等教育合作机制，推动弹性化合作进程，打造示范性合作项目，满足各方发展需要，促进共同发展①，建设"教育地球村"。

云南省高等教育对外开放是中国高等教育全面对外开放的"缩影"、"样本"和"试验"。身兼边疆少数民族地区、西部欠发达地区和跨国（境）民族地区三重特征的云南省，作为中国"南向"战略的前沿阵地，虽远离首都北京但与东南亚、南亚等区域近在咫尺，要抓住党和国家深入推进"西部大开发大开放"、建设西南对外开放创新试验区等战略机遇期，

① 中国东盟教育信息网，http://www.caedin.org/（2016 年 12 月 20 日）。

实现社会经济、教育文化的全面跨越式发展，就必须大力发展教育，大力推进区域高等教育国际化，大力培育人才，大力提升跨国（境）人才的培养能力，加快与东南亚、南亚、西亚等太平洋、印度洋圈内各国高等教育系统高层次、全方位、多类型、互渗式交流合作，走新型中外合作办学之路，比如与东南亚高校先行先试，成建制整班学生交流互换，培养国际化人才等试点比较成熟或打造出品牌后再向南亚、西亚等区域的其他国家推广。通过文化交流、教育合作、科技服务战略，尤其是通过民间民俗文化交流和针对性科技服务，比如云南农业大学可以在缅甸果敢地区利用替代种植技术服务打开一个高等教育国际化的突破口。此外，建议设立云南省呈贡大学城东南亚、南亚国家高等教育特区，为呈贡大学城打造中国西南"硅谷""智谷""药谷""乐谷""禅谷""绿谷"等提供人力、财力、技术和智力支撑。①

中国高等教育历史悠久，但近现代意义上的高等教育则属于后发外生型，所以，很长一段时间以来，我国的高等教育国际化、高等教育中外合作办学等基本上属于"引进来"，只是近年来，随着中国国力的上升和国家对外开放战略的深化，我国高等教育才开始逐步"走出去"，这一艰难曲折的历程需要从理论和实践双重层面加以总结。云南省作为中国面向西南全方位对外开放的重要门户，面对的是东南亚、南亚、西亚、南欧、非洲5大区域，23亿人口和107个国家。云南省也是21世纪中国全面改革开放的前沿，其高等教育对外开放具有多样性特点，研究云南省高等教育对外开放行动，其实是解剖中国高等教育对外开放的鲜活案例，只有汲取教训、总结经验，才能更好地推进中国高等教育全方位、多层次、全要素、宽领域、高定位的对外开放。云南省是中国与东南亚、南亚中的新加坡、印度等国家进行国际合作交流的重要桥头堡，也是我国开展高等教育对外交流和区域合作的重点方向。在中国"一带一路"倡议和美国"亚太再平衡"战略下，东南亚、南亚的政治、经济、国际关系、教育等发生了一系列新变化，中国参与东南亚、南亚高等教育合作交流也取得了新进展

---

① 刘超：《省政协委员唐滢：组建 GMS 高水平大学联盟》，http：//yn. yunnan. cn/html/2013 −01/27/content_ 2595629. htm（2016 年 12 月 28 日）。

并面临着新挑战。在云南省与东南亚、南亚高等教育合作交流新常态下，本书系统分析和研究了云南省高校中外合作办学、云南省高校留学生教育、东南亚国家高等教育国际化、南亚国家高等教育国际化等诸多有价值的议题，展望云南省高等教育面向东南亚、南亚合作交流的发展趋势，并提出促进云南省高等教育全方位开放的相关对策建议。

高等教育对外开放是国家对外开放的重要组成部分，也是落实国家全方位对外开放国策的重要路径。目前，中国高等教育对外开放已经进入第二阶段，即全方位对外开放阶段，已经形成"南深圳北青岛东上海"的对外开放新格局，目前尚缺的是"西昆明"，所以，云南省面对中国其他省区市的"挑战"，更要以"敢为天下先"的精气神，充分抓住国家"南向"战略机遇叠加期，学习借鉴深圳、青岛、上海、宁波、苏州等高等教育发达城市、高等教育强市的成功经验，大力推动高等教育全面对外开放，在"多快好省"对外输出高等教育特色资源的同时，也应大力引进世界高等教育强国的优质高等教育资源，努力建设中国西部地区高等教育国际化的示范中心，为将昆明建成国家中心城市，东南亚、南亚中心城市，全球城市奠定坚如磐石的教育基础，服务国家大事、千年大计。文教搭台、经贸唱戏，高等教育对外开放已成为国家外交战略的重要途径，云南省主动落实高等教育全面对外开放战略，基本思路是通过科技对口支援带动中国（云南）–东南亚、南亚高等教育国际化，通过高等教育国际化带动中国–东盟、南盟区域经济一体化，使云南省在21世纪真正成为名副其实的中国民族地区、边疆地区和多重欠发达地区新型改革开放的"新样本"，"21世纪海上丝绸之路"的"新窗口"和区域一体化的"新试验田"，为此，云南省高等教育"南向"全面改革开放必须先行一步，力争早日建成中国高等教育"南向"全面对外开放的先导区和示范区！

附件一　东南亚国家概况

东南亚国家联盟（Association of Southeast Asian Nations），简称东盟（ASEAN）。成员国有马来西亚、印度尼西亚、泰国、菲律宾、新加坡、文莱、越南、老挝、缅甸和柬埔寨。其前身是马来亚（现马来西亚）、菲律宾和泰国于1961年7月31日在曼谷成立的东南亚联盟。1967年8月7～8日，印度尼西亚、泰国、新加坡、菲律宾四国外长和马来西亚副总理在曼谷举行会议，发表了《曼谷宣言》（《东南亚国家联盟成立宣言》），正式宣告东南亚国家联盟成立，总部设在印度尼西亚雅加达，成为东南亚地区以经济合作为基础的政治、经济、安全一体化合作组织，并建立起一系列合作机制。

东盟的宗旨和目标是本着平等与合作精神，共同促进本地区经济增长、社会进步和文化发展，为建立一个繁荣、和平的东南亚国家共同体奠定基础，以促进本地区的和平与稳定。东盟成立之初只是一个保卫自己安全利益及与西方保持战略关系的联盟，其活动仅限于探讨经济、文化等方面的合作。1976年2月，第一次东盟首脑会议在印尼巴厘岛举行，会议签署了《东南亚友好合作条约》以及强调东盟各国协调一致的《巴厘宣言》。此后，东盟各国加强了政治、经济和军事领域的合作，并采取了切实可行的经济发展战略，推动经济迅速增长，逐步成为一个有一定影响力的区域性组织。除印度尼西亚、马来西亚、菲律宾、新加坡和泰国5个创始成员国外，20世纪80年代后，文莱（1984年）、越南（1995年）、老挝（1997年）、缅甸（1997年）和柬埔寨（1999年）5国先后加入东盟，使这一组织涵盖整个东南亚地区，形成一个人口约6.01亿（截至2014年8月）、总面积达444万平方公里的10国集团。巴布亚新几内亚（1976年）、东帝汶（2006 年）为其观察员国。东盟 10 个对话伙伴国是：澳大利亚、加拿大、中国、欧盟、印度、日本、新西兰、俄罗斯、韩国和美国。东盟主要机构有首脑会议、外长会议、常务委员会、经济部长会议、其他部长会议、秘书处、专门委员会以及民间和半官方机构。首脑会议是东盟最高决策机构，由东盟各国轮流担任主席国，自 1995 年召开首次会议以来每年举行一次，已成为东盟国家商讨区域合作大计的最主要机制。东盟秘书长是东盟首席行政官，向东盟首脑会议负责，由东盟各国轮流推荐资深人士担任，任期 5 年。黎良明（英语：Le Luong Minh，越南语：Lê Lu'o'ng Minh，越南外交部前副外长）于 2013 年 1 月接任东盟秘书长，任期至 2017 年。

20 世纪 90 年代初，东盟率先发起区域合作进程，逐步形成了以东盟为中心的一系列区域合作机制。1994 年 7 月成立东盟地区论坛，1999 年 9 月成立东亚 - 拉美合作论坛。此外，东盟还与美国、日本、澳大利亚、新西兰、加拿大、欧盟、韩国、中国、俄罗斯和印度形成对话伙伴关系。2003 年，中国与东盟的关系发展为战略协作伙伴关系，中国成为第一个加入《东南亚友好合作条约》的非东盟国家。根据 2003 年 10 月在印尼巴厘岛举行的第九届东盟首脑会议发表的《东盟协调一致第二宣言》（亦称《第二巴厘宣言》），东盟将于 2020 年建成东盟共同体。为实现这一目标，2004 年 11 月举行的东盟首脑会议还通过了为期 6 年的《万象行动计划》（VAP）以进一步推进一体化建设，签署并发表了《东盟一体化建设重点领域框架协议》《东盟安全共同体行动计划》等。会议还决定起草《东南亚国家联盟宪章》以加强东南亚国家联盟机制建设。为了早日实现东盟内部的经济一体化，东盟自由贸易区于 2002 年 1 月 1 日正式启动。自由贸易区的目标是实现区域内贸易的零关税。文莱、印度尼西亚、马来西亚、菲律宾、新加坡和泰国 6 国已于 2002 年将绝大多数产品的关税降至 0～5%。越南、老挝、缅甸和柬埔寨 4 国于 2015 年实现了这一目标。《东盟宪章》确定的目标包括：（1）维护和促进地区和平、安全和稳定，并进一步强化以和平为导向的价值观；（2）通过加强政治、安全、经济和社会文化合作，提升地区活力；（3）维护东南亚的无核武器区地位，杜绝大规模杀伤性武器；（4）确保东盟人民和成员国与世界和平相处，生活于公正、民主与和谐的环境中；（5）建立一个稳定、繁荣、极具竞争力和一体化的共同市场和制造基地，实现货物、服务、投资、人员、资金自由流动；（6）通过相互帮助与合作减轻贫困，缩小东盟内部发展鸿沟；（7）在充分考虑东盟成员国权利与义务的同时，加强民主，促进良政与法律，促进和保护人权与基本自由；（8）根据全面安全的原则，对各种形式的威胁、跨国犯罪和跨境挑战做出有效反应；（9）促进可持续发展，保护本地区环境、自然资源和文化遗产，确保人民高质量生活；（10）通过加强教育、终身学习以及科学技术领域的合作，开发人力资源，提高人民素质，强化东盟共同体意识；（11）为东盟人民提供适当的就业机会、社会福利和公正待遇，提高其福利和生活水平；（12）加强合作，为东盟人民营造一个安全、没有毒品的环境；（13）建设一个以人为本的东盟，鼓励社会各界参与东盟一体化和共同体建设进程，并从中受益；（14）增强对本地区丰富的文化和遗产的认识，促进东盟意识；（15）在一个开放、透明和包容的地区架构内，发展与域外伙伴的关系与合作，维护东盟的主导力量、中心地位和积极作用。

了解东盟更多信息可登录其官网（http：//www.asean.org/）或其成员国政府网站。

附件二 南亚国家概况

南亚区域合作联盟（South Asian Association for Regional Cooperation），简称南盟（SAARC）。1980年5月，孟加拉国时任总统齐亚·拉赫曼最先提出开展南亚区域合作的倡议。1981年4月，孟加拉国、不丹、印度、马尔代夫、尼泊尔、巴基斯坦和斯里兰卡7国外交秘书在斯里兰卡首都科伦坡举行首次会晤，具体磋商成立南盟的有关事宜。1983年8月，7国外交部长在印度首都新德里举行首次会晤，并通过了《南亚区域合作联盟声明》。1985年12月，7国领导人在孟加拉国首都达卡举行第一届首脑会议。会议发表了《达卡宣言》，制定了《南亚区域合作联盟宪章》，并宣布南亚区域合作联盟正式成立。常设秘书处在尼泊尔首都加德满都。南盟包括不丹、孟加拉国、印度、马尔代夫、斯里兰卡、尼泊尔、巴基斯坦和阿富汗（2005年11月召开的第13届南盟首脑会议同意吸收其为新成员）8国，印度居于主导地位。截至2005年底，南盟各成员国总人口达16.5亿，其中有大约5亿贫困人口，总面积约500万平方公里，各国的国内生产总值总和达6万亿美元。2005年11月召开的第13届南盟首脑会议宣布，2006年至2015年为"南盟减轻贫困10年"，会议通过了内容丰富的《达卡宣言》，同时决定接纳中国和日本为南盟观察员。2006年8月，第27届南亚区域合作联盟部长理事会会议举行，与会的南盟8国外长在开幕式之前举行的非正式会议上原则性同意给予美国、韩国和欧盟观察员资格。2007年4月，接纳伊朗为观察员。南盟主要机构有成员国首脑会议、由各国外长组成的部长理事会、由各国外交秘书组成的常务委员会等。南盟首脑会议原则上每年举行一次，但根据《南盟宪章》，如果成员国中任何一国拒绝参加，会议将不能举行。《南亚区域合作联盟宪章》特别规定了指导南盟工作的几项基本原则：各级的决议应在协商一致的基础上做出；不审议双边和有争议的问题；联盟框架内的合作应基于尊重主权平等、领土完整、政治独立、不干涉别国内政和互利的原则；此类合作不应取代双边和多边合作，而是对它们的补充；此类合作不应与双边和多边义务相抵触。

根据《南盟宪章》，南盟的宗旨是：促进南亚各国人民的福祉并改善其生活质量；加快区域内经济增长、社会进步和文化发展，为每个人提供过上体面生活和实现全部潜能的机会；促进和加强南亚国家集体自力更生；促进相互信任和理解及对彼此问题的了解；促进在经济、社会、文化、技术和科学领域的积极合作和相互支持；加强与其他发展中国家的合作；在国际论坛上就共同关心的问题加强彼此合作；与具有类似目标和宗旨的国际及地区组织进行合作。南盟的主要任务是加速经济发展，提高和改善本地区人民的生活福利，促进集体自力更生，推动成员国之间在经济、社会、文化和科技方面的协作，并加强同其他发展中国家以及国际组织和区域性组织的相互合作。联盟的组织机构有：首脑会议，每年召开一次；部长理事会，由外交部长组成；常务委员会，由各国外交秘书组成；秘书处；特别部长会议；经济合作委员会；区域中心。联盟成立以后，主要致力于农业、乡村发展、电信、气象、科技与体育、邮政、交通、卫生与人口、文化与艺术等9个领域的合作。联盟的建立，对于该地区的经济发展和政治稳定具有重要意义。

南盟经过32年曲折和徘徊，取得了一些成绩，积累了一些经验，为今后的发展奠定了一定基础。迄今为止，南盟取得的最大合作成果是《南亚特惠贸易安排协定（SAPTA）》的签署和实施（该协定于1995年12月8日起正式实施）。协定签署后，南盟现已完成了两轮贸易谈判。截至1997年，各成员国已共同降低了2239种商品的关税，减让幅度一般为10%~60%。虽然上述减让商品多为贸易量较小的商品，大宗商品尚未被列入减让清单，但此举仍促进了区域内贸易额的上升。此外，南盟各国还在根除贫困、农业、旅游、交通通信、教育卫生、环境气象、文化体育、反毒反恐怖、妇女儿童等领域开展了广泛的合作，并就粮食安全、反毒品和反恐怖问题签署了合作文件。1997年，南盟第九次首脑会议将建立南亚自由贸易区（SAFTA）的最后期限定为 2001 年。南盟机制鼓励成员国进行次区域合作。1997 年 4 月，印度、孟加拉国、尼泊尔和不丹四国宣布成立次区域合作组织，定名为"南亚增长四角"（The South Asian Growth Quadrangle，SAGQ）。该组织旨在加强四国在经济领域上的合作，特别是在自然资源的开发和利用、运输、通信、能源等一些特定项目上的合作，以推动本地区经济社会全面发展。过去 32 年南盟经济保持了平稳增长，正日益成为全球一支重要的经济力量。

中国对南盟为加强南亚各国的合作所做的努力和取得的成绩表示赞赏和支持，希望该组织在促进南亚各国消除贫困共同发展、维护南亚地区的和平与稳定方面发挥积极作用。中国与该组织成员在经济、贸易等不同领域保持着友好合作关系。南亚各国重视同中国的关系，大多希望中国同南盟建立联系，积极参与并促进南亚经济合作。

了解南盟更多信息可登录其成员国政府网站。

附件三 老挝苏州大学

老挝苏州大学（Soochow University in Laos）成立于 2011 年 7 月，是老挝政府批准设立的第一所外资大学，也是中国政府批准设立的第一所境外大学，由具有 113 年办学历史的中国苏州大学投资创办，在老挝注册并由苏州大学控股的独立法人高校，校址位于老挝首都万象市，已于 2012 年开始招收本科生。老挝苏州大学秉承苏州大学"养天地正气，法古今完人"的校训精神；坚守"学术至上，学以致用，培养模范公民"的办学理念；传承和弘扬"自由开放，包容并蓄，追求卓越"的优良校风和"博学笃行，止于至善"的优良学风；努力培养具有国际化视野、通晓老、中、英三种语言、专业知识扎实的精英领袖并兼具"自由之精神、卓越之能力、独立之人格、社会之责任"的拔尖创新人才。同时，老挝苏州大学承担大学的科研和社会服务职能，服务区域经济和社会发展，促进老挝及中南半岛各国与中国的经济、文化和科技合作交流。

老挝苏州大学始终坚持以人才培养为根本，将人才培养作为学校的中心工作，明确"育人为本、教学为重"的教育理念，以通才教育为基础，以分类教学为引导，加强基础、拓宽口径、强化应用、重视实践，不断提高人才培养质量。根据中国教育部批复精神及学校专业建设规划，老挝苏州大学参照中国高校标准和模式，举办全日制本科和研究生（硕士研究生和博士研究生）教育，其中本科教育学制 4 年，研究生教育学制 3 年，同时开展中文及其他各类高级技能培训，学校面向老挝及中南半岛区域招收各类学生。根据老挝的国情和实际办学情况，老挝苏州大学和中国苏州大学紧密合作，采用"1＋3""2＋2"等联合培养的模式选拔、培养老挝苏州大学学生。完成学业并成绩合格的学生可同时获得老、中两国毕业文凭。

　　老挝苏州大学根据老挝经济社会发展需要，按需设置、稳步推进，逐步开设相关专业。2012～2015年，开设经济、语言、计算机、管理、法律、旅游等专业；到2020年，逐步增加机械设备、轨道交通、通信电子、医学类等专业。同时开展语言及其他技能培训。老挝苏州大学全面推进教育国际化战略，积极扩大对外合作与交流。以昂扬的姿态、开放的胸襟、全球的视界，依托东南亚地区的经济和地域条件，努力将学校建设成为区域内高水平创新人才培养、高新技术研究、高层次决策咨询的重要基地，引领区域经济、社会和文化的发展。老挝苏州大学的发展规划是：经过10～20年建设，发展成为一所在校生规模为5000余名，具有本科生、研究生学历教育，拥有汉语言培训及其他技能培训体系，开设具有与老挝经济、社会发展相适应的专业，建设有临床医院，具有学科、区域和国际化特色的在老挝国内及东南亚处于领先水平的一流综合性大学。

　　了解老挝苏州大学更多信息可登录其网站（http：//laowo. suda. edu. cn/）。

附件四　厦门大学马来西亚分校

　　厦门大学马来西亚分校（Xiamen University Malaysia Campus）由厦门大学和马来西亚政府联合兴办。厦门大学（Xiamen University），简称厦大，由著名爱国华侨领袖陈嘉庚于 1921 年创办，是中国第一所华侨创办的大学，也是国家"211 工程"和"985 工程"重点建设的高水平大学。2012年 2 月 28 日，厦门大学正式宣布到马来西亚设分校，这是第一所中国知名"985 工程"高校在海外开办的分校。2014 年 10 月 17 日，中国电建承建的厦门大学马来西亚校区破土动工，标志着中国第一所海外大学正式诞生。一期工程总工期为 24 个月（从 2014 年 10 月 1 日起计算），计划于 2015年 9 月满足首批学生开学入住要求。2015 年秋季，马来西亚分校首批计划招生 500 人，采用英语教学，开设信息科学与技术、海洋与环境、经济与管理、中国语言与文化和医学 5 个学院，教育层次包括本科生、硕士研究生和博士研究生。所授学位得到中国和马来西亚两国教育部的认证。预期到 2020 年，马来西亚分校的学生规模达到 6000 ~ 8000 人，最终学生规模达到 1 万人。2016 年 11 月 3 日，中国和马来西亚在北京发表《中华人民共和国和马来西亚联合新闻声明》。该声明称，厦门大学马来西亚分校是两国高等教育合作新的里程碑，将为当地社会培养急需的优秀人才，深化中马两国友谊。

　　厦门大学是中国首个在海外设分校的"985 工程"大学。根据厦门大学与新阳光集团达成的合作协议，厦门大学马来西亚分校地处雪兰莪州沙叻丁宜，位于马来西亚首都吉隆坡西南 45 公里，坐落在马来西亚联邦行政中心布城和吉隆坡国际机场之间，交通便利，环境优美。从机场快线的沙叻丁宜（Salak Tinggi）车站步行前往，仅需十几分钟，搭乘机场快线花费 18.6 林吉特 20 分钟即可到达吉隆坡中央车站。校区占地 150 英亩（约 60.7

万平方米），总建筑面积47.55万平方米，在校生总规模为1万人，包括本科生、硕士研究生、博士研究生3个教育层次。首期建筑面积26.64万平方米，2016年正式投入使用，总耗资约合人民币16亿元。马来西亚政府和新阳光集团表示，将全面配合厦门大学马来西亚分校建设。据介绍，马来西亚国有企业森那美集团以"非常优惠的价格"向厦大出让了土地。厦门大学马来西亚分校由厦大自主办学，财产均归厦大完全拥有。校方还强调，厦大将不以营利为目的，一旦有结余，全部用于分校的科学研究和学生奖学金。厦大马来西亚分校将分期建设，第一期建筑面积约20万平方米，学生规模为5000人。厦大将根据第一期办学情况择机开展第二期建设。一期工程主要包括教学楼、学生活动中心、体育场馆（足球场、篮球场、排球场、网球场等）、学生公寓楼、座钟楼和两个警卫室等。项目建成后将成为中国首个在海外设立的重点大学。第二期拟设立化学工程与能源学院、电子工程学院、生物工程学院、材料科学与技术学院、动漫与文化创意学院5个学院。厦大马来西亚分校相当于迷你版的厦大思明校区，它有芙蓉湖，建筑还是沿用"嘉庚风格"（穿西装戴草帽），校舍仍以群贤、芙蓉、博学、凌云等命名。

　　20世纪50年代，厦大设立了中国高校第一个海外函授学院，为海外华侨华人提供远程教育；2003年初，厦大与马来西亚最高学府马来亚大学结成姊妹校，厦大设立了专门的马来西亚研究所，马来亚大学也设立了专门的中国研究所。马来西亚总理中国事务特使黄家定认为，正是这种学术互动，让厦大成为马来西亚学界较为熟悉的中国知名高校。厦大在校马来西亚学生已近千人，是该校人数最多的留学生群体之一。2014年7月3日，分校已经举行奠基典礼，马来西亚总理纳吉布等出席。2016年7月，厦门大学马来西亚分校首次招收500名中国留学生。厦门大学马来西亚分校招收的中国学生应参加全国统一高考，并在各省（区、市）本科一批（重点本科）录取。厦大马来西亚分校在师资方面，除了在当地招聘教师，还向全世界延聘老师到马来西亚分校任教。目前，分校三分之一的教师为厦门大学的高水平教授，其余是从马来西亚当地及全球招聘的优秀教师，至少80%拥有博士学位。

　　了解厦门大学马来西亚分校更多信息可登录其网站（http://www.xmu.edu.my/）。

附件五 政府咨询报告

关于加快云南省高等教育全方位对外
开放建设"双一流"大学的建议

　　高等教育桥头堡是云南省建成中国面向西南全方位对外开放重要桥头堡的重要组成部分和核心支撑动力，在落实国家"南向"战略建设高等教育桥头堡的伟大历史进程中，积极迎来并主动融入国家"一带一路"倡议和"双一流"战略，云南省高等教育只有善于抓住发展机遇、敢于创新体制机制、勇于追求开放卓越，主动面向东南亚、南亚"走出去"，才能早日实现"双一流"大学建设目标、服务于中国和平崛起、贡献于中华民族伟大复兴。

一　云南省高等教育全面对外开放的时代机遇

　　先行将云南省建成中国面向东南亚开放的"桥头堡"，是将云南省建成中国面向西南开放"桥头堡""三步走"战略的第一步，扎实推动云南省高等教育面向东南亚、南亚等实施全面"走出去"战略的进程就显得尤其重要而紧迫。2011年5月6日，国务院批准并出台了《关于支持云南省加快建设面向西南开放重要桥头堡的意见》，这为云南省带来了前所未有的历史机遇，省委、省政府全面贯彻党中央国务院关于"桥头堡战略"的重大部署，着力把云南省打造成为面向西南改革开放的桥头堡、政治互信互助的桥头堡、经济共赢互利的桥头堡、文教合作交流的桥头堡、资源共享共建的桥头堡、人才互动互补的桥头堡。2015 年 1 月，习近平总书记来到云南省，针对云南省经济发展相对滞后而地缘优势突出的现状，从"民族团结进步示范区、生态文明建设排头兵、面向南亚东南亚辐射中心"三个新定位，为云南省描绘出"主动服务和融入国家发展战略，闯出一条跨越式发展路子来"的美好蓝图。同时，习近平同志要求，把云南省科教资源利用好，扎扎实实地走出一条创新驱动、开放发展道路；3 月，李克强总理在政府工作报告中提出了"打造大众创业、万众创新和增加公共产品、公共服务'双引擎'"的工作思路，并针对高等教育领域，确立了推动"双一流"大学建设等重点任务。2016 年 4 月 21 日中国"一带一路"规划正式公布，要求云南省发挥区位优势，"推进与周边国家的国际运输通道建设，打造大湄公河次区域经济合作新高地，建设成为面向南亚、东南亚的辐射中心"，为此，云南省高等教育应以更加开放的姿态践行国家"双一流"大学建设战略，在面向东南亚、南亚等区域全面开放中实现更高质量的"走出去""引进来"。

二 云南省高等教育全面对外开放的重点领域

云南省与东南亚、南亚国家自然地理山水相连、文化交流源远流长，拥有六缘六求——地缘相近、文缘相承、血缘相亲、商缘相连、政缘相循、法缘相通，求紧密经贸联系、求旅游双向对接、求农林全面合作、求文教深入交流、求载体平台建设、求政治互信再上台阶——优势和特色，应完善和深化与东南亚、南亚国家"一国一策""一校一策"的咨询建议。具体而言，云南省高等教育面向东南亚、南亚开放主要是面向泰国、越南、老挝、缅甸、柬埔寨、东帝汶、文莱、菲律宾、印度尼西亚、不丹、孟加拉国、马尔代夫、斯里兰卡、尼泊尔、巴基斯坦、阿富汗等发展中国家"走出去"，而与新加坡、马来西亚、印度等国高水平大学则更多属于"引进来"，特别是需要借鉴新加坡国立大学、马来亚大学、印度理工学院等世界高水平大学成功的国际化办学经验，走中国特色的建设"双一流"大学之路。

国　家	人才需求支柱产业	"走出去"高校	"走出去"领域	"引进来"领域
泰国	珠宝业	昆明理工大学 云南国土资源职业学院 云南科技信息职业学院	地质矿产勘探与开采 珠宝玉石深加工	珠宝玉石鉴定 珠宝玉石雕塑
	计算机产业	昆明理工大学	计算机应用	软件开发
	汽车工业	云南农业大学 昆明理工大学	汽车检测维修 内燃机、先进材料	汽车设计制造 电子
	旅游服务业	云南大学 云南师范大学	旅游文化创意 旅游资源规划	酒店管理 旅游行销
	农林渔业	云南农业大学 西南林业大学	农业新技术与新品种 林业资源开发与利用	稻米深加工与营销 木薯种植技术
	矿产资源	昆明理工大学 昆明冶金高等专科学校 云南师范大学	真空冶金 矿产资源勘探与开采 太阳能	能源采购与谈判
	语言类	云南师范大学 云南民族大学	对外汉语教学与培训 东南亚小语种教学	泰语
越南	石油天然气产业	昆明理工大学	资源勘探	深海开采技术
	农林渔业	云南农业大学 西南林业大学	农业新技术与新品种 林业资源开发与利用	稻米深加工与营销 咖啡、橡胶加工
	金属矿产业	昆明理工大学 昆明冶金高等专科学校	真空冶金 矿产资源勘探与开采	
	旅游服务业	云南大学 云南师范大学	生态旅游 旅游资源规划	
	语言类	云南师范大学 云南民族大学	对外汉语教学与培训 东南亚小语种教学	越语
老挝	农业	云南农业大学	农业新技术与新品种	
	水力发电行业	昆明理工大学	电工系统保护与控制	
	旅游业	云南大学 云南师范大学	生态旅游 旅游资源规划	
	贵金属产业	昆明理工大学 昆明冶金高等专科学校	有色及稀贵先进材料 矿产资源勘探与开采	
	水泥工业	昆明冶金高等专科学校 昆明理工大学	水泥质量控制 无烟煤烧成旋窑技术	
	语言类	云南师范大学 云南民族大学	对外汉语教学与培训 东南亚小语种教学	老语

续表

国　家	人才需求支柱产业	"走出去"高校	"走出去"领域	"引进来"领域
缅甸	玉石产业	云南国土资源职业学院 昆明理工大学	玉石雕刻艺术与工艺 玉石勘探与开采	玉石交易 玉石雕塑
	农业	云南农业大学	农业新技术与新品种	
	烟草业	云南农业大学	烟草生产与管理	
	渔业	云南农业大学	水产养殖 渔业资源与渔政管理	
	林业	西南林业大学	林业资源开发与利用	
	语言类	云南师范大学 云南民族大学	对外汉语教学与培训 东南亚小语种教学	缅语
柬埔寨	农业	云南农业大学	农业新技术与新品种	
	旅游业	云南大学 云南师范大学	生态旅游 旅游资源规划 文物保护与修复	
	林业	西南林业大学	林业资源开发与利用	
	建筑业	昆明理工大学	城市规划与设计 建筑与土木工程	
	语言类	云南师范大学 云南民族大学	对外汉语教学与培训 东南亚小语种教学	高棉语
新加坡	农业	云南大学		环境与水务技术 决策智库
	制造业/建筑业	昆明理工大学 昆明冶金高等专科学校		纳米材料 高分子材料
	教育	云南师范大学	对外汉语教学与培训	教师教育
	管理/服务	云南财经大学		工商管理 城市管理 金融
	医学	昆明医科大学		生物医学
马来西亚	旅游服务业	云南师范大学	对外汉语教学与培训	
	加工制造业	昆明理工大学	环境工程	材料工程
	农林渔业	云南农业大学	农业新技术与新品种	

续表

国　家	人才需求支柱产业	"走出去"高校	"走出去"领域	"引进来"领域
印度尼西亚	制造业/采矿业	昆明理工大学 昆明冶金高等专科学校	有色及稀贵先进材料 矿产资源勘探与开采	
	财政金融业	云南财经大学	工商管理 金融	
	农林渔业	云南农业大学	农业新技术与新品种	
	旅游服务业	云南师范大学	旅游管理	
文莱	加工制造业	昆明理工大学	建筑与土木工程 材料工程	
	农林渔业	云南农业大学	农业新技术与新品种	
	旅游服务业	云南师范大学	旅游管理	
菲律宾	农业	云南农业大学	农业新技术与新品种	
	制造业	昆明理工大学	建筑与土木工程 环境工程	
	旅游业	云南师范大学	对外汉语教学与培训 旅游管理	
东帝汶	农林渔业	云南农业大学	农业新技术与新品种	
	加工制造业	昆明理工大学	建筑与土木工程 材料工程	
	旅游服务业	云南师范大学	旅游管理	
印度	计算机软件产业	昆明理工大学	计算机科学与技术	软件开发
	瑜伽康健产业	云南民族大学	瑜伽	休闲体育
	烟草业	云南农业大学	烟草生产与管理	
	交通产业	昆明理工大学 云南交通职业技术学院	交通运输 建筑与土木工程	
	生态产业	云南农业大学 云南大学	林业资源开发与利用 生态修复	
	旅游业	云南师范大学	旅游资源规划	佛教文化
	语言类	云南师范大学 云南民族大学 云南大学	对外汉语教学与培训 南亚小语种教学	印地语

续表

国　家	人才需求支柱产业	"走出去"高校	"走出去"领域	"引进来"领域
巴基斯坦	农业	云南农业大学	农业新技术与新品种	
	旅游业	云南大学 云南师范大学	旅游资源规划 文物保护与修复	
	纺织业	昆明理工大学	纺织科学与工程	
	烟草业	云南农业大学 昆明理工大学	烟草栽培与卷烟制备	
	语言类	云南师范大学 云南民族大学	对外汉语教学与培训 南亚小语种教学	乌尔都语
孟加拉国	农业	云南农业大学	农业新技术与新产品	黄麻栽培与制备
	制造业/建筑业	昆明理工大学 昆明冶金高等专科学校	建筑与土木工程	
	语言类	云南师范大学 云南民族大学	对外汉语教学与培训 南亚小语种教学	孟加拉语
	旅游业	云南师范大学	旅游资源开发	
	医学	昆明医科大学 云南中医药学院	医学、药学 中医药	
不丹	旅游服务业	云南师范大学	旅游资源开发	
	农业	云南农业大学	农业新技术与新品种	
	语言类	云南民族大学	对外汉语教学与培训	宗卡语
马尔代夫	旅游服务业	云南师范大学	旅游资源开发与管理	
	农林渔业	云南农业大学	农业新技术与新品种 渔业资源开发	
	语言类	云南民族大学	南亚小语种教学	迪维希语
斯里兰卡	农业、茶叶	云南农业大学	农业新技术与新品种	红茶栽培与制备
	玉石产业	云南国土资源职业学院 昆明理工大学	玉石雕刻艺术与工艺 玉石勘探与开采	
	语言业	云南民族大学	南亚小语种教学	僧伽罗语、泰米尔语
尼泊尔	农业	云南农业大学	农业新技术与新品种	
	制造业	昆明理工大学 云南交通职业技术学院	建筑与土木工程 交通运输工程	
	旅游业	云南师范大学 云南民族大学	旅游管理 对外汉语教学与培训	尼泊尔语

国　家	人才需求 支柱产业	"走出去"高校	"走出去"领域	"引进来"领域
阿富汗	农牧业	云南农业大学	农业新技术与新品种 畜牧兽医	
	加工制造业	昆明理工大学	建筑与土木工程	
	旅游服务业	云南师范大学 云南民族大学	旅游管理 南亚小语种教学	普什图语、达里语

三　云南省高等教育全面对外开放的主要对策

云南省高等教育面向东南亚、南亚国家实施"走出去"战略的基本对策是高等教育全流程全领域"走出去"、全方位全开放"走出去"、多层次多类型"走出去"、特色化差异化"走出去",由易到难、由点到面、捆绑服务、重点突破、支撑发展、创新引领,具体而言:

(1) 联合成立云南省高等教育国际化集团。建议云南省委、省政府主持高等教育国际化的顶层设计,组建"云南省高等教育国际化集团",性质为国有控股企业,可由省国资委出资委托管理,省教育厅设立常务办事机构,指定云南师范大学或云南农业大学承担协调工作,统一打包和对外输出云南省高校课程及科技项目等名优特资源,发挥云南省高校抱团攻关效应。

(2) 组建云南省-东南亚、南亚高校研发联合体。建议云南省高校采用科技输出或合作科研(与中科院、在滇企业或市州)的方式强化与东南亚、南亚国家的研发关系,并将研发联合体的重点集中到医药、农林、能源、矿冶、交通、电信、旅游和贸易投资八大领域,打造人才培养、科技输出、社会服务、国际化"四合一"的高等教育对外开放新模式。

(3) 规范东南亚、南亚国家高等教育中介服务市场。出台《云南省留学中介组织管理条例》,规范对留学中介机构、专门为"海归"提供国内职业咨询的中介服务组织,为高校进行国际合作项目提供咨询的中介服务组织等的管理和指导,防范"留学云南"中的教育风险。

（4）完善东南亚、南亚高教国际合作相关法律法规。建议对《高校接受外国留学生管理规定》《云南省接受外国留学生管理暂行办法》等的一些规定进行细化和完善，尤其是其中的奖学金制度，鼓励实施多种形式的奖学金和国际通行的奖学金管理办法，以吸引东南亚、南亚国家的留学生。

（5）建立云南－东南亚、南亚高校"互联网＋"国际交流平台。支持并参加"数字东盟""数字南盟"的建设，积极争取设立"中国（昆明）东盟南盟高等教育"数据仓。利用好"中国－东盟""中国－南盟"合作机制，创立"中国东盟/南盟青年协商会议""中国东盟/南盟青年论坛""中国－东盟/南盟高校领导人会议"，并实现常态化。

四　云南省高等教育全面对外开放的标志项目

第一，东南亚、南亚国家教育部长级圆桌论坛。打造文教领域对话与合作的最高平台，由东南亚、南亚国家教育部轮流主办，目的是形成以领导人峰会引领、部长级会晤为支撑、各领域务实合作为补充的多层次合作架构。

第二，东南亚、南亚国家国际高水平大学联盟。遴选云南大学、昆明理工大学、云南师范大学、云南农业大学、云南财经大学，泰国的朱拉隆功大学、法政大学、农业大学、玛希隆大学、清迈大学，越南的河内国家大学、河内师范大学、胡志明市国家大学、顺化大学，老挝的老挝国立大学、苏发努冯大学，缅甸的仰光大学、曼德勒大学，柬埔寨的金边皇家大学、皇家农业大学，新加坡国立大学、南洋理工大学，印度理工学院，马来西亚大学、马来西亚国民大学，印度尼西亚大学、加查马达大学，文莱达鲁萨兰大学，菲律宾大学，东帝汶国立大学，总计30所，组建"U30"联盟，为组建亚洲大学联盟奠定基础。

第三，东南亚、南亚国家高等教育博览会。建议永久会址及秘书处设在国际化程度较高的云南省昆明市，博览会秘书长由各国教育主管部门部长级人士轮流担任，东南亚、南亚国家高水平大学及其优强特色学科专业进行打包，在东南亚、南亚国家定期巡展，并统一代表东南亚、南亚国家到其他国家或地区巡展,力争将其打造成亚太最具特色的教育品牌展会。

第四,澜沧江湄公河学者奖励计划(LMSP)。简称"澜湄学者",面向全球招聘各学科领域前10%的顶尖学者,落实"科教兴滇"和"人才强滇"战略,培养、吸引和凝聚高层次拔尖创新型人才或研究团队,打造"人才桥头堡",全面提升云南省高校"走出去"的综合实力和科技创新能力,带动云南省优势特色学科赶超国内外先进水平。

第五,东南亚、南亚国家高等教育"早期收获计划"。作为东南亚、南亚成员国经济关系实现自由化前的一项开放措施和云南省落实国家"桥头堡"、"一带一路"建设规划的标志成果。东南亚、南亚各国可根据"早收清单"对高等教育服务贸易、人力资源开发、科技合作研发和应用、留学生奖学金和社会资助、学费、特定行业和领域的专门人才培训等实行税收优惠政策或免税。

第六,呈贡大学城东南亚、南亚国家高等教育特区。在特区内以云南省为主导专门设立东南亚、南亚国家高教园区、科技创新园区、产学研孵化园区、"桥头堡战略"研究院及学分银行、各类大学联盟办事处、学历学位认证中心、质量认证和保障中心,以及"亚洲教育园"(亚洲大学公园或世界大学之窗,文教博物馆性质)等,为将呈贡大学城打造成为中国西部、东南亚、南亚"硅谷"等提供人力、财源、技术和智力支撑。

第七,东南亚、南亚国家留学生教育培训基地。进一步完善双边、多边教育交流合作和人才培养机制,逐步构建适应中国对外开放格局的办学体制机制。依托云南省高等教育的特色和优势,提高国家和省政府奖学金,扩大来滇留学生规模,将云南省建设成为面向东南亚、南亚国家的国际留学生教育基地。

第八,云南省东南亚、南亚大学生创新创业示范中心和创客空间。全球分享经济快速增长,基于互联网等方式的创业创新蓬勃兴起,众创、众包、众扶、众筹、众享等大众创业万众创新支撑平台快速发展,高校是大众创业万众创业的主力军。云南省高校要抓住国家"大众创业万众创新"战略机遇,加快建设云南省东南亚、南亚大学生创新创业示范中心和创客空间/众创空间,推动并主办云南省-东南亚、南亚"互联网+"大学生创新创业大赛,深化高等教育综合改革特别是人才培养模式改革,激发大学生的创造力和创业激情，培养造就"双创"的生力军和主力军，促进"互联网＋"新业态形成，服务区域经济提质增效升级和"中国制造2025"，培育云南省和东南亚、南亚的创业型富豪校友。

第九，推动云南省高校在东南亚南亚国家建设分校。在国内和海外建立分校是一流大学的惯常做法，比如美国加州大学伯克利分校、卡内基·梅隆大学澳大利亚分校、美国芝加哥大学商学院新加坡分校等，英美大学在中国亦设立了众多"分校"，如宁波诺丁汉大学、上海纽约大学、昆山杜克大学等。我国大学在海外建立分校也实现了重大突破，如老挝苏州大学、厦门大学马来西亚分校、北京大学汇丰商学院牛津校区等，都对云南省高校招收东南亚、南亚来华留学生形成了巨大的挑战。为此，云南省高校应该抱团或联合世界一流大学力争在东南亚、南亚国家建设分校，将云南省高校优势特色与东南亚、南亚国家具体需求融合起来，就地高质量培养东南亚国家学生，为东南亚、南亚、西亚国家的现代化和世界化提供本土人力资源支撑。

第十，建立云南省－东南亚、南亚高校大数据中心。"互联网＋"是创新2.0下的互联网发展的新业态，是知识社会创新2.0推动下的互联网形态演进及其催生的经济社会发展新形态。云南省与东南亚、南亚高校应拓展新空间，形成围绕中国"一带一路"倡议为主的纵向横向高等教育轴带，培育壮大若干重点高校，实施"互联网＋"时代的科教兴国和人才强国战略，实施高校"互联网＋"行动计划，发展跨境分享教育和国际理解教育，推动标准统一共建共享的CMOOCs（中国慕课，大规模在线开放课程），实施高等教育大数据战略，在呈贡大学城打造"三亚两洋"高等教育大数据中心，落实"五大发展理念"，助力"教育梦""高等教育国际梦"，服务国家"四个全面"战略推动"五位一体"进程，早日实现"中国梦"。

参考文献

一 中文文献

本书课题组:《中国民族高等教育对外开放的历史回顾与发展研究》,民族出版社,2010。

陈爱梅:《马来西亚私立高等教育:全球化、私营化、教育转型及市场化》,广西师范大学出版社,2012。

陈学飞:《高等教育国际化:跨世纪的大趋势》,福建教育出版社,2002。

成文章、唐滢、田静:《云南省高等教育国际化战略研究》,科学出版社,2008。

房延生、董险峰、冯用军:《创新与成长——典型创新区研究》,企业管理出版社,2012。

〔美〕菲利普·G.阿特巴赫:《比较高等教育:知识、大学与发展》,人民教育出版社,2001。

〔美〕菲利普·G.阿特巴赫:《亚洲的大学:历史与未来》,中国海洋大学出版社,2006。

冯用军、赵德国:《中国大学评价研究报告》（2015）,科学出版社,2015。

林金辉、刘志平:《高等教育中外合作办学研究》,广东高等教育出版社,2010。

林金辉:《中外合作办学教育学》,厦门大学出版社,2011。

刘寒燕、罗华玲、陈瑛、鲁艺:《教育战略新视角——云南省与 GMS

五国高等教育国际竞争力比较研究》，云南人民出版社，2010。

刘六生、冯用军：《高等教育研究中的数学方法》，科学出版社，2009。

马力、封海清、陈瑶：《教育与区域发展研究（2014）》，云南人民出版社，2015。

唐滢、丁红卫、冯用军：《云南高校面向大湄公河次区域"走出去"战略及实践》，云南人民出版社，2013。

王剑波：《跨国高等教育与中外合作办学》，山东教育出版社，2005。

徐天伟：《面向东盟的云南高等教育国际化发展战略研究》，中国社会科学出版社，2015。

伊继东、刘六生、冯用军：《高等教育区域均衡发展研究：基于云南省和谐社会建设的视角》，科学出版社，2009。

张宝昆、伊继东、封海清：《东盟高等教育多样化研究》，云南人民出版社，2010。

中国高教育学会引进国外智力工作分会：《大学国际化：理论与实践》，北京大学出版社，2007。

朱华山、伊继东、王永全：《云南省高等教育年度发展研究（2013）》，云南人民出版社，2014。

邹平、李慧勤：《桥头堡战略背景下云南与东南亚高等教育合作研究》，云南人民出版社，2011。

蔡言厚、赵德国、冯用军：《中国大学国际化水平年度评估研究》，《云南农业大学学报》（社会科学）2016年第2期。

曹甜甜、秦桂芬：《泰国高等教育国际化现状研究》，《云南农业大学学报》（社会科学）2017年第1期。

董险峰、赵雪：《中外合作高等教育质量保障体系探究》，《云南农业大学学报》（社会科学）2016年第2期。

范周、周洁：《"一带一路"战略背景下的中国文化软实力建设研究》，《同济大学学报》（社会科学版）2016年第5期。

方泽强：《"一带一路"战略下云南高等教育的新发展》，《云南农业大学学报》（社会科学）2016 年第 1 期。

冯用军：《高等教育区域均衡发展与西南民族地区和谐社会建设研究》，《煤炭高等教育》2010 年第 2 期。

冯用军、刘六生：《云南－东（南）盟高等教育国际化发展机遇与对策分析》，《云南师范大学学报》（哲学社会科学版）2008 年第 4 期。

冯用军：《云南高等教育面向东南亚全面开放战略研究》，《云南农业大学学报》（社会科学）2016 年第 2 期。

冯用军：《云南面向东盟高等教育国际化战略的前期研究》，《东南亚纵横》2008 年第 3 期。

冯用军：《中国高等教育的主要问题及其对策分析》，《教育与现代化》2005 年第 3 期。

耿卫华、阚先学：《我国高等教育中外合作办学发展现状及存在问题分析》，《山西经济管理干部学院学报》2015 年第 1 期。

何崇军：《新加坡南洋理工大学国际化办学发展探析》，《教育视野》2010 年第 8 期。

何莎、李和谋：《东南亚主要国家高等教育评估研究》，《广西财经学院学报》2008 年第 1 期。

何夏彪：《民族文化认同"复合基因"的内涵成因及当代教育传承策略——以大理白族为个案》，《贵州师范大学学报》（社会科学版）2016 年第 2 期。

何毅：《高等教育的"英""德"模式博弈——住宿学院制在哈佛大学的发展与变迁》，《教育与考试》2016 年第 2 期。

胡德坤、邢伟旌：《"一带一路"战略构想对世界历史发展的积极意义》，《武汉大学学报》（人文科学版）2017 年第 1 期。

胡丽娜：《新加坡研究生教育及启示》，《世界教育信息》2008 年第 9 期。

胡庆芳：《新加坡高等教育面向 21 世纪的适应性改革与发展》，《苏州大学学报》（哲学社会科学版）1999 年第 2 期。

黄斗：《东南亚各国高等教育改革与发展分析》，《东南亚纵横》2008 年第 9 期。

黄茜：《泰国高等教育国际化策略探析》，《教育研究》2010 年第

6 期。

蒋葵、俞培果：《高等教育质量保障的国际合作与亚太区域的"千叶原则"》，《外国教育研究》2010 年第 3 期。

洁安娜姆、洪成文：《马来西亚高等教育国际化策略分析》，《比较教育研究》2005 年第 7 期。

李罡：《泰国私立高等教育的现状、问题及对策》，《高等师范教育研究》1997 年第 1 期。

李静、陈立：《马来西亚高等教育国际化：概念的本土化分析》，《宁波大学学报》（教育科学版）2015 年第 3 期。

李文长、王晓青、史朝：《新加坡、泰国高等教育考察论要》，《外国教育研究》1998 年第 1 期。

李有文：《高等教育国际化的新加坡经验——以新加坡国立大学及南洋理工大学为例》，《嘉应学院学报》2012 年第 1 期。

刘慧：《日本外国留学生奖学金制度及启示》，《文教资料》2012 年第 23 期。

刘继祥：《地方高校在区域经济一体化过程中的作用及影响》，《唐山师范学院学报》2016 年第 5 期。

刘莉芳、洪成文：《泰国高等教育的"入世"战略对策》，《比较教育研究》2005 年第 9 期。

刘六生、冯用军、吕娇兰：《我国省域高等教育发展的协调性研究——基于经济、社会与高等教育发展离差的类比分析》，《现代教育管理》2016 年第 8 期。

刘明伟：《印度高等教育的发展现状、改革和启示》，《民办教育研究》2005 年第 5 期。

罗明东、杨颖：《中国－东盟自由贸易区建设与云南高等教育改革开放》，《学术探索》2004 年第 1 期。

欧颖：《云南省高校东南亚、南亚语种人才培养的瓶颈与突破》，《云南农业大学学报》（社会科学）2016 年第 1 期。

秦国柱、冯用军：《高等教育跨学科研究：中美比较的视角》，《江苏高教》，2005 年第 4 期。

阮光兴:《越南高等教育发展探究》,《产业与科技论坛》2015 年第 3 期。

阮韶强:《泰国高等教育的国际化进程》,《东南亚纵横》2009 年第 12 期。

覃玉荣、毛仕舟:《越南高等教育跨境合作:政策、实践与问题》,《比较教育研究》2015 年第 3 期。

唐滢、丁红卫:《我国高等教育国际化:内涵、必然与现实——兼论云南农业大学教育国际化发展》,《云南农业大学学报》(社会科学)2016 年第 1 期。

王烽、霍雅玲:《发达国家高等教育评估的发展趋势及其启示》,《高等工程教育研究》1996 年第 4 期。

王升:《基于数理统计的留学生教育质量评价体系研究》,《河北科技大学学报》2009 年第 3 期。

王喜红:《高等教育国际化策略探析》,《观察视角》2012 年第 6 期。

肖晓芳:《越南高等教育改革与未来发展》,《知识经济》2010 年第 23 期。

徐小洲、张剑:《亚太地区跨国(境)教育的发展态势与政策因应——中国、澳大利亚、马来西亚的案例比较》,《高等工程教育》2005 年第 2 期。

姚峰、戚利萍:《高等教育中外合作办学的政策环境分析》,《现代大学教育》2011 年第 5 期。

伊继东、程斌、冯用军:《云南-东盟高等教育国际化发展路径探究》,《高等工程教育研究》2007 年第 3 期。

伊继东、冯用军、杨超:《基于非均衡发展理论的省域高等教育布局结构调整——以云南省为例》,《云南师范大学学报》(哲学社会科学版)2013 年第 1 期。

伊继东、刘六生、冯用军:《面向东南亚国际人才一体化培养模式研究》,《教育科学》2009 年第 1 期。

于学媛、丁红卫、赵亚玲:《云南与泰国高等教育国际合作对策初探》,《云南农业大学学报》(社会科学)2016 年第 2 期。

于学媛、丁红卫、赵娅玲：《云南高等教育面向东南亚、南亚国际合作交流——基于SWOT分析的视角》，《云南农业大学学报》（社会科学）2016年第1期。

云建辉、朱耀顺：《高等农业院校留学生教育发展的实践与思考——以云南农业大学为例》，《云南农业大学学报》（社会科学）2016年第1期。

云建辉、朱耀顺：《"一带一路"背景下云南高校面向南亚东南亚留学生教育发展研究》，《云南农业大学学报》（社会科学）2017年第1期。

詹春燕：《走向国际化的泰国高等教育》，《国外高等教育》2008年第3期。

张安平、张小燕：《新加坡高等教育国际化建设的特点与启示》，《世界教育信息》2008年第12期。

张廷朝：《泰国发展高等教育的特色与不足》，《今日南国旬刊》2009年第6期。

张兴：《马来西亚高等教育发展的趋势、问题及对策》，《江苏高教》2002年第1期。

赵守辉：《泰国发展高等教育的经验》，《外国教育资料》2000年第5期。

赵雪、冯用军：《中外合作高等教育的监管体制机制研究》，《云南农业大学学报》（社会科学）2017年第1期。

赵雪：《云南面向东南亚高等教育对外开放政策分析》，《云南农业大学学报》（社会科学）2016年第2期。

周莉莉：《越南革新开放下的高等教育发展历程》，《中国校外教育》2011年第8期。

邓晖：《中国大学如何补上"募款"课》，《光明日报》2016年1月13日。

付文、陆娅楠、康岩：《校友捐赠用上"互联网＋"》，《人民日报》2015年12月7日。

韩晓蓉：《上海市教委：64个中外合作办学项目被终止》，《东方早报》2007年5月29日。

李莎：《"4＋1"城市经济圈蓝图绘就》，《云南日报》2014年10月22

日。

佘峥、欧阳桂莲：《厦大马来西亚首届大陆生报到》，《厦门日报》2016 年 8 月 3 日。

习近平：《共担时代责任　共促全球发展——在世界经济论坛 2017 年年会开幕式上的主旨演讲》，《人民日报》2017 年 1 月 18 日。

杨瑞、王鑫昕：《研究机构发布高校国际化水平排行榜》，《中国青年报》2013 年 11 月 26 日。

国务院：《国家教育事业发展"十三五"规划》（国发〔2017〕4 号），2017 年 1 月 10 日。

国务院：《国务院关于印发统筹推进世界一流大学和一流学科建设总体方案的通知》（国发〔2015〕64 号），2015 年 10 月 24 日。

国务院：《中华人民共和国中外合作办学条例》（国务院第 372 号令），2003 年 3 月 1 日。

教育部办公厅：《关于开展中外合作办学评估工作的通知》（教外厅〔2009〕1 号），2009 年 7 月 15 日。

教育部：《中华人民共和国中外合作办学条例实施办法》（教育部令第 20 号），2004 年 3 月 1 日。

中共云南省委、云南省人民政府：《关于加快推进高等院校实施"走出去"战略，提高高等教育国际化水平的若干意见》（云发〔2006〕1 号），2006 年 7 月 8 日。

韩晓蓉：《中国大学排行榜：北京大学 9 连冠，首次评出 7 所"七星大学"》，http：//www.thepaper.cn/newsDetail_ forward_ 1419174，2016 年 1 月 11 日。

李静：《中马联合新闻声明：厦大马来西亚分校是两国高等教育合作新的里程碑》，http：//news.xmu.edu.cn/71/f6/c1552a225782/page.htm，2017 年 1 月 21 日。

刘彤、林昊：《专访：中国是马来西亚的真朋友和战略伙伴——访马来西亚总理纳吉布》，http：//news.xinhuanet.com/world/2016－10/30/c_

1119815332. htm，2016 年 10 月 30 日。

欧兴荣：《中外合作办学已成高等教育"三驾马车"之一》，http：//edu. people. com. cn/n/2014/1120/c367001 - 26062420. html，2016 年 10 月 2 日。

中新社：《大马外国留学生将达 11 万人　年平均消费近 7 万元》，ht-tp：//life. gmw. cn/2015 - 09/23/content_ 17142782. htm，2017 年 1 月 20 日。

朱华山：《以主动服务和融入国家战略为重点推动云南高等教育迈入创新发展新境界——在"云南省高等教育学会 2015 年学术年会"上的报告》，http：//www. ynjy. cn/chn201004051544082/article. jsp？articleId = 208734574，2016 年 5 月 2 日。

罗雪莲：《来华留学生教育课程研究》，硕士学位论文，复旦大学，2011。

钟玲：《重庆来华留学生教育现状分析与对策研究》，硕士学位论文，重庆大学，2014。

朱卫华：《泰国高等教育现状研究》，硕士学位论文，云南师范大学，2003。

二　外文文献

Altbach, P. G. 2016. "Perspective on Internationalizing Higher Education." *International Higher Education* 27：27.

Amaral, A. 2016. "Cross - Border Higher Education：A New Business？" In *Cross - Border Higher Education and Quality Assurance.* edited by M. J. Rosa, C. S. Sarrico, O. Tavares, A. Amaral. Palgrave Macmillan UK.

Aziz, M. I. A. "Finding the Next 'Wave' in Internationalization of Higher Education：Focus on Malaysia." Asia Pacific Education15（3）：493 - 502.

Huang, Futao. 2003. "Transnational Higher Education：A Perspective from China." *Higher Education Research and Development* 22（2）：193 - 203.

Huang，Futao. 2006. *Transnational Higher Education in Asia and the Pacific Region*. Hiroshima University. Hussain，I. 2007. "Transnational Education：Concept and Methods." *Turkish Online Journal of Distance Education* 8（1）：163 – 173.

INQAAHE. 2017. "INQAAHE Guidelines of Good Practic." http：//www. inqaahe. org/admin/files/assets/subsites/1/documenten/125958811 _ the – ggp – and – the – external – evaluation – experience – cnap – chile. pdf. "（64）：28.

Knight，J. 2005. "New Typologies for Cross – border Higher Education." *International Higher Education* 38：10. Martin，M. 2009. "Cross – Border Higher Education：Regulation Quality Assurance and Impact. Chile，Oman，Philippines，South Africa." *New Trends* 2014*in Higher Education*. 11（1）：*Journal of Bacteriology*.

Mcburnie，G. ，Christopher Ziguras. 2001. "The Regulation of Transnational Higher Education in Southeast Asia：Case Studies of Hong Kong，Malaysia and Australia." *Higher Education* 42（1）：85 – 105.

Philip G. Altbach. 2006. "Chinese Higher Education in an Open – door Era." *International Higher Education* 3（5）：29 – 30.

Stella，Antony，A. Gnanam. 2005. "Cross – border Higher Education in India：False Understandings and True Overestimates." *Quality in Higher Education* 11（3）：227 – 237.

UNESCO/IAU. 2002. *Globalization and the Market in Higher Education Quality，Accreditation and Qualifications*. Paris：UNESCO Publishing.

UNESCO – APQN. 2016. "Regulating. lity of Cross – border Education." *http：//www2. unescobkk. org/elib/publication/087/APQN _ Toolkit*. pdf （4）6.

后 记

　　"中国梦"是全球华人的梦想，不同的时代有不同的路径。回想 145 年前，即 1872 年 8 月 12 日，上海港，一艘轮船起锚了，船上 30 名统一着装的中国幼童向码头上送行的亲人们挥手惜别。被曾国藩称为"中华创始之举，古来未有之事"的官派学生留洋活动，拉开了序幕，也开启了中国教育国际化的大门。虽然这次探索很快以失败告终，但在中国现代化道路上却留下了浓墨重彩的一笔。当时光之轮转到 21 世纪，创办世界一流大学和世界一流学科高水平大学成为中国高等教育未来 30 年的重大发展目标，中国大学主动"走出去"开设海外校区是必然趋势。虽然每年仍有 50 余万中国学生出国留学，但也有 45 万余人来华留学。随着实力和影响力的逐步提升，中国已成为世界上极具分量的大国。虽然近些年全球化受到了一些波折，但经济全球化、文化教育全球化的趋势是不可逆的，将来会有更多国际一流大学到中国办学，让中国学生不出国门就可以接受世界一流本科教育和研究生教育，同样，中国的大学也会有条件去其他国家或地区开设分校。中国大学跨国（境）办学绝不能是一阵风，绝不能是为了到海外办学而办学，而是应当在中国大学的自身条件成熟，自身具备可持续发展的能力，确实能和世界一流大学一样招收到最好学生的前提下，走出国门，到需要中国教育的海外办校区。只有如此，中国"走出去"是应该的，中国高等教育全面对外开放是成熟的，中国化世界也是必需的。相信在将来，中国会有更多优质的高校逐渐成熟，借助"双一流"建设和"一带一路"倡议，通过在国外办学、开设分校扩大中国高校的影响力，同时进一步提升中国高等教育的国际化水平，成为世界高等教育集团的领导者和引领者，将五星红旗插上世界一流大学集团组成的"珠穆朗玛峰"

之巅。

21世纪是中国的世纪，是中国由世界大国跃升世界强国的世纪。当下，中国已经成为世界第二大经济体、世界第二大国际关系协调者、全球治理规则制定重要参与者和世界第一大高等教育拥有者。同时，中国是世界第一多邻国（地区）的国家，周边环境是中国建国、立国和富国、强国的"基座"，周边局势也因此始终是中国政府和人民关注的焦点，而中国与周边国家、地区的关系，更是受到国际社会持续和密切的关注与重视。中共十八大以来，以习近平同志为核心的中共中央提出"一带一路"倡议并筹建亚洲基础设施投资银行，周边外交、邻国外交、跨境外交、文化外交、教育外交等在中国外交系统中的地位明显上升，打造利益、责任、共享、共赢的世界命运共同体已是中国周边外交的主题词。众所周知，在全球化或国际化的发展历程中，中国经历可谓坎坷曲折。19世纪中叶以前，中国借助海上、陆上丝绸之路经济带开展的国际化贸易取得了巨大成就。奥斯曼土耳其帝国崛起后，中国的海外贸易顺差开始逆转。1840年鸦片战争后，中国逐渐沦为全球化的深度受害者（如八国联军入侵），只能被动国际化（被西方坚船利炮攻破国门），成为半殖民地半封建社会的国家，继而演变为全球化的冷眼旁观者（如在美苏争霸的"冷战"时期被迫选边站队），而如今经过第一轮改革开放和第二轮改革开放已成长为全球重要参与者和积极引领者，目前正在成为世界新型国家关系重要规则制定者和领导者之一，推动全球治理，共建和谐世界。但要明确一点的是，在任何历史时期，中国都不是地区国际秩序中咄咄逼人的和平破坏者或麻烦制造者，而是积极稳健的维护世界和平和人类社会持久进步、永续发展和繁荣的参与者和协调者。

由于清末特别是民国的积贫积弱，外敌入侵、内乱不止，国家几乎到了危亡的境地，民族几乎到了衰亡的边缘，中国共产党以中流砥柱力挽狂澜，创建了人民民主专政的新中国，开辟了中国特色社会主义的新道路。1949年新中国成立后，中国仍经历了很长一段时期摸着石头过河的"引进来"阶段，直到21世纪初特别是十八大后，中国才开启了全方位从"引进来"转向"走出去"的战略重心转移进程，从"西学东渐"的被动学习转向"东学西渐"的主动辐射，体现了中国国力的实质提升和中国自信

的上扬，不断创造历史上最接近中国的和平崛起和中华民族的伟大复兴的
"中国梦"，也标志着中国高等教育助力国家"一带一路"倡议进入全面改
革开放的历史新阶段、发展新常态，一个全新的三十年盛大起航，朝着
"两个一百年"的奋斗目标勇往直前。

　　"一带一路"倡议是在特定的历史阶段（中国成为全球第二大经济体）
和国际形势（世界性金融危机）下，中国方案、中国智慧和中国构想的集
成创新。当历史的车轮转到 2016 年，中国开始加速布局下一盘大围棋，
"一带一路"倡议的各个支点就是棋子，周边外交战略呈现出东守（与日
韩）、北固（与俄蒙）、西稳（与印巴）、南进（与东南亚）的新特点，既
体现了中国发展的实际需要，也呼应了国际格局的深刻调整，因此，云南
省高等教育对外开放既属于国家"南进"战略的重要组成部分，也是助推
"一带一路"倡议的重要动力，提供科技支撑和人力资源支持，必须有大
局意识，践行"亲诚惠容"外交理念，服务国家战略需求。在国家"一带
一路"倡议中，云南省面向东南亚、南亚、西亚甚至全世界全面改革开
放，特别是实现高等教育率先"走出去"，开创"中学西渐"新格局、积
累全面对外开放新经验，拓展发展空间、筑鼎国防安全打开第二条生命
大通道、大走廊，既是前所未有的历史机遇，也是常人难以想象的建设
任务。具体到中国大学，除了积极贯彻落实国家战略外，还应外塑形象、
苦练内功、打造品牌，即加强内部治理，推动教学改革，完善纪律建设，
优化权力配置，提升核心竞争力，争做教育全方位对外开放的排头兵。
让我们在一起，撸起袖子加油干，改革开放建新功，朝着梦想的方向，
不忘初心，努力向前！

　　在云南省社科联"云南高等教育面向东南亚开放研究"创新团队"高
等教育对外开放研究"智库阶段性成果即将付梓之际，首先感谢云南省社
科联、云南省社科联主席张瑞才研究员，感谢 2013 年 9 月 10 日参加创新
团队答辩的评审专家段渝（四川师范大学首席教授）、范建华（云南省社
科联原主席）、蒋永穆（四川大学教授）、雷翁团（云南省社科联原副主
席）、靳昆萍（云南省社科联原副主席）、赵纯（云南民族大学副校长）、
王德堂（云南省人民政府研究室副巡视员）、曹庆云（云南省林业厅计划
财务处副调研员），一致同意通过团队立项建设并提出了团队预期发展目

标（努力建成省内一流国内有较大影响创新团队），也要感谢 2016 年 11 月 28 日参加创新团队考核验收会的专家江克（云南省社科联巡视员）、李春（云南省社科联科研部主任）、卢桦（云南省社科联科研部调研员），给予团队良好评价并指出了团队未来发展方向（努力建成云南高等教育对外开放战略研究智库），还要感谢参加云南省哲学社会科学创新团队成果文库评审的专家，同意将本书纳入文库资助出版，以让研究成果为更多人服务，努力为中国周边外交战略的实施和"一带一路"倡议建设的推进营造更为有利的国际环境。

同时，要特别感谢我们共同的老师、厦门大学教育研究院院长刘海峰教授，在百忙之中应允为本书作序，大笔如椽为本书增色添辉，堪称"点睛之笔"。

本书是国家社科基金青年项目"京津冀返乡创业女大学生生存状态研究"（15CSH033）、教育部人文社科青年项目"西南联大办学理念与世界高水平大学建设研究"（13YJC880019）、教育部哲学社会科学研究重大课题攻关项目"现代大学治理结构中的纪律建设、德治礼序、权力配置协调机制研究"（15JZD044）、云南省省院省校教育合作立项项目"云南'南向'跨境教育研究"（SYSX201712）的阶段性成果。

从事高等教育国际化研究，最重要的前提条件是需要到对象国实地考察，这恰恰是本书作者群的最大优势。本书是中国－东盟高等教育研究、中国－南盟高等教育研究等的整合集成，代表了中国高等教育"南向"全方位对外开放研究和东南亚、南亚国家高等教育国际化发展研究的最新探索，也是创新团队集体攻关的智慧结晶。全书由唐滢、冯用军确定整体框架，创新团队成员兼智库成员分工撰写：引言（唐滢）、第一章（冯用军、唐滢）、第二章（冯用军、丁红卫）、第三章（欧颖、丁红卫）、第四章（云建辉、朱耀顺）、第五章（曹甜甜、李静熙）、第六章（曹甜甜、于学媛）、第七章（方泽强、冯用军）、第八章（云建辉、唐滢）、第九章（冯用军、曹甜甜）、第十章（赵雪、赵亚玲）、余论（赵雪）、后记（唐滢）、附件一（赵雪）、附件二（赵雪）、附件三（赵雪）、附件四（赵雪）、附件五（唐滢、冯用军）。全书最后由冯用军统稿，唐滢定稿。

由于创作时间仓促，加之团队成员水平有限，书中虽竭力融汇了国内外相关研究的最新思想，并尽可能列入了注释和参考文献，经多轮精心校对，但错谬之处在所难免，敬请读者朋友批评、专家学者指正。

最后，特别感谢社会科学文献出版社编辑，为人作嫁衣裳，让智慧之光扩散，让阅读变得轻松！

唐　滢　冯用军

（fengyongjun_cn@126.com）

2017 年 1 月初稿于云南农业大学茶园

2017 年 6 月定稿于北京师范大学英东楼

图书在版编目（CIP）数据

中国云南与东南亚、南亚高等教育国际化研究／唐
滢等著. --北京：社会科学文献出版社，2017.6
（云南省哲学社会科学创新团队成果文库）
ISBN 978 - 7 - 5201 - 0593 - 4

Ⅰ.①中…　Ⅱ.①唐…　Ⅲ.①高等教育 - 国际化 - 对
比研究 - 中国、东南亚、南亚　Ⅳ.①G649.3

中国版本图书馆 CIP 数据核字（2017）第 063431 号

·云南省哲学社会科学创新团队成果文库·

中国云南与东南亚、南亚高等教育国际化研究

著　　者／唐　滢　冯用军　丁红卫　云建辉 等

出 版 人／谢寿光
项目统筹／宋月华　袁卫华
责任编辑／孙以年

出　　版／社会科学文献出版社·人文分社（010）59367215
　　　　　地址：北京市北三环中路甲 29 号院华龙大厦　邮编：100029
　　　　　网址：www. ssap. com. cn
发　　行／市场营销中心（010）59367081　59367018
印　　装／北京季蜂印刷有限公司

规　　格／开 本：787mm × 1092mm　1/16
　　　　　印 张：17　字 数：265 千字
版　　次／2017 年 6 月第 1 版　2017 年 6 月第 1 次印刷
书　　号／ISBN 978 - 7 - 5201 - 0593 - 4
定　　价／89.00 元